U0501641

河北邯郸涉县西戌镇沙河村陕北新华广播电台旧址，齐越开始播音的地方

1949年，齐越身穿灰色棉军衣，左臂戴着白底蓝字"军管会"臂章，在接管后更名为北平新华广播电台播音

1949年进城后，播音组成员在北平新华广播电台前合影（前排自左至右：齐越、刘淮；二排右一：费寄平）

20世纪50年代，齐越和潘捷在天安门城楼转播国庆实况

1979 年 4 月，齐越为哈尔滨台播录《把一切献给党》之前，到哈尔滨兵工厂体验生活

1982 年 6 月，齐越为中央人民广播电台播录《把一切献给党》之前，与编辑康之行一起访问被誉为"中国的保尔"——吴运铎（中）时的合影

1982 年，齐越在中央人民广播电台再次播录《把一切献给党》

1983 年，齐越将播出《大地的儿子——周恩来的故事》获得的 200 元演播费捐献给吉林台幼儿园。图为齐越与该幼儿园教师和小朋友们合影留念

20 世纪 80 年代，齐越在周恩来总理叮嘱条幅前留影，这一条幅挂在齐越家中

# 播音实务

20世纪50年代末到60年代初，中央广播事业局举办两期播音员训练班，为广播电台培养青年播音员。参加培训的这两期学员后来成为广播播音战线的中坚力量，如铁城、丁然、雅坤、徐曼、赵培、金锋、龙珍等

1961年，齐越（前排中）与中央人民广播电台播音员合影

1981 年 春，齐越在北京图书馆举办的艾青诗歌讲座会上，朗诵艾青长诗《古罗马的大斗技场》

齐越与著名诗人艾青（左）合影

齐越经常用朗诵示范的方法，启发诱导播音员或学生，这是他教学的一大特色。图为1981年齐越在河南电视台作播音示范

齐越授课时，经常强调"播音要动真情"，做到以情带声、声情并茂。图为1986年，齐越在河北教育学院讲学时动情示范朗诵《海燕》

齐越的研究生敬一丹、姚喜双在齐越的辅导下播读稿件

齐越与他的研究生合影，并在照片背面题词："喜看后浪推前浪，更愿学生胜老师。"（前排左一娄玉舟，后排自左至右：付程、敬一丹、姚喜双）

1944 年，齐越与
杨沙林的结婚照

1954 年，齐越女儿
齐虹加入少先队时，
全家合影

志愿军战士崔鲜疆从上甘岭战场给齐越寄来信和照片。1952 年的一天，齐越用饱含激情的声音在中央人民广播电台播出了给他的复信。可是后来这位听众再也没有音讯了。图为崔鲜疆随信寄来的照片。齐越直到白发满头，心里仍然惦记着他

齐越与朝鲜战斗英雄和劳动模范在一起

志愿军战士用朝鲜纸币做的明信片

志愿军战士用朝鲜纸币做的明信片

志愿军战士用桦树皮给电台写的信

1954年中央台播音员合影

1954年，齐越和中央人民广播电台部分播音员合影。葛兰（前排左三）、费寄平（前排左四）、林如（中排左三）、夏青（后排左二）、齐越（后排左三）

齐越与姜庄子村社员

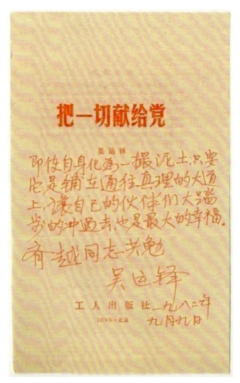

吴运铎同志赠书《把一切献给党》并题字

1987 年 8 月 16 日，北京广播学院举行齐越从事播音工作四十周年祝贺会，齐越在会上做了题为"人生在世，事业为重"的发言，受到热烈欢迎。［自左至右：夏青、齐越、常振铮（时任北京广播学院院长）］

1987 年 8 月 16 日，在北京广播学院庆贺齐越从事播音工作四十周年时，
齐越、杨沙林夫妇与部分老播音员合影

1992 年 6 月 21 日，齐越在北京工人疗养院会见前来探望的老听众李振友。李振友当年南下时听到齐越在开国大典的播音，异常激动，便给齐越写信致意。多年后，他探望齐越并赠送一枚列宁纪念章留作纪念

齐越为洛阳台播音员作业务指导

齐越收到过数不清的听众来信，他基本做到了每信必复，即使在病重住院期间，还嘱咐学生姚喜双："我就一件事拜托你，信要及时回。"图为齐越正在家中给听众写回信

# 诗 歌

1984年2月，北京台建台三十五周年庆祝活动，齐越与梅益（前排左二）、温济泽（左三）等老领导、老同志畅叙友情。图中：齐越（后排右二）、夏青（前排左一）、原北京台台长汪小为（前排右一）、马尔芳（前排右三）

齐越与《县委书记的榜样——焦裕禄》作者之一、原新华社社长穆青（右）的合影

1990年夏，齐越与老听众郑义明在北京工人疗养院交谈。郑义明曾两次到工人疗养院探视齐越

齐越同上海人民广播电台陈醇回忆周总理生前的嘱咐

20 世纪 80 年代，齐越与夏青、关山在一起讨论问题

20 世纪 50 年代，齐越和潘捷在天安门城楼转播五一国际劳动节庆典实况

# 年 谱

抗美援朝期间，在朝鲜前线录音制作节目。（自左至右：录音员吴必华、齐越、中央人民广播电台记者杨兆麟）

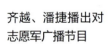

齐越、潘捷播出对志愿军广播节目

1953 年，赴朝慰问团成员在缴获的美军坦克上留影（后排右一为齐越）

1953年，齐越（左三）、杨兆麟（右二）等慰问团成员与志愿军战士合影

1953年，被授予"人民功臣"称号的志愿军战士徐越（前排左二）来到中央电台与播音部全体播音员合影（前排左三为齐越）

1954年7月至9月，齐越（后排右二）和丁一岚（中排左二）参加以温济泽（前排左三）为团长的中国广播工作者代表团访问苏联

代表团在莫斯科广播大楼前合影（前排右三为
温济泽、二排右三为齐越）

齐越与苏联功勋
播音员尤里·列
维丹合影

齐越在莫斯科留影

1977 年元旦，在首都
体育馆举行的纪念周恩来
总理逝世一周年大型文
艺晚会上，齐越满怀
激情地朗诵郭沫若的词
《念奴娇·怀念周总理》

1978年4月，齐越与陈醇在杭州西子湖畔合影

1980年9月，齐越与北京广播学院教师组成延安（陕北）台调研组，到延安、太行山等地调查研究人民广播创建时期情况并收集资料。图为齐越（后排右一）与北京广播学院教师赵玉明（左二）、刘洪庆（左一）在宝塔山下合影

1980年9月，齐越重返沙河村时，在当年播音旧址留影（自左至右：齐越、钱家楣、刘洪庆）

1980年，齐越与曾为国民党南京广播电台播音员的蔡骧合影（蔡骧后为北京电视剧艺术中心导演）

1980 年，齐越与梅益夫妇合影

1981 年 9 月，齐越参加解放军"八○二"华北军事演习，担任解说，图为解说任务完成后合影。（自左至右：吴郁、齐越、潘捷、张文星）

1981 年 12 月，齐越访问河南省兰考县，图为齐越与焦裕禄家人合影留念

1987 年 8 月，中国播音学研究会正式成立，齐越任名誉会长，夏青任会长，张颂、铁成、陈醇、关山任副会长

1987 年 10 月，齐越出席中国共产党第十三次全国代表大会，在小组会上发言

1987 年 11 月 1 日，齐越与参加十三大北京代表团部分代表合影

1993 年 11 月 7 日上午
9 时 56 分，齐越在北京
逝世，享年 71 岁

晚年齐越病中著述

齐越研究文库

丛书主编 姚喜双

# 把声音献给祖国

齐 越 ◎ 著

杨沙林 姚喜双 ◎ 编

 中国广播影视出版社

本书出版支持单位：

　　　　　齐越教育研究中心
　　　　　齐越教育馆
　　　　　沧州师范学院

# 目录

每当这面五星红旗在我心中飘扬的时候，我就想起新中国成立十周年前夕，敬爱的周总理视察北京广播大楼的情景。周总理来到中央人民广播电台播音机房时，潘捷同志和我正在播出《新闻联播》节目。周总理一直在播音室的玻璃窗外听我们播音。播音结束，周总理亲切地同我们一一握手，语重心长地说："广播大楼建成了，比起延安窑洞来条件好多了，你们一定要用延安精神做好工作。"

# 播音员日记
## ——解放战争年代的播音工作

### 接受新任务
#### 1947年3月30日　西戍村

中午，晋冀鲁豫总分社负责人安岗同志从中央局开会回来，传达党的决定：立即抽调一部分电务、编辑人员前往太行西戍，同其他方面抽调的人汇合，组成临时班子，从4月1日起，接替陕北新华总社对国内外的文字广播和口语广播。任务异常紧急，组织上派张更生、李洋和我打前站，限天黑以前赶到，准备好一切。我们知道，这是我们用实际行动保卫党中央，保卫毛主席的时候。我们以每小时十里的速度，在6点左右，赶到四五十里外的山村西戍。老张是有经验的记者，善于做群众工作。在他的张罗下，在村干部和老乡的帮助下，很快就准备好了住房，烧好了开水。天黑以后，在朦胧的月光下，大队人马来到了。电务人员立即动手驾设电台，不久就喊通了晋察冀总分社和山东省总分社。近日来恰逢我军在平汉线开始反攻，收复了阳武等三座县城。编辑人员一边打扫房屋，一边编写这一胜利消息。总务人员忙着安置大家的吃住，一直忙到深夜。

### 在宣传战线上又一次战胜敌人
#### 1947年4月1日　西戍村

经过昨天的紧张准备，从今天起接替总社的工作，以"陕北新华通讯社"和"陕北新华广播电台"的呼号，向全国、全世界继续发出中、英文和口语广播。我们在宣传战线上又一次战胜了敌人。蒋、胡军侵占延安以后，妄图摧毁我们的电台，这简直是白日做梦！人民的声音，真理的电讯，一天也不会终止。不仅如此，过不了多久，我们就要搬到南京的邮电大楼发报，坐在北平的播音室里播音。到那时候，什么"中央社"呀，什么"中央广播电台XGOA"呀，都得滚蛋！反人民的声音，反动的讯号将永远被消灭！

午后临时总社的负责同志召集了全体干部会，传达了副政委的指示：总社人员已随党中央安全转移，一个多月以后，就可以来到这里。今后我们在这山沟沟里面对全国、全世界，代表党中央发言。工作中要尽力克服困难，小心谨慎，不能出任何差错。4月、5月、6月三个月我们要展开全面反攻，国内形势将有急剧的变化，捷报会不断地传来。这就要求必须做好宣传工作。

晚饭后，随罗林同志去口语广播电台编发要闻稿。风很大，顶风赶到五里外的沙河村。这是一个非常隐蔽的山沟，在傍山的土窑洞里设置了机器和播音室。邯郸新华广播电台就在这里。由他们分出人和机器接替陕北台的播音，由人民日报社临时调去担任陕北台播音的胡迦陵同志，已经在这里练习了两天。她说："这玩意儿可不好搞啦，紧张得很！"我们一面鼓励她，一面同她一起准备稿件。邯郸电台的播音员也给予她帮助和关照。规定的时间到了，她异常镇静地走进了窑洞——播音室。五分钟以后，从收音机里传出一个坚定而响亮的声音："陕北新华广播电台，XNCR！波长40公尺，7500千周。现在开始播音……"中国人民的声音是任何反动势力也阻挡不住的，它飞越太行群山，响彻祖国的天空，鼓舞着人民投入战斗。

## 开始了话筒前的战斗生活
### 1947年8月16日　沙河村

总社的同志来到这里已快两个月了。领导和干部力量都加强了，工作不断有新的进展。口语广播部由梅益同志领导，他一直在物色男播音员。前些天，他叫编辑部四个能说北平话的男同志都去试试音。我被选上了。

今天早晨，我搬来沙河，参加了播音员的队伍。临行前，梅益同志握着我的手嘱咐说："这是一个重要而光荣的岗位，你将成为中国共产党的第一个男播音员。我们的广播代表党中央发言，你一定要做好这个工作！"

晚间，播音组组长孟启予同志交给我两件记录新闻，跟我讲了记录新闻的播法和要求，并帮助我练习了两遍。然后把我带进播音室，等前面的女同志播完，我就坐在话筒前开始播音。播完出来，满头大汗，手脚有点发凉，看看表，才不过十来分钟，却觉得好像几个钟头似的。组长说："按照内容和字数要求，你播得快了，不要紧，慢慢就会熟练的。"这时编辑部也打来电话说："口音挺清楚，就是有点发颤，可能是有点紧张吧？"可不是紧张嘛，岂止"有点"！

新的战斗性工作，从今天开始了。这个工作看来简单，做起来并不容易，做好了更不容易。要努力向有经验的战友们学习，尽快地熟悉这门陌生的业务。

## 向劳动人民学习

### 1947年9月29日　沙河村

连着下了几天雨，今天放晴了。天高气爽，一年一度的中秋佳节到了。

早饭后，插音组开时事讨论会。我负责研究蒋管区的材料，发言内容是联系我军大反攻分析蒋管区的变化。蒋管区物价飞涨，上海米价已达伪币65万元一担，人民简直活不下去了，反美抗蒋的爱国民主运动空前高涨，蒋家小朝廷的寿命不会太长了。

讨论会刚刚开完，村干部来通知说，村里要开劳动英雄座谈会，让我们去参加。这是向劳动人民学习的好机会。我们留下人值班，就都去会场了。会开得很好，真是一堂生动的阶级教育课。劳动英雄牛清和谈了他在旧社会受的苦和翻身后的幸福，最后他说："多好的土地你不劳动也长不出粮食，地主成年吃好的穿好的，都是咱穷人的肉身子劳动出来的！如今蒋介石又进攻咱解放区，又想让地主骑在咱身上，这可办不到！咱要多生产，多节约，支援前线。前线要粮有粮，要人有人！"听，这就是我们的翻身农民的声音。

今晚播新闻节目和述评《中秋月夜谈战局》，播前播后都和组内同志进行了研究。

播音结束，明月当空，这时，梅益同志托通讯员捎来月饼和水果，还有一封信。信中对目前的广播宣传做了重要的提示，最后说："过节了，送上几块自制的月饼大家尝尝。太少了，也不够甜，等全国解放了，再请你们吃广东月饼吧！"

领导同志的心意，每个人都领会了，但月饼和水果没有人吃，大家都推让，最后决定留给病号和孩子们。就在这时，村干部和老乡们又送来了热气腾腾的老玉米和新鲜柿子，他们还念了一封信，感谢我们参加秋收劳动时对村里的帮助，我们都感动得不知说什么才好。我们把手摇唱机搬到院子里，请老乡们听戏。一个联欢晚会自然而然形成了。一会儿大家哄着表演节目，一会儿唱起歌来，一会儿又嚼着老玉米一伙伙地攀谈起来，直至深夜才散。这是一个愉快而又难忘的中秋之夜……

## 播出《黄河大合唱》

### 1947年10月30日　沙河村

为纪念人民音乐家冼星海逝世两周年，今晚，陕北台播出了《黄河大合唱》。

这次演播，是几方面共同合作的成果。二十多人的合唱队，是由新华社各部门的青年同志组成的。他们利用业余时间加紧排练，并得到廖承志、梅益、徐迈进等领导同志的支持和指导。担任指挥的是邯郸台文艺编辑王讴同志，他是北平师大音乐系毕业的。担任《黄河怨》女声独唱的是我们的组长孟启予同志，乐队是从晋冀鲁豫人民文工团邀请的，演播的前一天刚刚由冶陶赶来。

下午，徐迈进同志率大队人马由西戌来到沙河。我们这里从来没有这么多演播者，屋里屋外都挤满了人，拉的拉，唱的唱，好不热闹！

我正在一边看热闹，突然，迈进同志把我叫去，递给我一份歌篇说："给你个任务，担任朗诵的同志有口音，还是由你来朗诵吧！"

这事完全出乎我的意料。在这之前，我只听说过有个《黄河大合唱》，从来没有听过一次演唱，更甭说参加朗诵了，就连"朗诵"这个词儿也感到陌生。我无可奈何地说："我没有朗诵过，不知道怎么朗诵啊！"

迈进同志笑笑说："没啥神秘的，一回生，二回熟嘛，这回你就大胆实践一次朗诵吧！我给你说说，一会儿就参加排练。"

于是，他扼要地给我讲了讲《黄河大合唱》所表达的思想感情，七段朗诵词在歌曲中承上启下的作用和朗诵的任务。辅导我上口试了试，还亲自做了示范。然后，就让我进播音室参加排练。从头到尾排练了两遍，就到播出时间了。播完以后，同志们议论说：前松后紧，越唱越快；乐队与合唱队在一起排练太少，有些不协调；朗诵拘紧，放不开。

尽管这次协同演出有许多不足之处，大家还是像打了一次胜仗一样，感到非常振奋。同志们演唱得那样诚挚认真而又饱含激情，把对人民的爱，对敌人的恨全部倾注到演唱中去了。这战斗的歌，这昂扬的军号声，催征的战鼓声，为我解放大军和游击健儿奏出一支胜利进行曲。它由电波载负着飞越莽莽太行，响彻祖国天空。

听！黄河在怒吼！它掀起怒涛，发出狂叫，向着全中国被压迫的人民，向着全世界被压迫的人民，发出战斗的警号！

## 首长的关怀和鼓舞
### 1947年11月26日　沙河村

晚上，陈毅司令员、滕代远副司令员来电台视察，社长廖承志和梅益同志都陪同来了。他们对电台全体干部讲了话。在讲话以前，廖社长介绍我们播音员跟两位首长见面，陈毅司令员鼓励我们说："你们的播音有力量，听得很清楚，这个工作很重要。希望你们要努力学习政治，钻研业务。"

陈毅司令员在对全体干部讲话中谈到口语广播和部队的关系。他说："部队中，干部都经常听广播，每天都抄写记录新闻印发，教育战士。你们的工作给了我们部队很大帮助，我代表华东野战军全体同志向你们致谢。"随后，他讲到我军装备和战术提高的情况，讲到前方战士的英雄事迹。他坚定有力地说："我可以签字保证，明年将有更大的胜利，将为我们子孙后代奠定民族解放的大业，你们就等着播捷报吧！"陈毅司令员的讲话给了我们极大的鼓舞，我们连夜开了座谈会。每个同志都表示要决心做好工作来答谢首长和前方战士的关怀。

下周将开始"三查"学习，我要在这次学习中认真地改造思想，提高觉悟。

## "曙光就在前面，我们应当努力。"
### 1948年1月6日　沙河村

毛主席的重要报告《目前形势和我们的任务》发表了！几天来，我们都投入学习、播出这篇文件的紧张战斗中。温济泽同志由西成赶来，亲临第一线指挥战斗，辅导学习，安排播出。

为了便于各解放区军民和国民党统治区的我党地下党员、进步群众及时收听或抄录，陕北台首先于1947年12月31日，在《除夕特别音乐节目》后面播出预告：

"各位听众！明天上海时间17点10分，本台将播送中共中央毛泽东主席在12月25日中共中央会议上的报告，题目是《目前形势和我们的任务》，这个报告十分重要，请各位注意收听，并准备记录。"

这个预告接连播了几遍。在播出预告的同时，我们连夜对文件进行学习和准备。

从1948年元旦起，陕北台用了6天时间连续地、反复地播送毛主席的这个重要报告。

这个报告有9000多字，分8个部分。为了便于收听，编辑部组织人力赶着编写每个部分的"内容提要"。从元旦这天起，连续3天，每天用普通速度全文播送一遍。由我播"内容提要"，孟启予同志播正文。从1日到5日，每天还用记录速度分段连续播送全文。6日，由钱家楣同志用较慢速度连标点符号一起又将全文播送一遍，供抄收者校对。另外，4日、5日两天，还用英语播了这个报告的译文。①

毛主席的这个报告是在打倒蒋介石反动统治集团，建立新中国的整个时期内，在政治、军事、经济各方面的纲领性的文件。文件精神武装了我们的思想，振奋了我们的斗志。这几天，我们见面就谈论文件内容和学习体会，用文件中的警句互相鼓励：

"历史的转折点到了！大反攻开始了！好好干吧！"

"曙光就在前面，我们应当努力。"

就这样，我们胜利地完成了这次播音任务，在紧张的工作中度过了一个有意义的新年。

---

① 新中国成立以后得知，当时在南京、上海、北平、重庆等地的地下党员和进步群众曾一字一句地抄录了陕北台播出的这个重要文件。他们冒着生命危险秘密印发传递，鼓舞人民投入争取解放的斗争。1950年夏天，一位在上海做了多年地下工作的我党党员来北京时，专门到中央台来看望在延安台、陕北台工作过的播音员。她一见面就紧紧握着我们的手，热泪盈眶，激动地说："《目前形势和我们的任务》播出时，我在上海的一间地下室里，一字不漏地全文抄收下来，交给地下党组织印发出去。那是我一生中最幸福的一个新年。感谢你们，是你们，把毛主席的报告、党中央的声音传播给我们。在白色恐怖下紧张工作的时刻，我就盼望着将来有一天能见见你们,向你们道一声'辛苦'，今天可见着你们了……"

# 毛主席指示：不要播错一个字

## 1948年5月31日　张胡庄

从太行搬到平山以后播音组离编辑部越发远了，紧急稿件常靠电话传送。在这期间，我们播了好多重要文件和评论，在人员少工作重的情况下，完成了播音任务。

今天我们抽出播音以外的时间开会，总结了最近时期的工作。会上，同志们认为前些天我播的中央指示没有播错一个字，较好地完成了任务。这是中共中央关于1948年土地改革工作和整党工作的指示（全文见《毛泽东选集》第四卷），全文3300字。播出前相当紧张，拿到文件只有一小时的准备时间，编辑部主任温济泽同志指定我播，并在稿件前注明："毛主席指示：'此文件不要播错一个字。'"我当时几乎动用了全部的意志和力量进行准备，就文件的精神和具体播法跟同志们交换意见，在一小时内做了所能做的一切，但心里总是有点嘀咕，怕达不到毛主席的要求。在进播音室的前五分钟，同志们提醒我说：不要怕，你已经准备好了，你不会播错的！把全部注意力集中到内容上！要有坚决完成党的任务的信心！

这"临阵"前战友的叮嘱，真是太宝贵了！主席的批示教育了我，文件的精神鼓舞着我，战友的关怀又给了我力量，使我顺利地完成了这次播出任务。

总结会上，同志们还对我前些时候片面追求"语气自然"而容易播错，进行了分析和批评。

组长孟启予同志的发言给我很大启发，她说：播音第一位的是准确，理解要准确，表达要准确。因此，就要深刻理解稿件的内容，掌握它的精神和实质，准备得很纯熟，到话筒前思想高度集中于内容，能够如此，播起来才能自如，语气才能自然。在播的时候，越是专心一意想着稿件内容，播音的感情、语气也就表达得越好。否则，片面注意技巧，只动嘴、不动脑，顺口溜，反而要出毛病。正因为如此，平时就要加强政策和时事政治学习，注意语言的锻炼，这些方面学习得好，播音水平才能真正提高。

这次总结是我参加播音工作以来的一个转折点。从此我明确了播音从语言形式出发的路子走不通，而是比较自觉地注意从稿件内容出发了。

## 难忘的工作总结

### 1948年6月5日　张胡庄

上月底，播音组开会总结了5月下旬的工作，每个人都写了"十天播音工作个人总结"，送编辑部主任温济泽同志看后，今天退回来了。温济泽同志患有很严重的肺病，经常发烧到39度以上仍然坚持工作。有时医生不得不"命令"他休息几天，但有重要会议他还是带病参加，有重要稿件他还是亲自审改。他是我们的领导，参加革命的时间早，年龄又比我们都大，可是大家都亲切地称呼他"小温同志"。

小温同志对编辑和播音员一视同仁，对编播工作同样重视。现在，播音组离编辑部几十里地，中间还隔着一条滹沱河。但山高水深挡不住编播之间的密切联系，每天从电话里传来领导和编辑同志的关怀，由送稿的通讯员传递着来往书信。播音登记表和编辑监听意见，小温同志每天必看，还经常亲自收听广播。凡是编辑需要知道的中央指示和宣传精神，他都及时传达给播音员；对于播音员提出的工作中或学习中的问题，他都一一解答，亲自处理。这次的总结，和往常一样，他看过后在上面写了一些批语，每条批语下面都签署他的名字。这次总结对我的教育很深刻，可以说是思想认识和业务观点的一个转折，现抄录在日记里，以备随时查看。

## 十天播音工作个人总结

一般来说，播音已较前有进步，固定的调子基本上已克服，错误、结巴亦较前减少，速度基本已适当。播得较好的有下列几篇，速度稳，没有一个错字，没有结巴重复，语气表达适当：（一）社论说明；（二）中央指示；（三）苏联领导人驳斥美国国务院之声明；（四）对东北国民党军奖惩办法；

（五）于泽霖谈话。

播音的缺点与错误：

（一）有个别语句不自然。

（二）有一些语句过于分断。

（三）有某些字的四声不准（地方音）。

（四）播通讯放不开，呆板，生硬。

（五）所播大错误有三：

中央指示中"农民"播"人民"。

（这个错误应由我负责，看稿子疏忽。——济泽）

《人民公敌蒋介石》的预告中"中华民族"播"中国人民"。

（这还不能算大错误。——济泽）

呼号"XNCR"播"XNMR"。[①]

（这个错得不好。——济泽）

犯错误原因及今后改正办法：

（一）中央指示中"农民"播"人民"是稿子上抄错的，未播前曾想到和记录原稿校对一下，但又想：编辑部都校过了，不会有错。结果就出了错。这说明自己全面认真负责的精神是非常不够的，如果自己这样想：编辑部人少工作忙，可能会出错，出了错就是我党和人民的损失，那么自己就会拿出些时间校对一下了。今后应尽量掌握胡必成同志[②]在报告中所指示的精神："不但对自己所担任的工作负责，同时对与自己工作有关的其他工作也要负责。"今后准备稿子的时间很充足，应多加强对稿子的研究与学习，多方面校对（如果条件够的话），有问题立即向编辑部提出解决，以便减少播出的错误。

（二）预告中"中华民族"播"中国人民"，呼号"XNCR"播"XNMR"，这两个错误发生在同一天内。那天未播音前，自己打算要放开一点，要播得

---

① XNMR 是东北新华广播电台的呼号。

② "胡必成"是周恩来同志在解放战争期间的代号。

自然些（因为前一天开技术研究会，同志们批评我播音有些不自然）。结果，自己在纠正缺点上掌握不得法，矫枉过正，一反往日的谨慎小心，流于粗心大意，以至"顺口溜"，将"中华民族"播成"中国人民"，自己都没有发觉。这足以说明，当时自己没有经过脑子就播出去了，这种粗心大意不负责任是十分要不得的！除自己继续深入检讨外，愿接受组织的处分。

（这类错误不必处分，你能在今后保证不再错就好了。——济泽）

这次的教训，使我更深地认识到我们的广播电台是和一般电台有根本不同的，我们的电台是我党的喉舌，是服务于人民革命事业，代表党中央发言的。一个播音员应当时时刻刻小心谨慎，认真负责，不容许有丝毫错误发生，即便是一字之错，也是全党和人民的损失，影响我党的威信，对不起人民的。今后，首先应当时时刻刻坚持认真负责的精神，并将此精神贯串到播音的每一字，每一句，每一呼号中。我们在播音技术上所要求的自然，是在严肃负责基础之上的自然，而非任意放开，随随便便"顺口溜"的自然，否则，就要发生错误。我们的播音，首先要稳重沉着，不出错误，在这样的基础上再进一步提高。今后为避免发生类似错误，要加强认真负责的工作态度，并在容易"顺口溜"播错的一些名词上，在准备稿子时作提醒注意的记号。另外，每个节目前的呼号一定写在稿子前面，看着呼叫。

（播错XNMR的那两天，由于你要"自然些"，但听起来则觉得不沉着，有些慌张。我记得你有一次报时报成"二十四点"，大约也在这两天。凑巧在同一天，邯郸台报时报错得更荒唐，报了一个"三十二点"，我听了着急万分。由此可见，"自然"必须建立在"沉着稳重"的基础上，片面强调技术"自然"是有毛病的。——济泽）

## 播出"号外"捷报：解放济南

### 1948年9月24日　张胡庄

人民解放战争胜利向前进展，捷报不断从我们这里播出去。陕北台日益成为向国民党军队和国民党统治区进行宣传斗争的有力武器，它在党中央和毛主席的直接领导下进行着工作。每天我们都以饱满的政治热情播读毛主席、周副主席和党中央其他领导同志亲手起草的文告和广播稿。

随着人民解放战争的进展，人民广播事业也在日益发展。邯郸台和晋察冀台先后并入陕北台，编辑、机务和播音员的队伍扩大了，电力加强了，节目和播音时间增加了。晋察冀台来的丁一岚同志担任了陕北台播音组副组长。除播音外，我们还担负收听莫斯科台和敌台广播的任务。每天的收听记录送中央领导同志参考。

生活和工作是紧张、愉快、充满战斗气氛的。

今夜又是一个难忘的夜晚。几个月前陈老总的"签字保证"兑现了！我们播出了陈粟大军解放济南的捷报。

在全天播音快要结束的时候，编辑部从电话中传来重要捷报，我们迅速无误地抄写下来。最后一个字刚刚落笔，孟大姐抓起稿件飞奔入播音室，随即从喇叭里听到她那激动而有力的声音："各位听众！现在播送刚刚收到的济南前线捷报：进攻山东省会济南的人民解放军，已经完全占领商埠和外城全部，现正在内城进行最后阶段的巷战。到23号早晨为止，守敌被歼灭和起义的总共已有6万多人……"

这条消息刚刚播完，电话铃又响了，电话里传来急切的声音："不要结束！还要播解放济南的消息！"但是已经晚了，喇叭已经道了"晚安"！电话里传出："总编辑决定：不要关机器，加播'号外'！快传！"

"女声男声轮播，多播几遍！"

我和孟大姐拿起传来的稿子跑到播音室。这时距离结束播音不过一分钟，收音机里又传出振奋人心的消息："陕北新华广播电台XNCR！各位听众：人民解放军今天下午5点钟全部解放济南，守敌全部歼灭，无一漏网，战果正在清查中！"

这个"号外",接连播了7遍。①

播完,我们全体播音员和机务员,在院子里狂欢,唱呀,跳呀,庆祝胜利,直到深夜。

战斗生活,革命工作,就这样朝着党指引的胜利方向滚滚前进!

中国人民的声音,在天空中响得更大、更远了!

## 北平新华广播电台开始播音
### 1949年2月2日　北平

今天上午,北平新华广播电台②以聂耳作曲的《大路歌》为前奏曲开始播音了。它使用的波长是353公尺,850千周;393公尺,770千周。暂定每天上午11点40分起,播送北平市军管会和北平市人民政府的布告和法令;12点40分和17点40分起,播送北平市新闻。今天,我们第一次坐在这样设备齐全、富丽堂皇的播音室里播音,心情非常激动。我们竭力控制住奔涌的感情,排除紧张情绪,反复播送了人民解放军平津前线司令部的布告《约法八章》,还播送了《以和平方法解决北平战事的经过》等报道和述评。

人民的力量是无敌的。北平安全回到人民怀抱,这是解放战争取得决定性胜利的标志。几天来,我们一直沉浸在人民胜利的欢乐中。

前天,北平的国民党军主力已完全撤到城外指定地点等待改编,人民解放军开始入城接防。从前天(1949年1月31日)中午12点30分起,古都北平已经成为一座人民的城市了。它将永远为人民所有,青春焕发,生机勃勃。

---

① 据了解,这个"号外"捷报给了我军极大鼓舞,《人民解放军热爱人民广播》一文中说:"……深夜,当结束播音的时候,播音员向我们道了'晚安'。当时大家谁也不肯走,坐在收音机旁,静听着它那沙沙的声响。按照惯例,这种等待是没有用的。但是谁知收音机中竟又传出了我们熟悉的播音员的声音,她破例地重喊起呼号,激动地报告了济南解放的消息。显然,她不能平静地广播了,简直是欢呼。当夜,这捷报很快就传遍部队。'学习华东野战军,打大歼灭战'的口号,在进军的队伍中沸腾起来。"

② 即北京人民广播电台前身。

我们这些负责接管国民党宣传机关的军管会工作人员，于前天中午，由范长江同志率领，随解放军先头部队乘卡车从西直门开进北平城内。当解放军的雄伟行列通过各主要街道时，两旁成千上万的人民群众欢呼着，跳跃着，使劲地鼓掌，高声喊着"中国共产党万岁！""毛主席万岁！"口号声此起彼伏，连续不断。

　　沿途，解放军一一接管国民党部队的岗哨，加上欢迎群众越聚越多，拥满街道，队伍前进速度很慢，直到下午4点钟左右我们才到达设在南河沿的"联合委员会办事处"。

　　在那里，在军管会领导下，接管国民党宣传机关的各组组长，分别与国民党中央社北平分社、华北日报社、北平广播电台等单位负责人接触。我方接管电台的军管小组组长是徐迈进同志，他同国民党北平广播电台台长进行了谈判，商定具体接管事宜。

　　晚上8点钟左右，军管小组进驻西长安街北平广播电台后，立即召集电台全体人员宣布接管。徐迈进同志根据《约法八章》讲了话。这时电台还正在播音。迈进同志讲完话立即写了一个通告，让我送进播音室，交给正在值班放唱片的播音员，站在一旁看着他播出去。

　　通告是这样写的：各位听众！从今天起北平宣告解放。本台奉人民解放军北平军事管制委员会命令，立即停止广播，等待接管。从后天，2月2号上午起，北平新华广播电台将使用本台原来波段播音，请注意收听。

　　这个通告连续播出几遍以后，就关闭了机器。从此，北平上空反人民的声音就永远被消灭了！

　　人民的声音，从今天起永远占领北平上空。明天上午10点钟开始，人民解放军将举行庄严隆重的入城式，让我们满怀豪情地放声歌颂人民的胜利吧！

## 中国人民的声音响遍全中国和全世界
### 1949年10月1日　首都北京

　　今天，在天安门广场隆重举行庆祝中华人民共和国中央人民政府成立典礼。

北京新华广播电台担负着开国大典实况广播的光荣任务。前一天已发出预告，全国各地人民广播电台同时联合转播。

我们的广播岗位在天安门城楼的西边。梅益同志亲临现场指挥，李伍同志负责机务，胡若木、杨兆麟同志负责写稿，丁一岚同志和我负责播音。

今天天气很好，阳光灿烂，晴空万里。下午3时整，在《东方红》乐曲声中，毛主席神采奕奕健步登上天安门城楼。随同登上天安门检阅台的，有毛主席的亲密战友朱德、周恩来、刘少奇等同志，还有中央人民政府委员和政协代表。

阅兵典礼，由朱总司令担任检阅司令员，由华北军区司令员兼京津卫戍区司令员聂荣臻担任阅兵总指挥。

庆祝大会由林伯渠秘书长任司仪，他宣布典礼开始。奏国歌后，54门山炮齐放24响，在震天动地的礼炮声中，毛主席亲自按动有电线通往广场中央国旗旗杆的电钮，把第一面五星红旗徐徐升起在新中国首都上空。这迎风招展的国旗，闪耀着马列主义、毛泽东思想的光辉，凝聚着革命烈士和人民英雄的鲜血。胜利得来不易。在人民解放战争中牺牲的人民英雄永垂不朽！全场干部和群众都脱帽肃立，部队带队指挥员都行举手礼！向着我们第一面国旗致敬。

接着，毛主席宣读中央人民政府公告。毛主席庄严宣告："中华人民共和国中央人民政府今天成立了！"

天安门三十万群众欢声雷动。"毛主席万岁！""中国共产党万岁！""中华人民共和国万岁！"的欢呼声，汇合着毛主席那气魄宏伟的声音，通过广播响遍全中国和全世界。

这声音表明：占人类总数四分之一的中国人从此站立起来了。它如春雷轰鸣，宣告着新中国诞生；它如晨钟震响，预报着东方破晓。历史揭开了崭新的一页，灾难深重的中华民族，从此结束了受奴役、被侮辱的历史。一个伟大的勤劳勇敢的民族屹立在世界的东方，必将为人类作出应有的贡献。

我怀着这种自豪的心情，尽力控制住激荡在心中的火一样的热情，进行着阅兵典礼和群众游行的实况广播。开国盛典持续了近六个半小时，一直到晚上9点25分结束。五彩缤纷的礼花腾空而起，持灯游行的群众像红光闪闪的火龙穿过全城，首都天上地下一片光明。胜利了的人民整夜都沉浸在欢乐中。

与此同时，前线各路解放大军正连夜迅猛进军，坚决执行朱总司令今天阅兵时发布的命令，彻底肃清国民党反动军队残余，解放一切尚未解放的国土。

胜利永远属于英勇无敌的人民解放军！

我们相信很快就会播出解放广州、桂林、重庆、成都、贵阳等城市的捷报。我们热切地期待着。

（1960年《广播业务》）

## 在接管北平广播电台的日子里

每逢国庆节来到时，常有一段往事在我心中萦绕，难以忘怀。

1948年9月底，陕北新华广播电台的播音室和机房由平山县张胡店迁到井隆县西北二十公里的山村——窟窿峰村。这里群山环抱，非常隐蔽。东面山顶上耸立着一块巨石，当中天然形成个大圆窟窿，离村老远就能看到，故名窟窿峰村。播音室在村西南山坡上的土窑洞里，发射机房设在村北山坡上一处天然的大石窟里，这里是敌人飞机找不到，炸不着的地方。这里离党中央和电台编辑部越发远了，相距有四十公里还隔着一条滹沱河，遇有紧急稿件和情况，就通过电话传递和联系。

1948年12月17日夜里，我正在熟睡中，忽然听到组长孟大姐激动的声音：

"起来，快起来，廖承志社长来电话，派你和刘涵、吴影打前站，到北平去，参加接管电台的工作！"自从济南解放后派出杨洁参加接管山东电台以来，我们一直盼望着到北平去，没想到这一天来得这样快！我们连夜出发到党中央所在地西柏坡集合。奉命去北平接管国民党各宣传机关的先遣人员，还有新华社和人民日报社的其他同志也都赶到了。吃过午饭以后，我们和送行的同志握手告别，互道："北平再见！"

由范长江、徐迈进同志带队，我们向北平郊区良乡进发，一路上欢声笑语，歌声不断。

到达良乡不久，由华北城工部分派来一批大学生参加了我们的接管队伍。我们在良乡住在老乡家中，每天学习政策文件，熟悉有关业务。分配到口播部的有刘淮（北大法律系）、韩浩（北大医学院）、康普（北师大音乐系）三位大学生，当时最需要的是播音员，就把他们留做播音工作。由于她们都不熟悉播音，也从未播过音，于是，我们就利用套间房，里屋装上扩大器和话筒，把线拉到外屋，接上喇叭。试播者在里屋，收听的人在外屋，最初播《入城守则》等文件，后来编辑也开始试编稿件，每天都有新的"节目"播出了。我们的学习和练习一直持续到1948年年底，过新年我们吃了顿羊肉馅饺子，开了个非常热闹的除夕联欢晚会。

1949年1月15日天津解放。《和平解放北平的协议》签订，北平市人民政府在北平郊区宣告成立。中国人民解放军北平市军事管制委员会主任叶剑英兼任北平市市长。

1月22日，我们大队人马浩浩荡荡从良乡出发，经长辛店到达青龙桥，在程砚秋先生的别墅里借宿驻扎，只等一声令下就随军进城。

1949年1月31日，北平和平解放。我们这些军管会工作人员，随解放大军先头部队乘卡车从西直门开进北平城内。沿途解放军战士——接管国民党部队的岗哨。成千上万的人民群众拥满街道两旁。欢呼着，跳跃着，使劲地鼓掌，高声喊着："中国共产党万岁！""毛主席万岁！"

当晚八时，我们接管电台的军管小组进驻西长安街3号北平广播电台，召集国民党电台全体人员宣布接管。徐迈进同志根据《约法八章》讲了话。这时电台还正在播音。迈进同志讲完话立即写了一个通告，让我送进播音室，交给值班播音员，站在一旁看着他播出去。

通告是这样写的："各位听众！从今天起，北平宣告解放，本台奉中国人民解放军北平市军事管制委员会命令，立即停止广播，等待接管。从后天，2月2号上午起，北平新华广播电台将使用本台原来波段播音，请注意收听。"

这个通告接连播出几遍以后，就关闭了机器。从此，北平上空反共反人民的声音就永远被消灭了！

当天夜里，军管小组的男同志住大播音室，女同志住小播音室，铺盖往地毯上一摊，门口设个岗哨，就准备睡觉了。这比地上铺点干草宿营条件好多了。可是，我们兴奋得谁也睡不着，躺下又起来。有的准备将要播出的稿件，有的挑选可用的唱片，有的摆弄着从未见过的钢丝录音机，有的收听陕北新华广播电台战友的播音。大家谈论着当前的形势和今后的工作，胜利的喜悦使我们彻夜难眠。

"北平新华广播电台！波长353公尺，850千周；393公尺，770千周。各位听众，你们好！"

1949年2月2日上午11时40分，北平新华广播电台以聂耳作曲的《大路歌》为前奏曲开始播音了。

从在延安窑洞里播音的那天起，我们就坚定地相信：随着人民的胜利，我们有一天要坐在北平或南京的播音室里播音。这一天终于来到了！我的心情异常激动，竭力控制住内心奔涌的激情，排除紧张情绪，反复播送着人民解放军平津前线司令部的布告《约法八章》，还播送了《以和平方法解决北平战事的经过》等报道和述评。

从此，人民的声音永远占领了北平上空。从这天起，这座历史悠久的文化古都有了人民自己的广播电台。

# 用延安精神做好工作

解放战争初期，由于党的广播宣传工作的需要，我背起背包，赶赴隐蔽在太行山沟里的陕北新华广播电台。临行前，新华社副总编辑梅益同志握着我的手叮嘱说："这是一个重要而光荣的岗位，你将成为中国共产党的第一个男播音员。我们的广播，代表党中央发言，传播真理的声音，你一定要做好这个工作。"

从此，我放下手中的笔，开始了用声音在话筒前的战斗生活。那时我还是一个二十多岁的青年。三十几年来，党的信任激励着我，人民的胜利鼓舞着我，严格、紧张的工作锻炼着我，促使我坚守自己的岗位，和祖国一道成长起来。小小话筒千钧重，闪闪红波万里通。在这个岗位上，我所受到的教育是终生难忘的，我深知今天的胜利得来多么不易……

1949年10月1日，我和战友丁一岚同志，在天安门城楼上转播开国大典的盛况。每当我想起这幸福的时刻，面前就飘扬着毛主席在礼炮声中亲自升起的第一面五星红旗；耳边就响起人民群众震天动地欢呼"毛主席万岁""共产党万岁"和毛主席亲切回答"同志们万岁"的声音。与此同时，耳边还响起朱总司令检阅陆海空军代表部队时高呼"中华人民共和国万岁"，受阅部队齐呼"万岁！万岁！万岁！"的声音。

这排山倒海的声音，这庄严雄伟的情景，显示出领袖、政党、群众、军队融为一体的战无不胜的威力。这飘扬在新中国上空的五星红旗，闪耀着马列主义、毛泽东思想的光辉，凝聚着革命烈士和人民英雄的鲜血……

每当这面五星红旗在我心中飘扬的时候，我就想起在革命战争年代播出党中央文件和毛主席著作的情景。当我们接到编辑部送来的稿子，得知这是毛主席亲自写的文章或起草的文件时；当我们知道这是毛主席或周副主席、朱总司令亲自修改过的广播稿时；当我们半夜里被电话铃声唤醒，一字一句从电话中传抄毛主席或周副主席、朱总司令连夜赶写的捷报时，我们对领袖们的崇敬心情和学习、播读这些重要文章的幸福感受，犹如一股暖流涌上心头。坐在话筒前，手捧这些珍贵的稿件，想到领袖们对广播的重视和关怀；想到他们为革命呕心沥血，日夜操劳；想到这些稿件播出后的政治影响，我们浑身有使不完的劲，无论播多少遍都保持着饱满的激情。每播一遍都要重新学习，认真准备，保证一字不错地播出，力求播音质量一次比一次提高，让毛泽东思想的声音传遍四方，去武装人民，打击敌人，不断夺取革命战争的胜利。

每当这面五星红旗在我心中飘扬的时候，耳边就响起陈毅司令员那爽朗的笑声和坚定有力的话语："你们的播音有力量，你们的工作给了我们部队很大帮助，我可以签字保证，明年将有更大的胜利，将为我们子孙后代奠定民族解放的大业，你们就等着播捷报吧！"这是1947年11月26日，陈毅同志从华东战场去陕北参加党中央会议，途经太行时对我们电台全体同志讲的一段话。果然，这鼓舞人心的"签字保证"不久就兑现了。1948年，运筹帷幄、叱咤风云的将军们，统率各路大军全面反攻，捷报接连不断地从我们这里播出去。红色电波载负着胜利的消息，汇合着解放大军飞速前进的脚步声和隆隆的枪炮声，响彻祖国的天空和大地。被烈士鲜血染红的胜利旗帜，迎着曙光飘扬在祖国的城镇和乡村。胜利得来不易啊！我深切怀念那些为建立新中国光荣牺牲的先烈们。我衷心尊敬那些在前线和后方，在解放区和国统区流血流汗献身革命的人们……

每当这面五星红旗在我心中飘扬的时候，我的面前就涌现出我曾经播过的通讯中的先进人物形象：抗美援朝、保家卫国的"最可爱的人"；毛主席的好战士雷锋；县委书记的榜样焦裕禄；工人阶级的先锋战士铁人王进喜；人民的好医生李月华；为完成周总理的嘱托，"啥也别想挡住俺"的植棉劳模吴吉昌；为真理献身的党的好女儿张志新……这些光辉形象鼓舞着我，教育着我，他（她）们使我时刻不能忘记胜利得来不易，保卫和巩固胜利更加不易。

我深切怀念那些与林彪、"四人帮"坚决斗争，用生命和鲜血捍卫胜利红旗的烈士们；我衷心尊敬那些全心全意献身于社会主义革命和建设的人们……

每当这面五星红旗在我心中飘扬的时候，我就想新中国成立十周年前夕，敬爱的周总理视察北京广播大楼的情景。周总理来到中央人民广播电台播音机房时，潘捷同志和我正在播出《新闻联播》节目。周总理一直在播音室的玻璃窗外听我们播音。播音结束，周总理亲切地同我们一一握手，语重心长地说："广播大楼建成了，比起延安窑洞来条件好多了，你们一定要用延安精神做好工作。"于是，在我面前的红旗上闪现四个金光闪闪的大字"延安精神"。什么是延安精神？延安精神就是毛主席、周总理和老一代无产阶级革命家倡导和培育的党的优良传统和优良作风。为了继承和发扬延安精神，有多少人付出了宝贵的生命，有多少人流尽了最后一滴血，有多少人为它献出自己的一切。是的，延安精神是无数革命先驱者和革命同志用鲜血和生命培育出来的，是亿万人民前仆后继、浴血奋战得来的。

想到胜利得来不易，想到保卫和巩固胜利更加不易，我们就愈要珍惜和发展胜利，用实际行动响应党中央的号召，继承和发扬党的优良传统和作风，坚决抵制和纠正一切不正之风，让马列主义、毛泽东思想的旗帜引导着我们在奔向"四化"的征途上，从胜利走向胜利！

"四人帮"剥夺了我在话筒前播音的权利，是我们敬爱的周总理的亲切关怀，使我获得"解放"。我是幸存者之一，是党给了我第二次生命。我要牢记周总理1946年对革命烈属讲的话："你还有任务……革命总是会有牺牲的。我们是幸存者，只要有一口气，就要为党工作。"我要牢记周总理的教诲："一定要用延安精神做好工作。"这就是我有生之年的座右铭。

为了保卫和发展革命前辈流血牺牲得来的胜利，为了尽快培养又红又专的革命事业接班人。我愿跟新闻、广播、电视战线的战友一起继承和发扬延安精神，让延安精神一代一代传下去，永葆革命青春。

（1979年《新闻战线》）

# 播录《把一切献给党》

吴运铎同志的回忆录《把一切献给党》，先后在三十多个电台播出。吴运铎同志收到了很多信，信中谈到收听的感想和受到的教育，表达对他的关怀和敬意。与此同时，我也收到一些播音员和听众来信，询问播录回忆录的体会。这几年，我在北京广播学院搞教学工作。1979年4月间，带三个青年教师到黑龙江省台、哈尔滨市台实习。市台文艺部编辑刘淑清同志给我一本我非常熟识的书《把一切献给党》，她说："我们打算七一播出这本书，已经跟在北京的吴运铎同志通过电话，书准备再版，没有多少改动，不知你能不能给录音？"我没有立即给她肯定的答复。这对我来说，是个比较艰巨的任务。"四人帮"曾多年剥夺我在话筒前播音的权利，业务荒疏，年老多病，我能胜任这部长篇作品的朗读吗？……

当天夜里，我翻阅着这部50年代出版的回忆录，就像是见到了失散多年的亲人，心潮翻滚，难以入睡。听说这是从市图书馆找到的唯一幸存下来的一本！原来印有吴运铎同志画像的书封皮已经不见了，代替它的是破烂的牛皮纸；大部分书页都已经卷边起毛，变成了灰黄的颜色。事实证明，这本书就像它的作者一样具有顽强的生命力！有谁能计算出多少人的手曾翻阅过它？多少人从中汲取了丰富的营养？是呀，50年代到60年代的青年人，谁没有读过《把一切献给党》呢？他们像珍爱《钢铁是怎样炼成的》一样，把它当作必读的生活教科书，称吴运铎同志是"中国的保尔·柯察金"。记得那时我曾不止一次地被约去参加团日活动，给团员和青年选读其中的章节。那些永远难忘的情景立即再现于我的面前：青年们个个眼里闪着激动的泪花，紧握的拳头高高举起，整队站在团旗前面发出响亮的青春的声音："学习吴运铎同志，像他那样生活，战斗！决不虚度青春！把一切献给党！"

谁能想到在"文化大革命"中，这样一本扎根于青年的书被林彪、"四人帮"打成"毒草"，一个深受群众热爱的共产党员被扣上十六顶帽子，打成"牛鬼蛇神"。粉碎"四人帮"一年半以后冤案得到了彻底平反，他得到公正的结论。1978年12月11日的《工人日报》，刊登了该报记者何家栋采写的通讯《不老松》，满怀激情地报道了吴运铎同志的遭遇，他的书也即将再版发行了。

等书再版以后，拿到新书再广播吗？不，那还要等很久。几个月，半年，一年，也许更长的时间……怎么能这样等下去呢？向"四化"进军的青年们多么迫不及待地需要从这本书里汲取力量啊！

我掂着手里这本几乎已翻烂了的书，默默地想：让千百万人尽早听到它吧！让它尽快地在广播里"再版"吧！让它在七一就跟读者（听众）见面吧！这并不需要纸张，也不需要排印和发行，只需要朗读录音后播出去。而这正是我们广播工作者应尽的责任。有困难吗？再多、再大的困难也无法跟吴运铎同志遇到的困难相比……向吴运铎同志学习，尽力克服面临的困难，以周总理"一定要用延安精神做好工作"的教导去完成这次任务。

白天有很多其他工作要做，我只能挤出夜晚的时间准备，利用早晨上口朗读。在分析作品的过程中，我感到缺少兵工生产的知识和生活，感谢省、市台领导同志为我安排了参观以及向兵工专家、技术工人求教的机会，这有助于我对作品内容的深入理解。但终究没有更多时间直接体验生活，正如有的听众来信指出的，有些地方播得似乎有点"夹生"。这使我又一次体会到生活是创作的源泉，作者写出一部感人的作品要有生活，朗诵者读好一部作品也要有生活。生活的积累和体验是朗诵者再创造的基础。

全书准备好以后，由于更急迫的工作缠身，我抽不出时间录音。刘淑清同志不得不随我去长春，在吉林省台集中了四天时间录完全书。感谢吉林省台领导和同志们的支持和帮助，为我的工作和生活提供了便利条件，使我在四天之内能专心一意地投入备稿和录音。日日夜夜，我沉浸在作者的思想感情里，就好像跟作者一起走过了那段艰难的生活道路，又回到了那艰苦创业的战争年月。一个普通煤矿工人，在党的教育下成长为共产党员、兵工专家的战斗历程一幕幕展现在我的眼前。我和他同欢乐，共忧患，爱他所爱，恨他所恨，常常在录音中间被泪水遮住了视线，激动的感情难以控制，不得不暂停片刻。感谢刘淑清同志在录音时给予的启发和指导，使我注意到准确表达思想内容，并尽可能掌握好感情的分寸。这使我又一次体会到广播节目的录制和播出是所有参与工作的同志共同劳动的成果，而不仅仅是朗诵者一个人的劳动。当然，占第一位的是吴运铎同志的英雄事迹深深感动着、激励着听众，我们不过是尽了广播工作者应尽的职责。这里只需摘选几封来信，就可以看到这部回忆录播出后所起的教育作用。

黑龙江省双城县第一小学四年四班同学李悦利，工工整整地写了四页稿纸的收听感想。信的最后说："……一个过去煤矿上的穷孩子成长为一个优秀的共产党员，这是多么光荣的事啊！今后我要学习吴运铎同志身残志不残，勇于克服困难，顽强地为党工作的精神，为早日实现'四化'而奋斗到底。"

哈尔滨市道里区安和人民公社待业青年李秋苹来信说："……听完吴运铎同志的革命回忆录《把一切献给党》后，心情久久不能平静，我想在实现'四化'的今天，我们多么需要有吴运铎同志那种努力学习、刻苦钻研技术的高贵思想品质，对待工作极端热忱的工作态度。如果我国人民都像吴运铎同志那样学习和工作，'四化'的宏伟蓝图一定会胜利提前实现。听完后也使我考虑这样一个问题：老一辈无产阶级革命家为我们这些无产阶级革命事业接班人在前进的道路上树立了光辉的榜样，我们如何踏着他们所走过的道路前进呢？我认为用语言是回答不出这个问题的，最好的回答是实际行动……"

哈尔滨市纤维编织厂工人杨若华在听后感中写道："……吴运铎那感人的回忆激起了我对他的无比崇敬。我是不轻易掉眼泪的，但是当我听到他那动人的事迹时，感动的泪水禁不住夺眶而出。吴运铎那把一切献给党的光辉形象在我眼前变得异常高大……他对待革命事业的赤胆忠心是多么值得今天在为祖国建设事业工作的人们好好学习啊！"

作为这部回忆录的朗诵者，我的心情和感受跟听众是完全一致的。感谢一位没有留下地址、署名"方亢"的听众对我的关心，他在给我的信中说："听到了你的播音，非常高兴。我想：'四人帮'横行时你是如何生活过来的？今天仍健在，这很好。我们共同感谢党中央。没有说的，剩下最后几年、或者一二十年，发奋地为搞'四化'奋斗吧！我们都是五六十岁的人，没有什么想的，为了建设社会主义，我们多活几年，为党的事业、人民的事业多奋斗几年。"

这位热心肠的听众用朴素的语言说出了我的心里话。我想引用吴运铎同志第三次负伤后写下的一段话回答方亢同志，并与所有听众共勉："是的，一个人的生命是短促的，而我们的事业却无限长久。个人尽可以遭到许多不幸，许多痛苦，但是只要我的劳动融合在集体的胜利里，那幸福也就有我的一份。只要我活着一天，我一定为党为人民工作一天。"

（1979年）

## 重录《把一切献给党》

"我们要像吴运铎同志那样学习，工作，生活，把一切献给党，建设'四化'，振兴中华……"

"我们相信，在党的指引下，向'四化'进军的浩浩荡荡行列里，将会出现千千万万个把一切献给党的'吴运铎'……"

上面引的是三年前，东北一些电台播出《把一切献给党》后，许多听众来信中的反映。

吴运铎同志的事迹深深感动着、激励着广大听众。作为这部回忆录的朗诵者，由于当时急着播出，录音仓促，朗诵有"夹生"之感，内心总觉得不安，盼望着有机会重录一次。

最近，中央人民广播电台文艺部约我朗诵这部回忆录。这正是我的心愿，我欣然接受了。

生活是创作的源泉。作者写出一部感人的作品要有生活，朗诵者读好作品也要有生活。生活的积累和体验，是朗诵者创作的基础。

我反复检查了过去的录音。播得"夹生"的地方，大多由于缺少兵工生产的知识和生活，作品中有些人物的话表达不够准确，是因为对人物了解不深。我带着这样的问题访问了作者。

吴运铎同志给我耐心地讲解信管的构造、炮弹上铜弹带的作用等，还画了图。他怀着深沉的感情回忆起为革命牺牲的战友罗克绳、秦永祥、吴屏周等同志，使我加深了对作品中人物的理解。

感情真实，才能感人。朗诵者自己没有被作品感动，不可能感动别人。来自情绪记忆的联想是朗诵者引发感情的一种手段。从事广播工作的生活经历，为我提供联想来源。从兵工事业的白手起家，想到人民广播的创业艰难；从兵工厂在转移中仍坚持生产，想到电台几次转移确保播音不中断；从兵工战士的流血牺牲，想到广播战友的英勇献身……从无到有，从小到大，各项事业无不在党的领导下、人民的支援下发展壮大；每个坚强的战士无不在党的教育下、人民的哺育下茁壮成长。在备稿和录音的日夜里，我完全沉浸在作者的思想感情里。一个普通工人，在党的教育下成长为共产党员、兵工专家的战斗经历，一幕幕展现在我的眼前，心中汹涌着爱他所爱、憎他所憎的激情。

在朗诵中，我力求达到真实感情和准确表达的和谐统一；作品内容、形式和尽可能贴切的语言技巧的和谐统一。朗诵真人真事的作品，我一般不使用戏剧化的夸张、评书式的渲染手法，以免破坏和谐统一，削弱真实感人的力量。

《把一切献给党》这部回忆录，对于男女老幼各界听众都有普遍的教育作用。我设想的是主要对青年朗诵，而青年中包括这样的人：

……当我刚上小学时，"文化大革命"便开始了。林彪、"四人帮"一伙穷凶极恶，他们不但残酷迫害老一辈革命家，而且也断绝了我们后代人的精神食粮。多少有价值的书被烧毁了！记得有一次，几个"造反派"正在烧书，我走到火堆旁，随手拿起一本，书名就是《把一切献给党》。还没等我看清作者是谁，就被抢去扔进了火堆，他们吼叫着："这是大毒草！小小年纪，别中了毒！"孩童时代留下的记忆是最深刻的。多少年来，我多么想看到这所谓毒草究竟是什么内容啊！

今天，我的愿望实现了！每次收听，我饭也顾不上吃，觉也不睡……我渴望已久的可贵的精神食粮啊，终于被我享有了！

（辽宁铁岭一青年收听回忆录后写给辽宁台的信）

这部回忆录对于这样的青年，犹如久旱禾苗逢甘雨，是多么珍贵啊！我迫不及待地要把这份可贵的精神食粮传播给这些可爱的青年，并以作者题赠的话同他们共勉：

"即使自身化为一撮泥土，只要它是铺在通往真理的大道上，让自己的伙伴们大踏步地冲过去，也是最大的幸福。"

（1982年《广播电视杂志》）

# 良师益友　风范永存
## ——悼念左荧同志

敬爱的左荧同志，我的良师益友！你竟这样默默地离开了我们，离开了你所热爱的人民广播事业！去了！去得这样猝然，没有留下一句遗言，没有见上最后一面，这怎能不使我哀思萦回，彻夜难眠……

怀念随着泪水奔涌，往事一幕幕在眼前闪现。我们相识在革命战争年代。在新华社口播部里，是你逐字逐句帮我修改广播稿件。你那严肃认真、一丝不苟的工作作风，给我树立了榜样。在"三查"学习中，是你那同志式的诚挚的谈心，帮助我端正了思想，提高了认识。你思想敏锐，原则性强，但又从来不强加于人，同志们都愿意跟你交心。

进城以后，有一段时间，我不安心做播音工作。我向你——我的入党介绍人，暴露了思想。你耐心细致地分析了我当时的思想，指出我想去做翻译工作，是从个人兴趣出发的。你说："你在党的广播事业中，做了几年播音工作，它的重要性你是知道的。实践证明，你是适合做这个工作的。那就应当听从党的安排，千方百计做好这个工作，干它一辈子！任何革命工作都是具体的。任何工作成果都是一点一滴取得的。革命事业要靠千百万人在各种不同的岗位上付出心血啊！为了完成革命事业，不是有无数的人日夜埋头工作，而不被人们知道吗？"你的一席话，说得我心里亮堂堂的……

你的事业心是那样坚定，又那样胸怀全局。在你主管地播部期间，既重视编采业务，也重视播音业务。1955年，我们随广播代表团从苏联学习回来后，在你主持下召开了新中国成立以来第一次播音业务学习会。在会上，你有针对性地做了总结发言。你对播音员的思想情况了如指掌，你对大家提出的问题阐述得十分透彻，是我这个播音专业人员望尘莫及的。有一段话至今记忆犹新。你说："我们党有千百万个宣传员，但没有一个宣传员像播音员一样，有这样多人每天给他准备宣传材料，丰富他的宣传内容；也没有一个宣传员的影响像播音员这样大，他播出的每句话不是影响几十个人、几百个人，而是影响着千千万万的人。我们的播音员，不论他是党员、团员，或是一般的革命干部，实际上都在执行着党的宣传员的任务。因此，播音员首先应该努力使自己成为党的最出色的宣传员之一。"

三十年来，"播音员应是党的又红又专的宣传员"，已经成为我们坚定不移的努力方向。这和你的关心和帮助是分不开的。

"文化大革命"一开始，江青、陈伯达一伙就窜到广播学院，你首当其冲被"打翻在地"。1973年，在敬爱的周总理的关怀下，北京广播学院开始复校。你刚刚从"牛棚"出来，就立即领导全校教职工投入紧张而困难的工作中。第一件事就是满足全国播音员的渴望，举办在职播音员学习班。在你的具体指导下，这三个月的学习班办得是成功的。在当时那种气氛中，学习班大胆探讨并切实解决了一些重要的业务问题，材料印发各地，受到全国播音员的欢迎。这下子可触犯了"四人帮"的大忌，在所谓"批林批孔"运动中，你又一次受到了恶毒攻击。

历史是公正的，人民是公正的。粉碎"四人帮"后，党为你推翻了一切诬陷之词，作出正确的结论。不可挽回的是你的身心遭受严重迫害，几年来一直卧床不起。就是在病中你还一再恳求家人，陪你来学院看看，但终因重病缠身未能如愿……

我的老战友，我非常理解你的心情，你对党的事业满腔热情，你想念一同艰苦创业的师生员工。而我们也想念你呀，党的最出色的宣传战士，为人民广播事业奋斗一生、有胆有识的领导人！

安息吧！我的良师益友！

你永远活在我们的心里。

（1984年12月15日）

# 永恒的思念
## ——怀念人民的好总理周恩来同志

在纪念人民广播创建四十五周年的日子里，我深深思念人民的好总理——周恩来同志，他离开我们将近十年了。

三十六年前开国大典的那天，我第一次在敬爱的周总理身边工作。我们的播音岗位在天安门城楼的西侧，正对着登城的楼道。时间一分一秒地过去，我目不转睛地注视着楼道。临近下午3时，《东方红》乐曲响起，毛主席魁伟的身影出现了！我立即向着话筒播出："各位听众，庆祝中华人民共和国中央人民政府成立典礼就要开始了。现在，毛主席和他的亲密战友朱德、周恩来、刘少奇等同志登上天安门城楼……"当我播完这段话时，周总理刚好从转播实况的话筒前走过，总理微笑着向我点头致意，好像是说：要好好工作，把胜利了的中国人民的声音传播到全世界……幸福的暖流，胜利的欢乐在我心中激荡。一个曾被国民党反动派通缉的穷学生，如今受到党和人民如此信任，我的心情怎能平静？！我竭力控制住内心的激动，开始广播阅兵典礼和群众游行的实况，把对党、对人民的热爱倾注在开国大典的播音中。

从此，每逢节日或重大事件，我经常在天安门城楼播音。周总理常常事先严格检查安全保卫和广播工作的准备情况，嘱咐我们不要出任何差错、事故。有一次，总理关心地问道："转播要到两点吧？中午饭怎么办？"负责机务工作的李伍同志赶紧回答："我们转播完，回去吃。"想不到这句话竟记挂在总理心里。中午时分，服务员同志受总理嘱托给我们送来了一盘点心！

"文革"开始，每逢五一节或国庆节，我被迫去郊区房山农场劳动。

1971年五一节刚过，突然勒令我立即回城。我心想：这回准有紧急的批斗会等待我的"光临"。可是，出乎意外，这次回来却令我回部门接受审查处理。我正在闷闷不解，一位好心的同志在路上小声告诉我："你能回来，是总理关心、过问了……"

总理是怎样过问的呢？直到粉碎"四人帮"后，我才得知：早在1969年10月19日夜，周总理在人民大会堂主持研究战备工作时，就问道："延安时期那几位播音员的声音，现在想起来还很亲切，不知道他们现在都到哪里去了？孟启予、齐越现在哪里？"周总理还深情地说："我们不能忘记他们。"

每当夜深人静，一想起周总理的关怀，我总是泪湿枕巾，彻夜难眠。没有总理的关怀，哪有我的今天！永恒的思念在我心中萦回，幸福的回忆在我眼前一幕幕展现……

是周总理受党中央委托，领导广播工作者白手起家，艰苦创业；是周总理在那战火纷飞的年代，冒着枪林弹雨，代表党中央亲临离前线仅十几里的电台所在地，了解情况，布置工作；是周总理指挥着我们战胜种种艰难险阻，经过四次转移，行程四千里，从延安来到北京，保证正常广播，未曾中断，使党中央的声音响遍全国、全世界……

我怎能忘记那革命战争年代的日日夜夜，面对话筒，手捧党中央文件或毛主席、周副主席亲自撰写或修改的广播稿，准确、及时播出后的幸福和振奋……

我又怎能忘记1959年9月，周总理视察刚建成的广播大楼的情景。那时，潘捷同志和我正在广播《全国各地人民广播电台联播节目》。周总理站在播音室的玻璃窗外，一直听我们播完节目。当我们走出播音室的时候，周总理和我们一一握手，并微笑着问道："我来看看你们工作，你们是不是紧张了？"我们不知道如何回答才好，在一旁的梅益同志接上去说："看来他们还不太紧张，您看着他们播音，也没出什么差错嘛。"接着，周总理语重心长地叮嘱我们说："广播大楼建成了，比起延安窑洞来条件好多了，你们一定要用延安精神做好工作。"

从那时起，周总理的教诲时刻铭记在心，我用延安精神要求自己，用延安精神建设播音队伍……

每逢重大的宣传，周总理都亲自修改稿件，审听录音。俗话说："养兵千日，用兵一时。"有一次重大宣传，正是需要人的时候，我却病倒住院了，真是心急如焚！那年春天，周总理和其他中央领导同志在人民大会堂接见新闻、广播工作者的代表。接见时，总理发现我没有去，一再关切地询问，并对在场的播音员夏青说："回去告诉你们的领导，去医院看看齐越，了解一下治疗情况怎样？"第二天，夏青和领导同志向我转达总理的亲切关怀时，我好长时间说不出一句话，眼眶中不觉溢满了泪水。是敬爱的总理的关心和爱护，给了我战胜疾病的力量，使我很快重返话筒前播音。

而今，又是在周总理的关怀下，我重新获得了为人民工作的权利。

恢复播音以后，1973年2月2日，一个终生难忘的日子。那天下午，在人民大会堂举行有外宾参加的庆祝大会，我接受了在会上播读外宾发言的中文译稿的任务。从1965年转播国庆游行实况以后，将近八年没有在这样的场合播音。这个大会要向全国、全世界广播，决不能出半点差错。我怀着惴惴不安的心情走进人民大会堂。外面阴云密布，寒气袭人，而大会堂内灯火辉煌，温暖如春。今天我能见到周总理吗？他老人家能来参加会吗？我急切地盼望着，盼望着……像一个多年背井离乡的孩子盼望着和亲人团聚。

3点整，会场内灯光骤亮，银光灯凝照着一个高大的身影，全场掌声雷动。啊！敬爱的周总理来了！我终于盼到了这个幸福的时刻，经过漫长苦难的岁月，又回到总理身边工作了。

外宾的讲话开始了，马上就要读中文译稿。我从主席台一侧转身向总理的座位望去，他老人家正用慈爱的目光注视着我。这目光中，蕴含着非凡的睿智和坚毅，充满着信任、期望和鼓励。在这一瞬间，畏怯不安的心情立刻平静下来，一种无形的力量促使我异常镇定，暗暗告诫自己：要为祖国、为党争光！

就这样，我准确无误、挥洒自如地完成了50分钟播读译稿的任务。

散会了，我多么想跑上前去问问总理的病好些了吗，说一句："总理，您瘦多了，为了全国人民您要多多保重啊！"可是，在那种场合怎么可能呢？我只有把这话埋藏在心里，默祝他老人家身体健康。

从人民大会堂东门出来，大雪纷飞。但我感觉不到一丝寒意，沿着台阶走下去，完全沉浸在炽热的幸福中。

可是，万万没有想到这竟是我最后一次在总理身边工作，最后一次沐浴着他老人家那慈爱的目光啊！

每当我在话筒前播音的时候，就感受到总理那信任的目光和殷切的期望；每当我走进课堂开始授课的时候，面前就涌现出周总理那慈祥的面容，耳边就响起"一定要用延安精神做好工作"的叮嘱。

幸福的回忆永远珍藏在我心里，永恒的思念时刻鞭策我前进。

（1985年12月）


# 献给祖国的声音

在记忆的积淀里，那是最亮最亮的一颗金珠——四十年前的10月1日，我向全世界转播了中华人民共和国的开国大典。

那天北京晴空万里，清除了杂草残砖的天安门城楼容颜一新。午后，三十万游行队伍汇集东西长安街和天安门广场，城楼下人如海，旗如潮。我和丁一岚同志守候在城楼西侧的播音岗位上，即将进行我国人民广播史上第一次实况广播。面对如此宏大的历史场面，没有经验，也没有预演，看着手上已经写好的又很不完备的解说词，我们既激动又感到紧张。

时间一分一秒过去，我目不转睛地注视着登城的楼道，等待伟人的脚步声响起。我知道，此刻，亿万中国人正围拢在收音机旁凝神等待，等待着一个伟大的历史声音。下午3点整，《东方红》乐曲响起，毛主席魁伟的身影出现了。我按捺住心头的激荡，立即对着话筒播出："各位听众，庆祝中华人民共和国中央人民政府成立典礼就要开始了。现在，毛主席和他的亲密战友朱德、周恩来、刘少奇等同志登上天安门城楼……"林伯渠同志宣布大典开始时，毛主席的双肩抖动了一下，随即，那个庄严激昂的声音响起了："中华人民共和国中央人民政府成立了！"这个声音通过电波，传遍了中国，震撼着世界。

热泪滚滚流下我的面颊——今天的胜利，跨越了多少艰难险阻！作为传播党的声音的第一个男播音员，我心中有着特别的感受。在随陕北新华广播电台辗转战斗的过程中，我曾一遍又一遍地播读历史性文件《目前的形势和我们的任务》，蒋占区有多少我党地下党员和群众冒着生命危险收听这来自根据地的党的声音。在全面大反攻时，我播读过《敦促杜聿明等投降书》《向黄维兵团的讲话》《最后的警告》……体味过人民解放军横扫千军如卷席的快乐——这终生难忘的时刻，坚定了我毕生的追求：以个人利益服从党和人民的利益，忠实地传播党和人民的声音。我羞愧，为我曾有的动摇——要求改行搞翻译的申请；我自豪，为我能以自己的声音参加人民解放的斗争事业。

开国大典这一天，我和丁一岚对着话筒，足足站了七个多小时。开始，编辑在旁边不断提示，后来越播越流利，嗓子一点儿也不觉得累。

播音员用声音传达党的主张，表达人民的愿望。50年代初，我播出魏巍的《谁是最可爱的人》后，信件像雪片一样从朝鲜战场飞向我们小小的播音室。一位战士寄来了用缴获的降落伞做成的书签。他在信中说，一次炮击，他的战友为了保护连里唯一的一台收音机，牺牲了自己的生命。他说："你的声音使我们感到党和祖国人民就在身后。"

今天，如果有的听众还记得齐越的声音，那么，他大概会记得在我的声音中闪现的一个个光辉形象：主席的好战士雷锋、县委书记的榜样焦裕禄、工人阶级的先锋战士王进喜、把一切献给党的吴运铎、和时间赛跑的王崇伦、敢为人民鼓与呼的彭大将军、心中永远装着人民的周总理……作为一个播音员，我用声音重塑着这些生动光辉的形象，把他们的精神播向千万人心间。那是怎样的一个个不眠之夜啊，为他们的精神感动着，我全身心地投入工作。我曾深入基层体验生活，与作者、编者促膝长谈，像导演分析剧本一样，逐字逐句推敲稿件中的每一个字句所表达的思想与情感。当我坐到话筒前时，我便忘却了周围的一切，仿佛完全与伟大的人格融化在一起了。有他们博大的心灵的感召，我自己的心灵也被淘洗了。当我嗓子"塌中"的时候、肺结核病缠身的时候、"文革"中被打入劳改队的时候……他们精神鼓励着我、支撑着我，帮助我克服了重重困难。

粉碎"四人帮"以后不久，我播录了景希珍的回忆录《在彭总身边》。当播到彭德怀同志为民请命毅然前行时，共和国几十年的风风雨雨一起涌上心头，我不由得哽咽失声……事后，我从一封封来信中得知，许多听众听到这里，曾禁不住地失声痛哭……

几多哀痛，几多欢乐；几多磨难，几多胜利；几多茫然，几多奋起……这些，我都曾以赤子的心音与亿万为光明前程而顽强奋斗的中国人民共享，我为曾经忠实地表达了人民的喜怒哀乐而自豪。

没有丰殷的著作，没有人们熟悉的形象。是的，我只是一个播音员。我有的是声音，许多人熟悉我的声音，这是一个播音员的骄傲。谁说声音是无形的、易逝的！我深深地相信，献给祖国的声音，如撒在神州大地的种子，将开出不败的鲜花。

（1989年10月7日《人民日报》）

# 一次难忘的拼搏
## ——电影小说《巍巍昆仑》播出前后

（附：《巍巍昆仑》备稿、录音时间表）

　　1981年6月中旬，中央台文艺部编辑兼导演康之行同志来找我。我们是老搭档了，录《王若飞在狱中》《把一切献给党》等长篇回忆录就是跟她合作完成的。这次她拿来东生同志写的话剧脚本《巍巍昆仑》，说："戏已经在上海公演了，准备要拍电影。中央台为了迎接建党六十周年，打算播一部有分量的长篇。你认识东生同志，能不能和他联系一下，让他根据这个题材为中央台写一部长篇小说？朗诵的任务由你来承担。"东生同志当时是《人民日报》驻上海的记者，战争年代随党中央转战陕北，掌握第一手材料。我看过他写的《巍巍昆仑》话剧脚本，很感人。剧本描写1947年我解放军主动撤离延安以后，毛泽东、周恩来等中央领导同志，坚持在陕北指挥全局斗争的事。作者以真实的历史为基础，以宏伟的气势，革命的激情，细腻的文笔再现了毛泽东、周恩来、刘少奇、朱德、任弼时、彭德怀等老一辈无产阶级革命家无畏的革命精神和卓越的军事指挥艺术。广播这种题材的小说来纪念党的六十周年生日，真是太好了！我立即给东生同志写了信。他同意根据电影文学剧本改写成适合广播的电影小说《巍巍昆仑》，并寄来改写的连续广播的第一段（30分钟）稿子。康之行同志请示领导后决定播出。《广播节目报》刊发了预告：从7月3日到7月21日在中央台小说连续广播节目中播出东生著的电影小说《巍巍昆仑》，由齐越朗诵。这时离播出只有一周时间。稿子由东生在上海写好一段，经新华社航班捎来一段。经过编辑删改后，再复写誊清供审稿录音用。

　　正在这时，一位演员出身的朋友由吉林出差来看望我。见我正忙着备稿，劝我说："录长书难度相当大，准备时间又这样短，你年纪也大了，弄不好砸了你的牌子，不要承担吧！"

这位朋友的好心我领了，但预告已经发出，不管怎样也要拼一下！

7月3日播出第一段时才录出三段备用录音。这时我担心的是上海的稿子。有时稿子不来，我就骑车去新华社收发室等。康之行同志也很着急，有时拿到稿子后立刻来我家，一同改稿备稿。白天有工作，一般都在晚间去电台录音。7月21日最后一段播完后，我们的心算放下一半；当第一批二百多封听众来信寄来后，另一半心才算也放下来。

二百多封听众来信充满真情厚意，反映了人民对革命战争的追忆和学习，表达了他们对老一辈无产阶级革命领导人的怀念和崇敬。也可以说，这些来信是对我们小小拼搏的安慰和鼓励。我很珍惜这些信，一直收藏在身边。这里仅选摘几段：

吉林省的薛立卓在信中说："我是今年的理科考生，紧张的复习使我不得不放弃了各种课外爱好，但《巍巍昆仑》一播出，就被吸引住了。在迫近高考期间，仍坚持收听。从前对陕北战斗我们认为是轻而易举，却不知其间的艰苦性。我们青年喜欢这样的作品，需要这样的好教材。"

河北省宁晋县高口保温材料厂李喜才的来信说："本来听小说不那么迷，自本月17日中午下班后打开收音机，听到讲的是毛主席、周恩来和老一辈革命家在战争年代的故事，很快入迷了。那几天，我数次外出十几里，也都很快赶回来听小说，真是越听越愿听，越听越入迷……"

河南省巩县回郭镇清东小学三年级少先队员姬峰伟写信说："广播员叔叔，您广播的电影小说《巍巍昆仑》真动人，我都听得入迷了。一会儿我为毛主席、党中央所处的危险境地而担心；一会儿又为他们脱险而高兴。当小朋友们听到把郭师长的全师都消灭了，都高兴地跳起来！叔叔，您能再广播一遍吗？我们小朋友们还想听。"

不少听众来信要求帮他们买书。

云南省楚雄彝族自治州大姚县农民扈尚高的信中说："听了电影小说《巍巍昆仑》很受感动，真是振奋人心！……我虽然五十多岁了，但是一定要让广大农民，尤其是青年知道这个故事的内容，进一步加深对党和党中央的各位领袖的敬爱和怀念。因此，我请求你们将这个故事寄给我一份。"

郑州铁路局郑义明同志也来信说要买书，说是听《巍巍昆仑》引发了他的激情，要写广播剧《黄河纤夫》，叙述周总理在黄河上拉纤的真实故事。

听众的急切心情使我深受感动。当时改写成小说的《巍巍昆仑》已经出版，书名改为《昆仑纵队》。我跑遍了各书店，最后在人民日报出版社买到了仅剩下的十几本，分别寄送给最需要的和住在农村、边远地区的听众。从此，我又结交了一些经常交往的听众朋友。

今年（1990年）2月22日，六年前写信要书的郑义明同志从郑州来京，特地到医院来看我。他说，收到书后就开始写作。他以周总理生前视察黄河，指挥抗洪，与人民息息相通的血肉之情为题材写出并发表了七部作品，其中有两部获得省级一等奖。他把全部作品和获奖证书带来给我看。他还谈了今后的写作计划。这真是：

> 远道探视情谊深，相见如故似亲人。
>
> 激情结出胜利果，作品获奖倍欢欣。
>
> 水到渠成流不尽，纤夫之情早积酝。
>
> 共同怀念好总理，激情出自一颗心。

1983年12月26日，为纪念毛主席诞辰九十周年，中央台小说连续广播节目里重播电影小说《巍巍昆仑》的录音。第二年春节后，我收到了内蒙古人民广播电台播出部主任卓燕生寄来的信。来信说："去年12月，中央台的《小说连续广播节目》播完著名评书演员袁阔成录制的《三国演义》后，紧接着预告了您播录的电影小说《巍巍昆仑》。说心里话，我为您捏了一把汗。因我考虑到：一、《三国演义》是古典名著，《巍巍昆仑》是现代新篇，前者为人们所熟知，后者是人们比较陌生的。二、您年岁大了，据说身体欠佳，能否力从心愿呢？三、您在广播学院从事教学工作后，实践的机会少了。这次播出会怎么样呢？可是，您的节目播出以后，深受人们的欢迎。不仅是中老年人喜欢听，年轻人也爱听。

最近，我反复学习了《播音创作漫谈》上您撰写的《我的播音业务观点》一文，……从这篇文章和您播讲的《巍巍昆仑》来看，您的业务观点（理论）和实践是完全一致的。……"

这是广播同行对我的工作的鉴定，我感到很欣慰。有一次我翻阅听众来信，发现武汉建工学院建工系张在元在信中也写到同卓燕生同志一样的想法。他写道："在《巍巍昆仑》播出之前，中央台一直播送长篇评书《三国演义》，转题播'巍'后，我曾担心听众（特别是那些对古典文学有浓厚兴趣的人）是否会接着听。我家附近的小洪山公园，每天中午都有武汉锅炉厂等单位的一些退休职工聚在一块儿晒太阳，打开收音机听'三国'。有时还边听边评论。中央台转题播'巍'后，我又去公园，想知道那些老三国迷对'巍'如何反映。齐越的声音艺术有特色，确实吸引人，隔老远就从老人们的收音机里听到了。老职工们对'巍'的兴趣也很浓厚。有的说：'毛主席的创业史比三国的历史还要精彩。'有的说：'三国远，毛主席的故事近，听起来很有意思！'有些老人还说：'《巍巍昆仑》里关于毛主席的好多情况过去我们都没听说过，这一次听广播才知道。毛主席确实伟大，为解放全中国承担了多少风险啊！'

总之，老人们同收听《三国演义》一样一直坚持听完《巍巍昆仑》，而且情绪一直很热烈。"

同行和听众对我这次拼搏"产品"的检验合格使我稍稍心安，得到了完成任务后的愉快。

病中看到有关金乃千同志拼搏事迹的报道，使我联想起这次播出任务的完成。当然，我在日常工作中的小小拼搏是无法和他的南极拼搏相比的。金乃千同志是我们民族的英杰。在他去南极之前我们曾在"星光朗诵会"上同台演出。哪里知道会后一别竟成永诀。我深深地怀念他。他在舞台上扮演领袖毛泽东形象，在生活中学习并发扬领袖的革命精神，甚为可贵。这真是：

南极拼搏堪壮烈，"星光"别后竟永诀。

领袖形象寓精神，难得中华一英杰。

（1990年4月5日）

附：

《巍巍昆仑》备稿、录音时间表

（摘自1981年台历《记事》）

1981年6月17日

给上海东生发航空快信，请他赶写《巍巍昆仑》广播用稿。晚间重读《巍》话剧脚本。

6月19日

去广播学院，上午四节课。下午与七九播音班座谈。

6月20日

去广院开会，商定研究生考题。

6月21日

原订备第一段稿并试录，但有干扰未完成。

6月22日

早晨去新华社取东生由上海来稿，送交编辑康之行。下午晚间都备稿。

6月23日

整天备稿。18：30至22：00录音，录两段（每段约30分钟）。

6月24日

整天备稿。18：30至22：00录音。

6月25日

清晨骑车去新华社取稿，回家后备稿。18：30去电台录音。

6月26日

去广院，上午四节课；下午与党员及申请入党者座谈。

6月27日

整天备稿。18：30至22：00录音。

6月28日

白天备稿，晚上参加纪念七一文艺晚会朗诵。

6月29日

整天备稿。

6月30日

上午吉林友人来访，接待后备稿至13时。18：30至22：30录音。

7月1日

上午备稿。18：30录音。

7月2日

上午备稿。18：30录音。

7月3日

《巍巍昆仑》今日开始播出。18：30继续录音。

7月5日

完成录音四段（16-19段），备稿至夜12时许。

7月6日

白天去广院，研究生考试。晚间与康之行研究删改稿件至12时许。

7月7日

上午备稿，下午去医院看病。20：00录音至0：30。

7月8日

全天备稿，18：30录音至22：00全部录完，共录19段。

# 播讲《大地的儿子——周恩来的故事》

作家苏叔阳为了让年幼的孩子们了解敬爱的周恩来同志，搜集编写了关于他的一百多个小故事，出版了一本书，题名为《大地的儿子——周恩来的故事》。

此书于1982年出版后即被团中央推荐为全国优秀少年儿童读物，并获一等奖。我听说有的农村学生还不知道周恩来是谁，心中十分不安，非常希望在广播里播讲苏叔阳这本书，让所有少年朋友都能从广播中收听到关于敬爱的周恩来的故事，了解他，学习他。

这时我已经调离中央电台在广播学院搞教学，但我一直不停地寻找这样的机会。曾不自量力地向中央电台、北京电台"毛遂自荐"，都遭到谢绝。愿望始终不能实现，心中就如一团烈火在燃烧，饮食无味，坐卧不宁。每天课余翻来覆去朗读这本珍贵的书，几乎都要背诵下来了，越读越想让它尽快地在广播中和少年朋友见面。

盼啊，盼啊，机遇终于盼到了。1983年6月初，吉林省台播音指导石雨出差来京，得知我的心愿，回台后征得领导同意，约我去吉林台录音。我非常高兴，立即向北京广播学院请假，于1983年6月13日赶赴长春，去吉林电台报到。

## 一

下车伊始就和省台文艺部主任王晓苏研究用什么形式播讲这部书的内容，我们认为只用一个男声播讲全书甚为不妥。因为这本书不是周恩来同志的传记，没有记载下他全部的功业，这里搜集编写的仅仅是关于他的一百多个小故事。如果把每个小故事的标题删掉，由一个声音播讲，很可能使听众误认为所讲内容就是周恩来同志一生的全部功业。如果由女声播报每个小故事的标题，男声播讲内容，又显得呆板单调。研究的结果是找个女声与我合作，一人播讲一个小故事。大家都认为这种形式比较适合这本书的内容。于是选拔了我早就熟悉的吉林台青年播音员晁惠与我合作，试音后当即确定下来。

晚间我们一同在我住的旅馆备稿，联系周总理对广播和广播工作者的种种关怀，唤起深情的怀念。我流着热泪和她倾心相谈周总理关心我这个普通党员的几件事。总理视察广播大楼时叮嘱我"一定要用延安精神做好工作"。我病了，总理派人去医院看望我。"文革"中若不是周总理亲自过问，我是不可能回到话筒前的。

二

1983年6月14日，和小晁在旅馆一同备稿，小晁的素质不错，工作也认真，上心。

我们首先通读全书，明确播讲目的：我们播讲的对象是少年儿童，他们是共产主义事业的接班人。为了让他们了解革命的历史，知道老一辈革命家周恩来的高尚品德，知道他成长的过程，走过的道路，看到他怎样待人处事，努力向他学习，从而懂得做人的道理。

我们把这本书作为学习的教材，全面对照自己找差距，互相交谈心得体会，激发强烈的播讲愿望。

三

关于周恩来同志的事迹，少年儿童知道的很少，这本书收集了周恩来同志从幼年到逝世前的一百多个小故事，基本上反映了他的为人。我们播讲者应满怀对周恩来同志的深情，热诚歌颂他，把对他的怀念变成我们播讲全书的动力。播讲基调是朴实、庄重、深沉、大方。在此基础上要求亲切、生动，亲切而不轻浮华丽，生动而不矫揉造作。

## 四

1983年6月15日，全天，整个晚上和小晁备稿、试播，解除她的思想顾虑，引导她把感情带入稿件内容。她的顾虑是怕表达不好总理讲话的语气。我们认为播讲总理的话（直接引语），要注意节奏明快、平易近人，千万不能端架子。

晚间各自分头备稿，第二天开始录音。

所住旅馆临近闹市，甚是嘈杂，很难入睡。

## 五

1983年6月16日上午开始录音。机器坏了，调好已九时许，录了两讲。主管这一节目的编辑倪翠兰病好来上班，录音后征求她的意见，她没讲什么。下午来旅馆找我，提出调门高，不亲切，不像讲故事，像读文章。下午与小晁重新定基调试录。晚间按照倪的要求，去掉每个故事的标题录了一讲，尚可。已录前两讲仍需重录。

## 六

1983年6月17日上午录四、五讲。昨晚给编辑倪翠兰写了一封信，表明我的态度，并将《用延安精神做好工作》一文给她看，以解除她的顾虑。今天她的积极性调动起来了。她坦诚地说，原以为请来专家录音，不敢提什么意见，听听而已，这下可以无所顾忌地认真提出自己的全部意见了。下午顺利地录完第六讲，晚间继续备稿，估计廿一日可全部录完。

## 七

1983年6月18日，编辑录音合作较好，上午录两讲半，下午录一讲半，共录成十讲。

编辑倪翠兰忽然提出十讲以后，凡是有总理话的地方都由男音播。对此我不同意。这样一改，前后不一致，讲着故事忽然又扮演起来，使人莫名其妙，我主张不改为好。

录音中间，录音师对一句话的重音提出意见："偏要做，偏不做"，提得很对，照改。

## 八

1983年6月19日，今天是星期日，录音师王志伟和编辑倪翠兰加班，带着他们上中学的孩子来电台。我们一上午录了四讲，少年朋友王彤丹和佟杰成了我们的第一听众，录音时增强了对象感，比往日录得顺利。我想如时间许可，能在录音前面对少年朋友先讲一遍，可能录音效果更好。真遗憾！这玩意也是"遗憾的艺术"！

## 九

编辑倪翠兰的意见没有被采纳，她有些不甚高兴。我心想：你一定要坚持你的意见，我就只好中断录音返回北京。但又想：她也是想把录音搞得生动感人，怎样才能既不破坏前后统一的播讲风格，又能更生动感人呢？想来想去，我想到在不影响内容连贯的情况下，把故事的顺序倒一下，适合男声讲的故事由男声播，适合女声讲的故事由女声播。这样，既保持了前后播讲形式的一致而不必扮演，又能更确切地生动地表达内容。编辑对此很满意。

这次来吉林台录音自始至终使我悟到播讲形式和内容统一的重要性。

## 十

我深深感到录音中感情不断线又能控制得当，收放自如，恰到好处，实属不易。

录《冒着余震的危险》一讲，怀念总理之情难以抑制，泣不成声，只好略停片刻才能继续录下去，接着录《野菜饭》一讲又要自然地进发出发自内心的笑声，以表达出总理的平易近人，豁达开朗。

"噢，这么说我和陈老总就不要革命传统，不要艰苦奋斗的作风了，啊？哈哈哈！"周总理朝陈老总看了一眼，哈哈地笑着说。大家也跟着笑了。

录音的过程是我们自己首先受教育的过程，《野菜饭》的故事，激发我们努力向革命前辈学习，坚决发扬革命传统，永远保持艰苦奋斗的作风！

## 十一

1983年6月23日，十九讲全部录完后又重录了前三讲。播讲费二百元，和小晁商量全部捐赠省局幼儿园，我另赠小晁和编辑、录音师一些纪念品。

1983年6月27日完成任务后，在返回北京的火车上，我一心盼望着吉林台和全国各地电台交换节目时，能带去这部书的录音带，让各地城市、农村的少年朋友都能听到它。我盼望着，我反复默诵着《大地的儿子》最后一段："……亲爱的少年朋友，难道他真的已经不在我们中间了吗？不，他就在我们面前，就在我们周围。……等你长大了，你登上山峰守卫祖国的疆土，他同你并肩而立；你俯身在计算机旁工作，你身旁就闪烁着他慈祥的眼光；你在舞台上唱歌，他就在观众席上亲切地凝视着你……"

列车隆隆向前奔驰，窗外闪过祖国的土地，他——大地的儿子永远活在祖国的大地上。他那伟大的形象屹立在我面前，我心中不断地召唤着：亲爱的少年朋友，爱他吧，他将永远引导我们前进！

（1992年6月）

指导我播音创作的基本原则：

我是党的新闻工作者，要站在党性和党的政策的立场，从稿件的内容和形式出发，联系当前形势和人民群众的思想实际，对于具体稿件作具体的分析；从对稿件的深刻理解和真实感受中把握主题思想，明确宣传目的，引发态度感情，贯穿全篇播音。同时，十分贴切地运用有声语言技巧表情达意，和听众进行感情交流，力求情、意、声的和谐统一，准确、鲜明、生动地传达稿件的精神实质，达到预期的宣传目的。

# 编播之间

一次广播节目的产生到播出，是编辑、记者、播音员、录音员、机务员等共同劳动的成果。其中，编播之间的关系尤其密切。近两年去各地广播电台实习的北京广播学院播音专业的同学，在这方面深有体会。翻阅他们的《实习小结》，有这样一些记载：

"编辑是我的亲密战友。在准备稿件的过程中，对内容有不清楚的地方，我就请教编辑。在他们的帮助下，我对稿件理解得更深刻，播起来更加心中有数，有的放矢。"

"编辑是播音创作中的合作者。在试播或录音过程中，编辑经常给我启发，使我对稿件内容正确理解，准确表达。"

"编辑是我的第一批听众。他们听了我的录音，经常提出一些中肯的意见。有时我把节目重录一遍，尽可能提高播出质量。"

"在实习中，我有时参加一些编辑工作，有时随记者采访，也练习写写稿。这使我尝到了做编辑、记者的甘苦。一个节目或一篇稿件是他们辛勤劳动的产物。尊重他人的劳动，就要全力以赴播好每一篇稿件。"

编采专业的同学，也在实习中体会到与播音员合作的重要作用，这里就不一一列举了。

编播之间互知甘苦，彼此尊重，相互帮助，密切合作，本来是人民广播事业的好传统。回忆我们进城以前，由于战争条件的限制，编辑部和播音组分隔两地，最近时相距几里，最远时相距几十里，但山高水深挡不住编播之间的密切联系，每天除互通电话外，还由送稿的通讯员传递着往来书信。那时陕北台编辑部负责人温济泽同志非常关心播音工作，他每天都看播音登记表和监听意见，还经常收听广播。凡是编辑需要知道的中央指示和宣传精神，他都及时传达给播音员；对于播音员提出的工作中或学习中的问题，他都一一解答，亲自处理。

有两件小事至今难忘。1948年电台在平山时期，编播相距几十里。那时播音用的表走时不太准确，向温济泽同志反映后，他立即汇报廖承志和梅益同志设法解决。几天以后就借到一只走时准确的表送来播音组。那时编辑用的稿纸正面光亮，反面粗糙。用有光一面写稿，在灯下播稿时反光晃眼，有碍播音。播音员对此提了意见，第二天温济泽同志就复信播音组说：接受你们的意见，不要用稿纸有光一面写稿事，已告诉部里各同志了。从此，编辑都把稿纸翻过来使用。

至于编辑对播音的意见，除随时打电话告知外，每天还随稿件送来前一天的收听意见。意见中不仅登记播出差错，还有对字音不准、断句不当的纠正，对文章播法、发声方法等的评述和探讨。下面是从仅存的一点资料中摘录的几条编辑收听意见：

"孟启予播评述山东蒋军罪行，播得很好。列举罪行时非常沉痛愤慨，评论时理直气壮。钱家楣播的通讯好，对话语气够味，播活捉敌军官刘英时，刘英说'有匪无我，有我无匪'，讥讽味很足。播刘英被捉时说'我就是刘英'应颤抖着说出，表示恐惧。"（1947年11月24日）

"供'应'，不能念成供'英'，要读第四声。'冀东各县人民地方武装'，'冀东各县'应连在一起念。"（1948年2月4日）

"播记录新闻的新同志口齿尚清楚，唯听来精神过分紧张（喉部像有颤音），希望自然些，别怕！"（1948年3月8日）

"丁、齐、孟、柏诸同志声音很强，虽有干扰，也可以听清楚。有个别同志声音很弱，一有干扰，声音便被压住。这可能是发声方法问题。一种是把声音吐出口腔以外，故声音强；一种是把声音限制在口腔里，吐不出来，故声音弱。是否如此请研究。"（日期不详）

过去，编播之间山水相隔，联系尚且如此密切；现在，近在咫尺，应该比那时候更密切合作才是。然而，无须讳言，由于"四人帮"败坏了党的优良传统，有些地方编播之间的关系很不正常。有的楼上楼下，如海角天涯；有的一墙之隔，常视同路人；有的对门相望，竟各行其是；有的同坐一室而互不讲话。甚至还有重编轻播、编播严重脱节的现象，甚有碍于广播质量的提高。

殷切期望广播电台领导同志对编播人员一视同仁，既抓编，又抓播，让大家都本着对工作负责的精神，团结合作，亲如一家，为共同提高广播节目质量，发挥更大的创造性。

（1980年《新闻战线》）

# 实践—认识—实践

首先说明，我是把自己一些不成熟的看法、意见提出来，跟大家一块儿研究。其实也无非是老生常谈，没有什么新的东西。这几年闹病，即使不闹病，自己的学习也很不够，有一些实践的经验，也没有很好地总结，把它系统化、理论化，来进一步指导实践。每个兄弟台，每个播音员同志，在实践中都有很多宝贵的经验。我这样谈，目的就是为了交流经验，和大家一起探讨，使全国的播音水平能提高一步。

先谈一谈听了上海台和浙江台的录音以后学习到的一些东西和体会。第一点：我觉得这儿的编辑和播音员钻研业务的精神值得学习。稿件的内容和形式很具有广播特点，生动活泼，多种多样，有很多新的创造，播音的同志放得开，播得活，能大胆进行创造。听得出来有些同志是在不断的实践中锻炼出来的，他们从理解、感受到表达稿件，具有相当高的水平，相当熟练地掌握了语言的工具，具有富于感情的嗓子，有些稿子播得准确、鲜明、生动，也相当生活化。尤其感到沪语的播音（虽然我不大懂沪语，只是对着稿子听），他们的语调、语气很有特点，地方化，生活气息更浓厚，值得我们普通话的播音员学习。朴素、亲切、自然，甚至使我这个不大懂沪语的人也被吸引住了。上海台《对农村广播》节目中的"阿富根谈生产"，有篇稿件是《从一瓶蓝墨水引起的争论》，我一共听了四次，从这篇稿件，这次播音中，我学习到了很多东西。这次又听了《对农村广播》中的"天下大事"，两个播音员播得慢（稿件播慢是相当不容易的，比播快要难得多），慢而不断，就是没断线，思想线索没有断；慢而不散，没有散了架子，没有把意思割裂开来，这很不容易。慢中有快，快中有慢，也就是说传达的思想是连贯的，意思是完整的，语气表达是合乎分寸的，语言接近于生活。另外，他们不是只在字面上、词句上强调、加工，而是用内在的语言（也就是戏剧上的潜台词或内在语），作为基础的语气来表达。比方说："……虽然土地肥沃，粮食却不够吃。"这句话的后句是语言的重点，是要传达的中心思想和目的。我感到播音员强调得非常好，非常自然，把精神传达出来了。还有："……丁香、油棕、橡胶等，又都被殖民主义者用低价收购了去。"这句话中的"低价"是主要字眼，强调得很好，很自然，很突出。还有，男女播音员合作得非常协调，统一、完整。有这样几句话，前面是女声说："……一般人的寿命，平均只能活三十岁左右。"然后是男生说："血债要用血来还……"接得恰到好处。后句相当有力量，但又不是评论式的语气，和整个基调是统一的。所以，我深深感到要向沪语的播音学习。

普通话播音能不能做到这点呢？有人说："那是沪语播音，和普通话不一样，他们一说就是那味儿，我们就不是那味儿！"我不太认同这种说法，我觉得沪语播音能达到这点，普通话播音也能达到这点。为什么现在还不能达到呢？我觉得是没有很好掌握普通话的特点、规律，使它更接近生活。

我听了上海台的普通话播音，也感到有些不足的地方。首先，在新闻、评论等一类稿件上的理解、处理、表达还不太接近生活，不够自然，一般化。的确，这类稿件很难播。梅益同志也曾一再批评我们中央台的播音员

"严肃有余，亲切不足"。经常是调儿高，弦儿紧，播哪条新闻都一个味儿。其实新闻形式多种多样，每条都应播得不同。罗荣桓逝世的消息和周总理答记者问的消息，在内容、思想感情等方面都不同，因此播音员在处理和表达上也应该不同。其实播音员的大量稿件是新闻稿件，它最及时、最直接地向广大听众进行宣传，是非常锋锐的宣传武器，如果不能好好掌握，将是很大的缺点。我们应共同研究这方面稿件，要作为一个任务，多多下些功夫。

用党的政策、观点，深入细致地具体地分析这类稿件，掌握其精神实质。用恰如其分的语气去表达。不同形式、不同内容的新闻和评论，应当要有不同的处理，语气、节奏、速度都应不同。播音员在播新闻时，最大的本领就是能马上从这条消息转到那条消息。

其次，在播通讯、录音报道或者文艺性的稿件上，大多数播音员播得还是接近或进入稿件的，基调也符合稿件内容、形式的要求。但是，有时候有些播音员，思想没有完全进入稿件，或者是进去了，又出来了；出来了，又进去了，有时一下子又表演起来了，或者是疙疙瘩瘩不流畅，不是行云流水、天衣无缝、一气呵成，这样，听来也就不舒服，不自然。结果也就妨碍了传达稿件的思想内容，使这些有人物，有情节，用形象来感染人的稿件，减弱了感人的力量。这主要是因为自己首先没有被这种先进人物的思想品质、先进的事例打动心灵，感情没有点燃起来，而仅仅从词句上去表现，又怎能拥有感人的力量呢？

有这样的情况：有人播得很活，但过火了；有的人播得太呆板、硬邦邦、平平淡淡的，太温了。所以要做到不火不温、恰到好处、真实感人是很不容易的。使表达和内容密切融合，用恰如其分的表达方法去传达稿件内容的精神实质，产生感人的思想、感情和力量，那是困难的，但是播音创造，就是要走这条路，而不是走捷径。当然，在业务实践中产生了问题，也不足为怪，因为要实践、要工作，总会产生问题的，只有在解决问题中、在实践中不断探讨、摸索，才能找到正确的创造道路和方法，这样才能提高一步。

第二点：关于播音业务的一些看法。播音工作的三个环节：播前、播出、播后。播前准备稿件，是三个环节的中心环节，也是播得好坏、能否达到高质量的关键。在准备稿件方面，不能从个人兴趣、爱好和所谓"重要不重要"出发。一句话，就是不能从个人名利得失出发。如果一个播音员只是能把自己感兴趣或者自己认为"重要"的稿件播好了，这就没有完成一个播音员的任务。

播音员的任务是要全力以赴播好所有的稿件，哪怕是一句话，一个头尾，一段预告，一条广告。我觉得，人民广播电台的广告，绝不能播得和旧社会私营电台的味道一样，应该创造新的风格。另外，播音员绝不能只追求效果，绝不能只追求听众的鼓掌和喝彩。否则必然会走上自我表现的道路，而不去做深入理解和分析稿件内容的艰苦的工作。

播前准备稿件应当从什么出发呢？应当从稿件的内容出发，从假设"我是一个听众"出发，让听众听得懂稿件的主要精神和内容。以这样的假设，来检查一下准备的稿件是不是能让听众全部听懂，全部接受，并能受到稿件精神的鼓舞和教育。

因此，作为一个播音员，具有以党的事业为重和一丝不苟的工作态度，才能使自己踏踏实实地去准备稿件，才能做到全神贯注，真正进入稿件。可以这样说，每一个播音员是否有全心全意为人民服务的精神，是否能全心全意地把高质量成品端到听众面前，首先就可从他备稿时的态度去检查。

在准备稿件的过程中编播合作非常重要。听了魏星播的盲人歌，我觉得他播得好，跟录音的素材是统一的、完整的，很自然，有播音员的思想感情，态度也很鲜明。我曾了解到，魏星在播前是和编辑共同进行分析的，录了一遍后有些地方还不满意，再跟编辑一起研究，编辑对他讲了采访的体会，然后再录音，这就是很好的例证。播音员在备稿时就要和编辑很好地合作，听听他们的意见，了解一下采编的经过，为什么要写这篇稿件，这样会得到很多稿件内容、内在分析上的帮助。同样，编辑写完一篇稿件，如果没有在播前帮助播音员一同进行研究，而只是写完一发就不管了，那是没有完成写稿的最后一道工序。如果，仅仅是外在地提醒下播音员应该这儿播得抒情些，那里播得激昂些，这样对播音的帮助是不大的，有时甚至会妨碍播音员的创造。

还有这样一个问题：编辑常常点名指定播音员，怎么办呢？我认为，应从两方面来看，编辑要保证播音质量，这是应该的，但是在保证播音质量的同时，也应和培养新手的工作结合起来考虑。保证播音质量，这是一方面，但不能绝对化，就是说不能脱离我们的实际，不让新手有实践的机会。其实，他永远不播，也就永远不会播。同样，在培养新手这方面，也不能片面强调"一回生，两回熟"，让新手担任力所不及的工作，结果大大影响了播音的质量。所以应该从两方面结合起来考虑，就是既注意保证播音质量，又从实际出发，从播音员现有的水平出发，适当地放手培养新手，单单强调哪一方面都会对工作不利。

播音工作的第二个环节：播出。即直接在话筒前播出，或者是录音播出。二者都要求注意力高度集中。集中到什么方面呢？集中到传达稿件思想感情，传达稿件的内容。这就需要排除一切杂念。什么是杂念呢？比如：怕播错了，怕播不好，没信心，怕播出后听众会来信，当然有的也希望表扬，有的又怕听众骂，等等。总之，所有妨碍进入稿件的杂念，在播出时都要排除，尤其要排除为表达而表达。要明确自己表达是为了什么，讲这些话的目的何在。当然这也不是否认语言技巧的设计。其实，这项工作在准备稿件的过程中就应该完成了，也就是说播前，既分析和掌握了稿件内容，又结合稿件内容考虑和设计了表达的方法、技巧。而等坐到话筒前播出时就不应考虑这个地方轻一点，那个地方重一点，这个地方又该用怎么样的表情等外在的表达方法了。

这里，也要明确的是：语言技巧只是帮助我们传达稿件内容和精神实质的工具，而不是目的。当然，能够把这个工具运用自如，还是需要日常的勤学苦练，需要进行基本功的训练。

第三个环节是播后：播完以后虚心听取各方面的意见。有两种情况应当避免：一种情况是完全听不进意见，拒人于千里之外，总以为自己的好，一点缺点也没有；另外一种情况就是不加分析地把全部意见接受下来。这样，再播音时，就无所适从，让意见缠住了自己。因此正确地对待，就是既要虚心地听取各方面意见，又要把这些意见作具体分析，独立去思考，抓住主要问题，看清主要缺点，然后加以逐个解决，走了一步再走一步，不可能一步登天，一下子把问题都解决。写文章应该是文如其人，我觉得播音应该是声如其人。

在执行"播前、播出、播后"三个环节中，播音员要不断严格要求自己，注意改造自己的思想，热爱党的事业，热爱集体，做个毫无自私自利之心的人，这样才能在播音中不断取得进步，达到更高的标准，体现更高的风格。

播音质量的三项指标：准确、鲜明、生动。准确，就是准确地传达稿件的思想内容、精神实质以及稿件的风格形式。鲜明，就是播每一篇稿件，都要贯穿无产阶级的党的宣传员鲜明的爱憎分明的态度；生动，就是要有符合于稿件内容的生动的表现能力、表现方法，它应该是更接近于生活的生动，而不是那种脱离生活的矫揉造作戏剧化的生动。这种生动，是跟传达稿件内容紧密结合起来的。

这三项指标是一个统一的整体，它们的基础是准确、鲜明。否则生动就是空的，没有灵魂的，没有生命的。

播音创作的三个基本出发点：

1. 从文章的内容和形式出发，从当前斗争形势和人民群众的思想实际出发，掌握文章的精神和实质，激发起强烈的播讲愿望，把文章的词句变成自己想要说的话。对于稿件的内容，要进行积极的深入的分析。从稿件全篇的中心思想和重点以至逐段逐句的重点都要掌握。绝不能只是消极的、一般的熟悉。

2. 从又红又专的人民播音员，也就是党的宣传员的身份出发，在逻辑分析的基础上给文章以符合党的标准和分寸的评价。这样就会产生高度思想性的创作态度，这种创作态度应该贯穿于全篇，随着所传达文章的内容，从语调、语气当中表达出来。

3. 从播音员的具体条件出发。这是指什么呢？即从自己的嗓子、语言表达技巧等出发，结合文章的内容和形式确定播讲方式。不要机械模仿他人。

三个基本出发点的关系是：前两条是内容，是目的；后一条是形式，是手段。表达手段是为了传达文章内容和形式服务的，所以后者是从属于前者的。我们的播音创作应该是内容和形式的统一，也就是掌握文章的精神实质，把贯穿党的宣传员的应有的态度和高度的语言艺术技巧统一起来。从文章的内容出发，可以找到恰如其分的表达方法，而恰如其分的表达方法又反过来帮助你传达稿件的内容。所以锻炼语言技巧，进行基本功的锻炼也是不容忽视的。比如说，有的稿件我们理解了，精神也掌握住了，可某一段话，就需要一口气下来，也许这一段话是几百字，你要是没有这种表达的能力，即便你理解了，感情也有了，可还是表达不上来。它那种气势要求你那样做，你的呼吸运用得不好，没有那么足够的气力，那你也表达不出来。所以掌握这个工具，进行基本功锻炼也是非常必要的，而这个就是为了帮助你传达稿件的内容。

分析和掌握稿件的三要素：是什么？为什么？对谁讲？这三个要素的中心环节，也就是核心，是解决"为什么"。了解"是什么"，考虑"对谁讲"，都是为了使语言的目的更明确，更能使对象接受，从而解决"为什么"。比如：周总理在开罗举行的记者招待会上，他在阐明我们的政策观点时，讲得很委婉，也很含蓄，那就跟在一个大会上发表演说不同，因为目的不同，对象不同，表达的方法，处理的方法也就不同。大家不妨作为一个例子去研究一下。就是以"是什么""为什么""对谁讲"这样的分析方法去分析稿件是否合乎生活中语言的规律。有的同志提出这样一个问题：同样一篇稿件，对不同接受对象，播法是否应不同？我觉得应当有所不同。同样的一篇稿件，对少年儿童广播，又对台湾广播，对象不同了，自然处理的方法也就要不同。不仅如此，同样一篇稿件，随着时间、地点等的变化，对它的处理方法都应不同。没有解决"是什么、为什么、对谁讲"这三个要素，没有以这三要素作基础，就去考虑怎样播，是不能很好地传达文章的精神实质的，也是找不到恰到好处的表达方法的。

播音技巧的三张王牌：重音、停顿（即民间说唱中的"气口"）、语气。这三张王牌的核心是语气，掌握重音和停顿，就是为了解决语气的问题。正确地找到重音，也就抓住了句子的实质，重音只是帮助传达语气，而不能单纯去点重音；按照文章的逻辑，掌握了逻辑顿歇，根据文章思想感情的发展，掌握了心理顿歇，那样气口才会适当，语气才能确切，意思才能完整。比如说：如果不该换气的地方换气，不该停的地方停顿，这些运用得不恰当，那就影响了语气。首先稿件意思就传达不清楚了，也就更谈不上用语气表达感情了。所以掌握重音、停顿的主要目的，是为了解决语气的问题。至于语气，那是由掌握稿件的"为什么"，就是掌握语言的目的，掌握住跟对象的关系，掌握住你对事件应有的正确态度，是由这个来决定的。语气的外在表现形式是强、弱、轻、重、抑、扬、顿、挫等，但是要正确掌握语气，只有去分析稿件的内容、目的性和时间、地点、思想感情，也就是说要找到稿件背后的内在的东西，找到它的潜台词（内在语）。这样，处理表达稿件方法时，要轻要重也就有了目的性。知道了为什么要这样处理，语气的外在表现形式的运用也就必然会丰富多彩。反之，就容易形成造作。而播音员的再创造之所以困难也就在这儿。因为稿件是人家写的，要掌握别人说话的目的性，把它变成自己想要说的话，这就是再创造的过程，正确掌握语气的过程，这不是轻而易举的。这三张王牌也是一个统一的整体，不能割裂，不能孤立。我们播重要文章的时候，领导是很关心的，很多时候是梅益同志亲自抓。他首先问我们，全篇文章讲的是什么？为什么要发表这篇文章？全篇的重点在什么地方？每一段的重点又在什么地方？你把全篇分成几部分？有时我们分得不对，他就帮助我们分。他曾说，一篇文章有时不能完全按它的段落分，我们要重新给它划分段落，根据正确的理解，分成几个部分，再找各部分重点。而他不提"那个地方要加重，那个地方要突出点"这样的意见。我自己也有这个感觉，有的时候给我提，你这个地方要特别加点劲。结果这一加劲，很不自然，自己听了也很别扭。因为它脱离了内在的东西。

最后，简单谈一点关于业务学习的问题。我感到，一方面要充分发展业务学习的民主，让大家充分发表意见，大胆探讨，不要轻易作结论；另一方面，是一切通过试验，不要光坐在那儿辩论。只有通过试验，才能解决实际问题。播音业务也跟其他工作一样，总是由实践到认识，再以认识指导实践，这是个反复的过程。所以培养新播音员，实践很重要。同样，一个演员，永远不让他登台，他也就永远演不了戏；想学游泳，可永远不下水，也就永远不会游泳。

（1963年在上海台的讲话录音）

## 思想·感情·语言

离开播音工作第一线有八年了，没有什么发言权。记得八年前，还在第一线的时候，播音部让我到编辑部门征求意见。当时，编辑提出很多宝贵意见，其中一条是：无论什么样的节目内容，什么样的节目形式，要找到切合这种节目内容、形式的表达方式，这应当是播音员的基本功。这句话我一直念念不忘，这是对播音员提出的一个基本要求。

从听研会上播放的节目可以感觉到，在播音方面大家力求突破，有所创新，这种精神是很好的。尤其是当前编辑同志在努力使广播稿件口语化，这更要求播音员在播音方面能够适应广播语言的改革。我认为广播语言是服务于听众的一种工具，广播工作者应当掌握好这一工具。如果广播不用通俗口语，会妨碍听众接受广播的内容，减少感染力。

广播语言是节目的一个组成部分。语言的好坏是不能忽视的。但是，语言要与思想、感情结合在一起，如果仅仅是耍嘴皮子，可以说是没有把这三者结合在一起。把思想、感情、语言融合为一个有机整体，一个节目播出来才是有骨有肉的。两年前，我在河南与农民座谈，农民说，有的播音听起来没有骨头，不爱听，他们爱听有骨有肉的，就是要求思想、感情、语言融合成为一个有机的整体。如果光耍嘴皮子，就是没有骨头的播音。播音运用有声语言不单纯是个技巧问题。播先进人物事迹，如果播音员与先进人物没有共同的感受，不是同呼吸，共命运，不是真正"有动于衷"、真正动心，如果没有被先进人物的思想行为所感动的话，你无论如何是感动不了听众的。就算你在语言、声音上下多大功夫，也感染不了听众。如果是故作姿态，只能使听众感到矫揉造作，本来是令人很难过的，听了反而会感到可笑，收到相反的效果。语言如果不从内容出发，紧密地与思想、感情结合起来，那很可能产生相反的效果。所以，播先进人物事迹，播音员首先要向先进人物学习，被他的思想、感情所感染，与他的思想、感情融合为一体，想他所想，急他所急，爱他所爱，憎他所憎。这样，你在语言上替先进人物讲话，才是由衷的，才能深入他心里去，讲出他的心里话。所以，播音员运用语言技巧的时候，不要忘记和语言血肉相连的思想感情，要准确、鲜明、生动地表情达意。如果忘记这个目的，语言技巧再高明，也是不能感染人、打动人的。我认为，播音既要在总体上把握准全篇的基调，又要播一句，是一句，也就是播出这一句话来，在你脑子里得明确要表达什么。这一句和另一句之间是有机地、逻辑地联系起来的，就如同我们周身的血脉一样，是一以贯通的。编辑和记者进行很多艰苦劳动、采访、写稿，反复加工，最后由播音员播出。播音这一环节，如果不能从稿件的内容、形式出发，使表达方式非常贴切地符合稿件的内容和形式，那么，就可能使编辑和记者的劳动白费了，可能达不到预期的宣传效果。

我认为，播音的环节不是随意性的，不是你自己想要怎么样就怎么样，想创造一个什么样的风格，就创造一个什么样的风格。风格要符合节目的内容和形式，不同的内容，不同的形式，有不同的表达方法。具体稿件要具体分析，要有不同的声音技巧的运用。某些技巧运用在这类稿件上是适合的，运用到那类稿件上可能就不适合。我播真人真事稿件，向来不用夸张的戏剧性手法，这也许是我自己的一条戒律。刚才谢文清同志讲了写作语言上的滥用，现在也有一种声音上滥用的倾向。去年我看到节目报上刊登了两位听众对一位记者提的意见，说这位记者在一个录音访问节目里，说话当中老是夹着"这个""这个"的字眼。他们计算了一下，在一次节目里有十几个"这个"的语病。这位记者同志态度非常好，他在节目报上表示诚恳接受听众的意见。他又听了一遍这个节目里的录音，的确是这样。于是把"这个"都剪掉了，然后重播。我们的记者，现场采访时，如果不注意自己的语病，"哼""哈"太多了，用滥了，也不好。这里，我想到播音员同志，如果滥用了口语，听众听了就烦了。广播语言不等同于日常生活的口语，广播语言应当比日常生活的口语更高，应当来源于生活，在生活的基础上进行艺术加工。无论是记者讲话，还是播音员讲话，都应当是这样的标准，不能一味向生活靠拢，与生活一样。这种情况在广播中出现，听众不一定欢迎。就是在生活中，我们也不喜欢听"哼哼哈哈"，半天说不出一句完整的话来。我和一位同志当面讲过，我说你的笑声用得太多了。今天播放的这个节目里，我统计了一下，有十八次笑声。笑声也不是说不能有，但必须笑得是地方，恰如其分地出现，会使人感到亲切、自然。用得多了，无论什么地方都笑，你觉得可笑，可听的人并不觉得可笑。用多了会干扰表情达意，产生不好的效果。我没有准备，就说这些，请同志们多多指正。

（1984年在中央台第四次收听研究会上的发言）

# 寄语青年播音员

　　1961年，北京广播学院分配给中央台十几个青年播音员。我跟他们进行了一段参加工作前的学习，就患病住了院。适逢国庆节可以回家住两天，我约这些青年同志来家中谈谈。他们照顾我要休息，没有来。回疗养院后，我学习了陈毅同志对高等院校应届毕业生的讲话，给他们写了一封信。没想到这封信在"文化大革命"中竟被打成"毒草"……粉碎"四人帮"后，我得到一份原信的抄件，内容未改动，在这里全文发表。借以表达对陈毅同志的深切怀念，希望播音战线的青年同志努力提高思想、业务水平，专心致志地学好专业，照着陈毅同志要求的那样"搞它十年、八年，搞它一辈子"，为实现"四化"贡献力量，做出成绩。

**徐曼、铁城　并转**

**全体青年播音员同志：**

　　2号上午，我在家等你们，一个人也没有来。或许你们怕影响我休息，其实这种照顾是不必要的。我很想跟你们谈谈，谈一谈心里高兴，对于养病只有好处，没有坏处。既然未能面谈，那就写封信谈谈吧！

　　一个人"饱食终日，无所用心"是一天也活不下去的。养病需要"安静"也不能是绝对的，如果绝对到"与世隔绝"的"静"，那病肯定是养不好的。虽然你们照顾我，不跟我谈，但我的思想也不会静止。我多么想知道你们这批新生力量是在怎样成长着，你们怎样工作，学习，生活，尤其是你们想些什么。当你们读了《中国青年》十七期上刊登的陈毅同志对北京市高等院校应届毕业学生的讲话时，你们想些什么，有些什么要求……

对于你们的情况我知道得不多，这里只就我自己读过这篇讲话以后的一些零星感想谈谈，也许不能完全结合你们目前的实际，仅仅做个参考而已。

从"封锁"不住的广播里，我听到了你们的声音。这是年轻的朝气勃勃的声音，犹如新鲜的血液流进人民播音员的队伍。从广播里听得出来，你们都有不同程度的进步，有的同志进步很快，我为你们的进步而高兴。真的，有时听着听着，心情很激动。因为我想到党的播音事业后继有人，因为我相信你们中间一定会出现党的优秀的播音员，超过前人，我怎么能不高兴呢？有时听完一次广播，我真想握着你们的手，表达内心的祝贺。同时我也相信你们不会满足于这些进步，你们会在党组织的领导下，继续学习，钻研播音这门专业，在勤学苦练和工作实践中不断得到提高。要像陈毅同志要求的那样干下去："学习专业要专心致志，废寝忘食，有一股'傻劲'。对自己的专业要有兴趣，钻进去，搞它十年、八年，搞它一辈子，才能有成绩。""傻劲"从何而来？要破除迷信，立大志。只有如此，才能有"傻劲"，才能发挥独创性。大志包括各个方面，可以有个人的，可以有集体的，也可以有个人和集体相结合的。

比如，有人不迷信"权威"，不模仿"名派"，立下大志要发挥自己的创造性，独创一派，树立一代播音的新风格，这样的大志应当鼓励。立下这样的大志，就要拿出"傻劲"来学，练，钻！如果说播音方面有"流派"的话，你就不能只凭自己的喜好，一味地去追求一派，只有这一派听着顺耳，其他各派都听不进去，这就会形成"迷信"的危险。既然立下大志，就要放开眼界，要吸取各"家"、各"派"之所长，扬弃所短，以此充实、丰富你自己的播音。

要想做到这一点，就不仅是听一听，而是要做细致的调查研究，认真地进行分析。播得好，好在什么地方，为什么播得好；播得不好，什么地方播得不好，为什么没有播好。有时一次成功的播音也会有其不足之处，一次失败的播音也会有可取之处。一个人的播音水平不是一次播音、一个节目就可以论断的。一个人的播音业务也不是简单地用"好"或"坏"就可以做结论的。

当你做了分析研究、动了脑子的时候，你就要大胆地发表自己的见解。别人都说"播得好"，只要你自己有根据，有理由，你就可以发表你的不同的意见，指出"播得不好"之处，并加以评论。你相信自己的论点是正确的，你就要有勇气坚持。当别人说服了你的时候，你就要有勇气修改或纠正。在业务方面，只有这样敞开思路，做到真正民主研讨，才能推动我们的播音达到一个新的境地。

因此，我希望你们一定要破除迷信，立大志，用一股傻劲去学，练，钻！我理解这种"傻劲"就如同是"着了迷"。比如说，你练习朗读一首诗，早上读，晚上读，坐在家里读，走在路上读，对着镜子读，当着朋友的面读……总之，是入了迷，把人家闲谈、游逛的时间都用在勤学苦练上，专心致志，持之以恒，日久天长，十年八年地钻下去，就会逐渐实现你的大志。没有这股"傻劲"，任何大志都会落空的，你们说是吗？

听说你们在国庆节前做了思想、业务小结，做到了互相帮助，共同提高，心情舒畅，干劲十足，这很好！播音工作是党的广播事业的一部分，它需要全体新老播音员团结一致、共同努力来从事，单靠一个人或者少数人去做，是做不好的。当你看到别人的思想、业务跟不上的时候，或者看到自己身边有可能掉队的伙伴的时候，你不是冷眼旁观，而是认为这是集体的一种损失，热心地给予帮助，不让一个同伴掉队，这是我们时代的精神！凡是行过军的人都有这样一种感受：每当长途行军的过程中，往往有些身体较弱或有伤病的同志跟不上队伍。这时候，同志们就抢着给他们扛枪或背背包；当他们实在走不动的时候，就搀着或背着他们走。大家心里有一个共同的愿望：一定要胜利完成行军和战斗任务，不让一个同志掉队。这种在战斗中结成的深厚的阶级友爱，是异常珍贵的。这种精神同样可以用于生产和工作岗位。如今，你们一同"入伍"，一同开始了播音战线的"行军"。为了共同前进，为了依靠大家的力量更快更好地完成工作任务，我相信你们会像真正的行军一样，在长途跋涉中同甘苦、共患难，用可贵的深厚的阶级友爱保证：决不让一个伙伴掉队！

"当然，这并不是说你们不会犯错误，错误总是会有的，只是不要把错误隐瞒起来，坚持错误不改。错了就要改，改了就是有前途的。""应该认识到，思想改造主要是靠个人的觉悟，要他自己好好考虑，那种企图用强制的办法、群众的压力来解决思想问题是不行的。帮助别人进行思想改造，不能损害人家的感情，打击人家的心灵。"（引自陈毅同志的讲话）在集体中体现这种精神，那就要以阶级友爱为基础，运用"团结—批评—团结"的方法，互相帮助，彼此砥砺，并肩携手，共同前进。

亲爱的青年播音员同志们，话说得太多了，唠唠叨叨，杂乱无章，还是就此收住吧。最后，听说你们中间有的人要去地方台工作，这是根据国家的需要来考虑的，相信你们会愉快地服从分配。让我用陈毅同志讲话的最后几句话结束这封信吧：不论是留在中央台，还是到地方台，"都要有独立工作的信心，敢于负责，大胆工作，也特别要虚心学习，不断求得进步。"

紧握你们每个人的手！

齐越　1961年10月8日于西郊疗养院

（1980年《广播电视杂志》创刊号）

# 和青年朋友谈播音

## 一、话筒前播音，我感到幸福

我常常收到青年朋友的来信或接待来访。他们中间，有的正从事播音工作，有的向往着做个播音员。他们向我提出各种各样的问题。这里，《广播之友》约我，就几个问题从我的经历和切身感受出发，和青年朋友谈谈心。

青年朋友！你们问我，为什么每次播音都有饱满的激情？我的回答是：在话筒前播音，我感到无比幸福。

解放战争初期，党派我到陕北新华广播电台做播音工作。我背起背包临行之前，新华社副总编梅益同志握着我的手说："我们的广播，代表党中央发言，传播真理的声音。话筒前播音，很重要！你一定要做好这个工作。"从此，我开始了用声音在话筒前战斗的生活。那时，我也是像你们这样的青年人。

在播音工作的实践中，我逐渐认识到人民的广播传播马列主义、毛泽东思想的真理，宣传党的纲领路线、方针政策。党中央文件、毛泽东著作、领导人讲话，我有责任首先学习它们，从中我受到深刻教育和鼓舞。

人民的广播，无论在革命战争年代，还是和平建设时期，都是宣传人民创造历史的胜利，人民为革命浴血奋战的英雄业绩，为社会主义建设无私无畏、顽强奋斗的献身精神。所有这些内容，时刻激励着我，使我在播音中充满自豪感和强烈的播讲愿望。

小小话筒千钧重。它载负着党的重托、人民的信任。三十几年来，党的教育策励着我，人民的胜利鼓舞着我，严格紧张的工作锤炼着我，促使我坚守自己的岗位。每次到话筒前播音，我总感到幸福，一种说不出的内心幸福。

青年朋友们，珍惜这个岗位吧！热爱这项事业吧！我相信，你们也会感到在话筒前工作是无比幸福的。永远保持这种幸福感，它将赋予你的播音饱满的激情。

## 二、做一个合格的党的新闻工作者

爱好播音的青年朋友来信问：播音员是文艺工作者，语言工作者，还是新闻工作者？

我的回答是：播音员是党的新闻工作者。这是播音工作的性质和任务决定的。怎样才能做一个合格的党的新闻工作者呢？对于播音员来说，我认为主要从以下四个方面努力：

（一）努力学习马列主义、毛泽东思想和党的方针政策，不断增强政治敏感，提高政策水平；永远不要忘记用党性的高标准要求自己，想党所想，急党所急；既要认真学习、宣传党的方针政策，又要身体力行；宣传要别人做的，自己也要努力去做；宣传要别人不做的，自己坚决不做；心口如一，言行一致，不能说的是"一朵花"，做的是"豆腐渣"。

（二）坚定不移地深入实际生活，拜人民为师，向人民学习，不断改造思想，增强无产阶级感情；永远不要忘记从人民群众中汲取政治营养充实自己，爱人民所爱，憎人民所憎；和人民群众同呼吸，共命运，对于人民群众中的新思想、新事物有深刻的感受，才能在广播先进人物事迹时产生真挚的感情。

（三）努力提高文化水平，不断扩大知识面。当前，尤其要注意知识的更新，要学习现代化的经济、科技知识，以适应广播宣传的需要。要想做到播任何节目、任何稿件都能心中有数，就要把功夫用在稿件之外。平时勤学苦练，用时才能得心应手。

（四）下苦功学习语言。首先向人民群众学习语言，学习他们真挚朴实、形象生动、活泼有力的语言，改变千篇一律的播音腔。另外，还要结合播音工作的实际，向电影、戏剧、曲艺等语言艺术学习，合理地运用和借鉴，以便更准确、鲜明、生动地表情达意。在这方面也要下苦功夫，才能真正学到对于我们适用的东西。

青年朋友们！有声语言是播音员用来表情达意的唯一手段，必须熟练地掌握它，运用自如，才能更好地为人民服务。语言基本功的锻炼要持之以恒，从实际出发，缺什么就补什么；短什么就练什么。有了日常的艰苦积累，才有播音创作中的自由天地。我主张播音员成为广播宣传工作中的多面手，能播、能采、能编。在播音方面要全面掌握，一专多能；百花齐放，百家争鸣。

## 三、播音工作是创造性活动

有些青年朋友向往着做个播音员，他们寄来录音带让我听。他们一般都把播音工作看得很容易，很轻松，以为只要有一条好嗓子，能说一口普通话，会念念稿子就行了。

这是将播音这项创造性活动看成纯技术性活动了。当然，好嗓子、标准普通话、较高的文化水平，这是从事播音专业的起码条件。而会念稿子，却不是简单地念字出声，其中大有讲究。我们知道，播音员播的稿件一般不是自己写的，可是为什么有的播音听来不是念，而是在说，就像面前没有稿子一样，播得那么情真意切，引人入胜？而为什么有的播音听来却十分吃力，或掠耳即逝，不知所云；或装腔做势，难以入耳？

这是因为将别人写的稿子变成自己想要说的话，把文字作品转变为有声语言而被听者接受，不是照字读音的简单过程，而是比较复杂的再创作过程。这个过程就是：深入理解——具体感受——形之于声——通过话筒——及于听众。这就是说，播音员要具备理解和感受稿件的能力，有声语言的表达能力，话筒前工作的能力，联系听众、了解听众的能力。这些技能的获得，来自长期的认真实践和勤奋学习。这是播音再创作的基础，需要付出艰苦的劳动。

在日常工作中，广播节目或稿件多种多样，各有各的特点。内容不同，形式、风格不同，对象不同，要求播音员形之于声的表现方式也有所不同。这就要从稿件出发，对具体稿件进行反复深入地具体分析，才能找到切合稿件内容和形式的表现方法。没有分析，就没有区别，就没有创造。播音的创造性就在这里。而广播稿件从准备到播出是以分秒计算的。播音员对稿件的分析理解和表达设想是在限定的短时间内进行的，是一种紧张的思维活动，需要动脑筋，用气力。

当前，有一种流行的论调："什么分析理解呀，老一套！干吗费那么大笨劲！稿件一遍不看就能播好，这才是真本事！"我认为播音员如果不在稿件上下功夫，用气力，不养成分析的习惯，不按照正确的再创作原则和方法去掌握稿件，想一遍不看就能播好，这是不可能的。当然，在工作中有时遇到立即播出的紧急稿件，连看一遍的时间也没有，播音员如能适应这种情况，准确及时地把稿件播出去，的确是一种本事，但这不是靠天赋，也不是凭灵感，而是刻苦钻研、认真实践的经验和技能日积月累的结果。

青年朋友们！时刻注意端正创作态度，坚持用唯物主义的创作观指导实践，才不会滑到唯心论和形而上学方面去。

## 四、指导我播音创作的基本原则

青年朋友问：关于播音创作的基本原则，说法不一，究竟以何为准？

我认为这是一个如何认识和掌握播音工作的客观规律问题，不仅要从理论上探讨，还要通过实践来检验，使它不断充实和完善，形成更科学的体系。这是每个专业人员的责任。

这里，我想谈谈我的观点，纯属一家之言，仅供参考。指导我播音创作的基本原则：

我是党的新闻工作者，要站在党性和党的政策的立场，从稿件的内容和形式出发，联系当前形势和人民群众的思想实际，对于具体稿件作具体的分析；从对稿件的深刻理解和真实感受中把握主题思想，明确宣传目的，引发态度感情，贯穿全篇播音。同时，十分贴切地运用有声语言技巧表情达意，和听众进行感情交流，力求情、意、声的和谐统一，准确、鲜明、生动地传达稿件的精神实质，达到预期的宣传目的。

党性和党的政策的立场，统帅播音创作的全过程。播音员的党性强，政策水平高，热爱生活，对稿件的理解和感受就会更深，态度更鲜明，感情更真挚，表达会更准确且有分寸。

从稿件的内容和形式出发，就是既要分析稿件的思想内容，又要研究稿件的体裁、风格和表现形式。这样才可能找到形之于声的贴切的表达方式，从而更准确地传达稿件的思想内容。

情、意、声的和谐统一，就是要在达意的基础上表情，从表情中明意，达到情真意切，情意浑然一体。因此，无论播什么稿件都要运用两种思维方式，不能把逻辑思维和形象思维对立起来或割裂开来。有声语言技巧是播音员表达思想感情的唯一手段，它受稿件内容、形式、播讲对象的严格制约。有声语言只有和思想感情结成血肉相连的有机整体，才能情声并茂，产生感人的力量。离开准确的表情达意的目的，滥用语言技巧或卖弄声音，都会破坏情、意、声的和谐统一。

准确，鲜明，生动。准确是第一位的。在播音中，只有理解准确，感受准确，才能表达准确、鲜明；在准确、鲜明的基础上力求生动。这样的生动才会充满活力，避免华而不实。

青年朋友们！成功的播音是坚持正确创作原则的结果，是播音创作诸因素形之于声的综合体现。我从长期实践中认识到，在宣传目的指引下，能否善于准确把握主题思想，将它融贯通篇，往往是一次播音成败的关键。正确理解主题思想而产生的正确态度、真实感情，连续不断地表露在每一句、每一段中间，才可能把主题思想贯穿于全篇播音，引起听众思想感情的共鸣。

## 五、稿件是我创作的依据

播音的再创作是以稿件为依据的。有的青年播音员认为"稿件把自己捆得太死了，限制了创造性的发挥"。于是，他们便无视稿件的内容和形式而随心所欲地表达。我认为这是不对的。

我们知道，播音工作和作品的改编或翻译、影视片的配音或解说等劳动一样，都属于再创作范畴；在创作过程中都要忠实于原作，都有一定的局限性，受主、客观条件的制约。而这种局限性是和创造性相对而言的，正因为存在着局限性，才更需要发挥创造性；没有局限性，也就无所谓创造性。

从播音员和稿件的关系来看，稿件质量是第一位的。而一篇好稿子，一个好节目，能否取得应有的宣传效果，往往要看播音员的创造性发挥得如何。播音员可能为稿件锦上添花，播得引人入胜；也可能将稿件播得支离破碎，听来索然无味。

我参加播音工作以来，党一贯教育我要忠实于原稿，既要忠实地传达稿件的思想内容和精神实质，又要准确无误，不出任何差错。记得我在陕北新华广播电台播出《1948年的土地改革工作和整党工作》指示时，毛主席曾批示"此文件不要播错一个字"。我当时争分夺秒地认真准备，全力以赴地准备播出，三千三百字的文件没有播错一个字。但在进城以后的播音中，我未能一贯遵守这一准则，无论直播或录音，我都出过差错，给工作造成无法挽回的损失。正反两方面的经验教育了我，使我深刻认识到"真实"是无产阶级新闻的生命，播音中出现事实性、原则性的差错，不仅有损广播在人民群众中的威信，严重的还会给党和政府的工作、人民的生产和生活带来损失。因此，我认为要把正确理解稿件，准确、鲜明、生动地表达稿件，防止播出任何差错（包括读音差错），提高到自觉维护新闻真实性原则的高度来认识。不仅自己不播错，还要在备稿时严格把关，尽力堵住稿件中的漏洞，消灭差错。

在工作中，我是以稿件为师的。播先进人物的模范事迹，学习先进人物的思想品德。一般来说，播音员和稿件是有差距的，抱着向稿件内容学习的态度，可以缩小差距，深入稿件。

在播音中，我力求达到稿件内容、形式和尽可能贴切的语言技巧的和谐统一，情真意切和准确表达的和谐统一。播真人真事的稿件，我一般不采用戏剧化的渲染、夸张的手法，以免破坏统一的基调，削弱真实感人的力量。

忠实于稿件，每次播音都要全神贯注，力求准确无误地高质量播出，是我永远遵守的准则。

## 六、生活是我创作的源泉

青年朋友们！全国优秀新闻工作者、光明日报记者樊云芳同志曾对我说，她决心做一名人民的记者是因为收听了穆青等同志写的通讯《县委书记的榜样——焦裕禄》（以下简称《焦裕禄》）。当年她正在复旦大学学习，参加一个建筑工程队的社会主义教育运动，跟工人们一起流着泪收听

《焦裕禄》。

她问，为什么这篇通讯会产生这样感人的力量，你是怎么广播的？

我回答，和你采写栾茀的事迹一样，生活是创作的源泉。

是的，记者写出一篇成功的作品需要深入生活，播音员依据稿件进行播音再创作也需要经常深入人民火热的生活。一个播音员如果没有生活的体验和感受，缺少对现实生活的真情实感，只简单地把文字变为声音，无论如何也不可能把稿件的精神实质、人物的内心世界揭示出来。

在播《焦裕禄》这篇通讯之前，1964年到1965年，我曾参加山西五台县农村的社教运动。在同吃、同住、同学习、同劳动的过程中，我和那里的农民、干部交上了朋友。我深深感到，基层多么需要一个带领农民改变农村面貌的有胆有识的带头人啊！《焦裕禄》发表以后，我想：焦裕禄不正是这样的好党员、好干部嘛！身患重病的焦裕禄，不顾剧烈的肝痛，追洪水、查风口、探流沙，为改造灾难深重的兰考大地战斗到最后一息。他的高大形象深深印在我的心里，我多么想把他的英雄业绩告诉全国人民……1966年2月6日，我接受了播录《焦裕禄》的任务。于是，一种蕴积内心的强烈的播讲愿望在胸中奔涌，一年前农村生活的体验，穆青同志的报告，帮助我很快就沉浸在通讯描述的情境中，想焦裕禄所想，急焦裕禄所急，流着热泪，几乎是一气呵成录完这长达七十分钟的通讯。

有人说："我看了这篇通讯也很受感动，就是播不出来，看来还得有语言表达技巧。"是的，我并不否认语言技巧和话筒前基本功的作用，但它是第二位的。深厚的生活体验，这是根基，是第一位的。播音员既要有业务实践，又要有生活实践。对我来说，生活实践永远是第一位的。因此，我从来不放过下厂、下乡、下部队的机会，拜工农兵为师，真心实意地向他们学习，不断改变自己的精神面貌。

青年朋友们！生活是我创作的源泉。当我的心和人民的心息息相通，和时代的脉搏一起跳动时，我的播音才会有生命力；脱离人民群众的生活实践，我的播音就会成为无本之木，无源之水。

## 七、听众是我的良师益友

青年朋友们！这次我想跟你们谈谈播音员和听众的关系。

我是这样认识的：听众是我的宣传对象、服务对象，也是我的良师益友。我在播音中稍有懈怠或失误，他们就立刻来信提醒我，给予热情的关怀或严肃的批评；我在播音中略有进步，他们就立即来信鼓励。在他们的帮助下，我不断明确和解决思想、业务中的问题，坚定事业心，增强责任感。

进城以后，我见到的第一位听众是我们党的地下工作者。解放前，她长期在上海秘密抄收延安台的广播，交给地下党组织印发。一见面她就像见到亲人一样紧握住我的手，激动地说："感谢你们！是你们把党中央的声音传播给我们。当年，在白色恐怖下紧张工作的时刻，我就盼望着将来有一天能见见你们，向你们道一声'辛苦'……"

她的话像重锤敲击着我的心，使我愧悔难当，无地自容。就在不久前由于我不安心工作，在播音中发生一起重大差错。这是听众——我的老师进城后给我上的永生难忘的第一课。从此，我决心在话筒前干一辈子。

当我自满自足的时候，是听众指出了我的不足。20世纪50年代中期，一位热心的听众来信说："我很喜欢听齐越播送的政论、声明一类的节目，他的播音能表现我们国家的伟大气魄。但齐越同志播别的（如谈话、通讯、文学性的）稿件就似嫌逊色了，主要是播什么也是一个'味儿'。播音员应该有自己的独特风格，但不善于区别处理不同的稿件便有点美中不足了。因此，希望齐越同志对稿件，尤其是抒情稿件播得再准确，再美一些。"

这位老师的意见提得多么中肯而及时啊！从此，我明确了自己业务上的缺欠，在播音实践中努力向"多面手"发展。

50年代后期，有一段时间我放松了政治学习和深入群众，片面追求语言艺术，对于播新闻性节目不感兴趣，受到听众来信批评："我常听广播，无形中和你交上了朋友，你播报告新闻有个特点，就是善于结合新闻内容，声音里充满感情，可以强烈地感染听众。不知为什么近来这个特点消失了，恕我直言，甚至有时给人以无精打采的感觉。"

这位老师直言不讳，对症下药，给我送来一副"清醒剂"，使我端正了创作方向。

听众的来信是送上门来的老师。凡是听众寄给我的信，我都认真阅读，一一复信。只要有机会就登门拜访，当面求教。1984年春天，我去南京、上海时就会见了通信多年而没有见过面的听众朋友。三十多年来，我和不少听众成为知心朋友。其中有多年保持联系的老听众，也有80年代新结识的青年朋友。

"文革"中，有的听众朋友甚至因为和我通过信而受到株连。当他们一听到我播音，就立即来信问候，重又恢复联系。1979年哈尔滨市的一位老听众来信说："……听到了你的播音，非常高兴，高兴极了！我们共同感谢党中央。我们都是五六十岁的人，为了建设社会主义，我们多活几年，为党的事业、人民的事业多奋斗几年！"

敬爱的听众——我的老师：我深深地感谢你们了！让我们用《把一切献给党》的作者吴运铎同志的话共勉吧："一个人的生命是短促的，而我们的事业却无限长久。个人尽可以遭到许多不幸，许多痛苦，但是只要我的劳动融合在集体的胜利里，那幸福也就有我的一份。只要我活着一天，我一定为党为人民工作一天。"

## 八、编辑、记者是我不可缺少的合作者

青年朋友们！我们知道，一次广播节目的产生和播出，是编辑、记者、播音员、录音员、调度员、机务员等共同劳动的成果。稿件是记者采写的，节目是编辑编排的，他们掌握着第一手材料，对节目的内容和对象最熟悉不过了。录音员、调度员、机务员每天监听着每一个节目，他们对每个播音员的声音运用、播音质量及各自的特点，最清楚不过了。而我们播音员每天播出大量的各种各样的稿件，要做到每篇稿子都无师自通几乎是不可能的。在

工作中我常常告诫自己：不懂不要装懂，不懂就向编辑、记者和周围的同志虚心求教。

尤其是播本台记者采写的稿子或录音报道，如果没有随记者出去采访，在备稿时我一定要请他谈谈采访的心得和感受。通过间接体验，深入领会作者的创作意图。在录稿之前，我要听一听音响素材，搞清楚文字和音响的衔接，以求和谐一致。如果时间允许的话，还要给编辑、记者当面试播，请他们提意见。至于录音中随时要得到录音员和监听编辑的帮助就更不用说了。

在长期的播音实践中，我深深体会到编辑、记者、录音员等同志是我的老师，是工作中离不开的战友，是我的第一轮听众。没有他们的帮助与合作，播音创作是很难获得成功的。近几年来，我在各地电台播录的长篇回忆录和文学作品，如《在彭总身边》《把一切献给党》《巍巍昆仑》《大地的儿子——周恩来的故事》等，就是在作者、编辑、录音员等同志的热情帮助下完成的。

青年朋友们，编播之间互知甘苦，彼此尊重，相互帮助，密切合作，本来是人民广播事业的好传统。进城以前，由于战争条件的限制，编辑部和播音组分隔两地，最远时相距几十里。但山高水深挡不住编播之间的密切联系，播音员对稿件的意见，编辑对播音的意见，除随时互通电话告知外，每天还由送稿的通讯员传递着来往信件。那时，任编辑部主任的温济泽同志非常关心播音工作，他每天都看播音登记表和监听意见，还经常收听广播。凡是编辑需要知道的中央指示和宣传精神，他都及时传达给播音员；对于播音员提出的工作中或学习中的问题，他都一一解答，亲自处理。

过去，编播之间山水相隔，联系尚且如此密切；现在，近在咫尺应该比那时候有更密切的合作才是。

早在三十几年前，周恩来同志在一次报告中就向我们提出要求："不但对自己所担任的工作负责，同时对与自己工作有关的其他工作也要负责。"我们应该记住周恩来同志的这一教导，发扬对工作全面负责的精神，编、播部门的人员团结合作，为共同提高广播节目质量而努力！

## 九、爱憎分明的感情是我播音创作的核心

1949年，毛主席听了陕北台的广播说："这个女同志好厉害！骂起敌人来真是义正词严！讲到我们的胜利也很能鼓舞人心。真是憎爱分明。这样的播音员要多培养几个！"当时，党中央还通报陕北台：播音感情充沛，语调爱憎分明，生动有力，予以表扬。

青年朋友们！党中央、毛主席为培养什么样的播音员，如何做好播音工作指明了方向。我的理解是：人民的播音员必须具有无产阶级的思想感情，必须自觉地同党和人民在思想感情上保持高度的一致，和党，和人民共甘苦，同爱憎，才能在播音中感情充沛，爱憎分明，体现出我们无产阶级应有的战斗风格："生动的，鲜明的，尖锐的，毫不吞吞吐吐。"

是非分明，敌我分明，爱憎分明，刚柔相济。我认为，这是构成人民广播播音风格的主要因素。概括地说，其核心就是：爱憎分明。丢掉了它，播音就失去了战斗性和生命力。我在播音创作中力求围绕"爱憎分明"这个核心进行。

爱憎分明的感情一是要真，二是要准。真，就是感情要真实。播音中只有动真情，才能引起听众的感情共鸣。"情动于中而形于言。"要播出真情，首先播音员自己要对稿件内容产生真情实感，心中掀起表扬所爱、鞭挞所憎的感情波涛。准，就是感情的表达要准确，掌握分寸。播音中爱憎分明的感情，是播音员的无产阶级党性在创作中的具体体现。它是由稿件内容和宣传对象引发出来的，受理智（主题思想、宣传目的）支配，受党的政策和语言环境制约。感情的表达要恰如其分，符合党的政策原则，符合党的新闻工作者的身份，不能以个人的好恶代替党的政策。这种分寸感，对于播音创作的成败至关重要。

有人说："现在不是战争年代，新闻播音还有什么爱憎分明？"难道只有战争年代敌我对峙才有憎爱感情的表达吗？不，新闻不能没有阶级性，即使将来全世界消灭了阶级和战争，但只要社会上还存在着真善美和假恶丑的

对立，还存在着正确和错误的斗争，就有是非，就有爱憎，这是不以人的意志为转移的。当然，时代不同，是非标准不同，爱憎内容不同，表达方式也有所不同。当前，全国人民压倒一切的中心任务，就是同心同德实现四个现代化。"对实现四化是有利还是有害，应当成为衡量一切工作的最根本的是非标准。"（《邓小平文选》第八页）在播音中，对坚持四项基本原则、有利于"四化"建设的人和事能不表达我们的爱吗？对违背四项基本原则、危害"四化"建设的现象又怎能不表达我们的憎呢？

青年朋友们！社会主义事业在胜利前进，时代在奔腾向前，一个播音员不应是冷漠无情的旁观者，而应当是"四化"建设的积极热情的参加者。这样，才能满怀激情，爱憎分明，从播音中反映出时代精神，开创一代播音新风。

## 十、想象、联想是我引发感情的手段

有的青年朋友来信问：播音中怎样引发感情？我的经验是：运用想象、联想作为手段来引发感情。想象、联想并不是专属于诗人或艺术家的，它是人们都具有的一种心理能力。在生活中，我们讲述经历过的某件事或熟悉的某个人，这些人和事就像过电影一样，一幕幕在脑海里浮现。这些形象是随着我们的思维活动自然产生的，是具体的，生动的，富有感情色彩的，这就是播音术语中所说的"情景再现"，或称"内心视象"。

我们播别人写的稿件时，"情景再现"是通过想象、联想获得的。想象、联想不是想入非非、不能漫无边际离开稿件提供的范围。想象、联想的目的是唤起"情景再现"，以激发播音员的感情和信念。1979年，我在哈尔滨台播录《把一切献给党》，刚开始翻阅这部50年代出版的回忆录时，就像是见到失散多年的亲人，心情难以平静。这部"文革"中被打成"毒草"的书，是从市图书馆找到的唯一幸存下来的一本。原来印有吴运铎同志画像的封面被牛皮纸所代替，书页都已经卷边起毛，变成了灰黄色。我想象到这本书的生命力，就像它的作者一样，是多么顽强不屈！有谁知道多少人的手曾翻阅过它？多少人从中汲取了丰富的营养？我还联想起50年代我不止一次地给团员和青年朗诵书中章节的情景：青年们个个眼里闪着激动的泪花，紧握的拳头高高举起，整队站在团旗前面发出响亮的声音：学习吴运铎同志，像他那样生活，决不虚度青春，把一切献给党！……当前向"四化"进军的青年们不是也迫切需要从这本书里汲取力量吗？这样就激发起我的感情和信念，产生一种强烈的再创造的愿望。

在播音创作中，我运用想象、联想引发感情的过程是：在对稿件内容和宣传对象分析理解的基础上，沿着主题思想指引的方向，展开想象、联想去体验作者和作品中人物的思想感情，并设身处地为听众着想，从而产生内心的真实感受，引发出对稿件的积极态度，加深对稿件和对听众的理解，深化感情。而思想感情的深化，又可以使想象、联想更加活跃，形象更加鲜明，传达给听众的愿望更加迫切。没有想象、联想在思维中展开，就不可能唤起相应的态度、感情。而没有鲜明态度、真挚感情的播音，是不可能感动和说服听众的。

诗人艾青说："人的思维活动所产生的想象、联想，无非是生活经验的复合。"确是如此，我播讲《把一切献给党》，没有兵工生产的经历，但我自己从事广播工作的经历为想象提供了来源：我从兵工事业的白手起家，想到人民广播的创业艰难；从兵工厂在转移中仍坚持生产，想到电台几次转移确保播音未中断；从兵工战士的流血牺牲，想到广播战友的英勇献身……这种联想有助于感情的体验和引发。

在播音创作中，想象和联想常常结合在一起运用，互相补充，互相渗透，相辅相成。想象和联想是在人的劳动实践和社会实践活动中产生的。人们的想象、联想的活动能力和一个人的思想境界、文化教养、生活经验等密切相关。发展和丰富想象力，并非单纯的技巧锻炼。有人说："具有丰富知识和经验的人更容易产生新的联想和独到的见解。"这是有道理的。

在生活记忆的"仓库"里，储存得越丰富，播音创作中的想象、联想也就越活跃。不刻苦学习，不深入生活，"仓库"里空空洞洞，想象、联想必然贫乏。只有那些热爱生活、热爱人民，并善于从生活和人民中积累情绪记忆的人，才可能获取到丰富的想象力。

## 十一、我的播音三戒

常有青年朋友问我在播音创作中追求的是什么？戒忌的是什么？这个问题，我在前面的几次谈话中已经回答了。现在，我再集中谈谈我的播音三戒。

一戒自我表现。我们的广播电台和资本主义国家有根本不同。资本主义国家的广播电台属于这个集团或那个财团，是为资本家服务的工具；我们的广播电台是党所领导的，是党的工具，为人民服务的工具。我们播音员在党的培育下所掌握的全部技能都是为宣传党的方针政策，是为人民服务的。胡耀邦同志说："我们每天都要意识到自己岗位的重要性，我们是凭借党在人民中的崇高威信，对人民做启发工作、教育工作、思想工作的。"（在全国新闻工作座谈会上的讲话）在话筒前，我们切忌利用稿件卖弄声音，炫耀技巧，追求什么自我表现，自我欣赏，这是和社会主义思想格格不入的。

二戒随心所欲。不论做什么工作，"人们要想得到工作的胜利即得到预想的结果，一定要使自己的思想合乎客观外界的规律性，如果不合，就会在实践中失败。"（毛泽东：《实践论》）播音工作也是这样，要想做好它，就要懂得它的性质、任务，搞清楚播音员和稿件、和听众、和其他有关方面的关联，掌握播音再创造的规律，并使自己的思想合于这种客观的规律性。自作聪明，随心所欲，凭主观随意性去播音，想不用气力就获得成功是不可能的。那只会受到客观实际的惩罚，必然滑到唯心论和形而上学上面去。

三戒千篇一律。在播音中不论播什么样的节目、什么类型的稿件都用一种固定不变的腔调，形成千篇一律，千人一腔，其原因是多方面的。我认为最主要的是在播音界流行多年至今仍有人追求的机械模仿造成的。人的嗓音各有差异，就像人的面孔一样，每个人都不相同。播音员善于发挥自己嗓音的优势，善于运用自己的语言，才能自如地来表达稿件的思想感情。醉心于模仿别人的嗓音，形成一种人为的固定腔调，就像一条无形的锁链束缚住播音员的创作个性，想摆脱它是十分困难的。

模仿不能代替创造。模仿得再好，也不过是"像某某的声音"而已。播音要发展，借鉴是必不可少的。但学习和借鉴不是简单地机械照搬和模仿，而是要经过取长补短，消化吸收，把它完全变成自己的东西，融在自己的创作中。我们要想把别人一切有益于自己的东西学到手，还必须通过自己的实践来检验，在实践中掌握它，发展它，才能得心应手，运用自如，有所前进，有所创新。青年朋友们，这是实践，认识，再实践，再认识的过程，需要付出艰苦的创造性劳动，捷径是没有的。

## 十二、我对青年播音员的希望

青年朋友们！周恩来同志生前非常关心广播工作，1959年周总理视察落成不久的中央广播大楼时，对我们播音员语重心长地叮嘱说："广播大楼建成了，比起延安窑洞来条件好多了，你们一定要用延安精神做好工作。"

这是对全体播音员的期望，也是对所有广播工作者的要求。

什么是延安精神？延安精神就是党的优良传统和作风。概括地说，就是坚定正确的政治方向和艰苦奋斗的工作作风。

方向明，作风好，发扬延安精神，献身"四化"，做好本职工作。对我们来说，这是第一位的。

新年伊始，喜讯频传。我接到不少青年朋友的来信，信中谈到有的入了党；有的被评为优秀党员；有的被评为先进工作者；有的获得优秀播音奖；有的正在业余自学准备报考广播学院；有的结婚后安排好生活坚持在电大学习……播音队伍中的新生力量，正在像雨后春笋一样生长起来。他们勤学苦练，向着又红又专的方向迅猛前进，并在工作中取得一定成绩。我们的事业，后继有人，后来居上。这是十分令人振奋和感到欣慰的。

1984年11月，中宣部副部长郁文同志在全国优秀新闻工作者表彰大会的讲话中说："应该理直气壮地鼓励新闻工作者在党的领导下，在集体的支持下，经过自己的艰苦奋斗，争取成为名家。"这是党为促进人才的成长，鼓励"冒尖"。这就是说，不要怕"冒尖"，要争取成为符合"四有"要求的党和人民需要的名播音员。这样的名播音员越多，对党的广播事业的发展越有利。

成为名播音员，不是终点，而是新的起点；是党向我们提出更高的标准，更严的要求，要求我们努力做出更大的成绩，不断攀登播音艺术的高峰。

人一成名，前进道路上最危险的"敌人"是骄傲自满。周恩来同志生前谆谆告诫我们说："年轻人容易骄傲，骄傲了就会垮台。""如果你自满了，不加强学习，不锻炼了，那就不能前进。""在任何时候都不要骄傲自满。年轻的知识分子也有经常进行自我改造的任务，他们不论在什么工作岗位上，都应当在努力提高自己业务水平的同时，认真地学习马克思列宁主义，参加群众的生产和斗争的实践，参加体力劳动，在政治思想上和工作中严格地要求自己。"（《周恩来论文艺》第46页、68页、174页）

青年朋友们，播音员修养的加强是没有尽头的，播音水平的提高是没有止境的。不要沉湎于一次的成功，也不要因一次的失败而灰心。播好一篇稿子或一个节目并不太难，难的是数十年如一日不断进取，精益求精，永远将高质量的精神产品奉献给听众。如果你一时有些成就，则贵在有自知之明；如果你处于逆境，则贵在坚韧不拔。满足现状，就意味着停滞或倒退。

发扬延安精神，献身"四化"；勤学苦练，成为名家；锐意进取，力戒骄傲；善于创新，情声并茂。这就是我对青年播音员的希望和祝愿。

在结束我的谈话时，我想说明：我的经验和认识是有局限性的，仅供参考。欢迎播音员同志、听众朋友和广播战线战友多多指正。

（1985年《广播之友》连载）

# 播音创作漫谈之一

参加全国优秀广播节目欣赏会，听了各台优秀广播节目录音，我想仅仅就播音方面谈一点浅显的看法和不成熟的意见，作为听录音后的学习心得。

## 播音员和稿件之间的矛盾

在播音员的工作中存在着许多矛盾，其中最根本的矛盾是播音员和稿件之间的矛盾。播音员播的稿件不是他自己写的，而工作要求他在极短时间内掌握稿件的内容和形式，变成自己想要说的话；播音员坐在话筒前播读稿件的时候，是看不见听众的，而他表达稿件的手段、跟听众交流的手段，仅仅是自己的有声语言。这种特殊情况，给播音员的工作带来很大的困难。我们的广播稿件深刻地、生动地反映着当前的现实，紧密地同实际工作和听众思想相联系。我们播音员要正确理解、深入掌握并准确传达这样的稿件内容，不是轻而易举的事。我们的政治水平、政策水平、文化水平、思想感情、语言能力往往跟稿件的内容和形式有一定的距离。这一距离也就是播音员和稿件之间的矛盾。它实质上反映出我们各方面的水平还跟不上前进着的伟大时代的要求。我们只有跟上这种要求，才能更好地完成播音工作任务。

这次听过的节目中，大量是写英雄模范的事迹和革命斗争的史实的。播音员和稿件的矛盾也多表现在这类节目上。中央台近来举办《回忆和对比》节目向听众进行宣传教育，我们也突出地感到这类稿件是很不好播的。这里面有理解、体会的问题，也有表达的问题。我们播音员通常有句专业术语，叫作"进入稿件"。所谓"进入稿件"，就是说播音员要尊重稿件，从具体稿件的内容和形式出发，正确、深刻、全面地理解稿件的精神实质，力求使自己的思想感情和稿件的思想感情相接近，相一致，同时找到符合稿件要求的语言表达方法，恰如其分地传达出稿件的思想内容。我们说一篇稿子不好播，主要是指播音员和稿件之间的距离比较大，不能很好地"进入稿件"，或者是不能确切地找到稿件所要求的表达方式和分寸。在播《回忆和对比》一类的稿件方面，我们深感缺少斗争生活的体验，这是我们的思想感情不能进入稿件的主要原因。这类稿件给我们播音员提出了新的课题，在播音工作中出现了一个新的矛盾。要想通过这类稿件向人民进行宣传教育，就要求播音员首先受到深入实际的锻炼，使我们个人的思想感情在不断改造的过程中和时代的、人民的、阶级的思想感情相一致。只有播音员自己被稿件所反映的人民的生活和斗争深深打动的时候，才能传达出稿件的真实感人的力量。

早在1955年8月梅益同志在全国播音业务学习会的讲话中就指出："播音员是向千千万万的人进行宣传鼓动的党的宣传员。他要把别人写的稿子，通过自己消化以后播出去，好像是跟作者共同合作来进行宣传。这样，没有高度的政治思想水平、文化水平和语言艺术的修养是办不到的。播音员各方面的修养越高，就越有成就。"

认真学习马克思列宁主义、毛泽东思想，深入生活和斗争，不断进行自我改造，加强业务实践，刻苦锻炼语言基本功，力求缩短我们和稿件之间的距离，使我们的播音创作达到更深刻、更美好的境地——这是党和人民对我们播音员的殷切期望。

## 需不需要扮演

这次选送的节目中，有宋绮云烈士的女儿宋振苏的讲话录音《读红岩，忆亲人》。这篇讲话字字句句流露出真实动人的感情，是那样朴素、自然、亲切。拿我们播音员的术语来说，实在播得"深"！这个讲话是那么吸引人，一听就想听到底，如果你在干着别的事情，它也会把你"抓"过去。听了以后，给你留下深刻的、难忘的印象，使你心情久久不能平静。我想，如果让播音员代播这样的讲话稿，恐怕也应该力求接近或达到这样的宣传效果。这里产生的问题是：播读以第一人称写的稿件时，需要不需要扮演讲述者本人。这个问题要根据具体的稿件做不同的处理。新闻性稿件以真人真事为内容，必须遵守真实性的原则，一般地说，是不应当扮演的。播音员经常是以党的宣传员的身份传达全篇稿件，而不是传达个别人物形象。他要尽力表达出全篇稿件的思想，而不是个别人物的思想。不过节目中有虚拟的人物出现，又当别论。如吉林台的对少年儿童广播：《爸爸的回忆》，就要求男、女播音员分别扮演"爸爸"和"女儿"。如果播音员代播《读红岩，忆亲人》一稿，就不需要也不可能扮演宋绮云烈士的女儿；如果播音员代播浴池女工张延芬的讲话稿，也不需要扮演成一个浴池女工。但是，代播这样的讲话稿又和播政府领导人的讲话稿有所不同。后者是代表党和国家发言，播音员应该准确、鲜明、生动地传达出讲话的精神和气魄；而前者是个人的自述，播这样的讲话，不仅要表露讲述者本人的思想感情、事实情节、人物关系等，同时也要逼真地反映出讲述者的性格特点。如浴池女工张延芬的讲话，充满对服务行业的热爱和自豪，她的语言生动、朴实，有一种热情豪爽的泼辣味，流露出她那热心肠的性格特点。播音员代播这篇讲话稿，就要在掌握思想内容的同时，熟悉她的生活和工作，体会她的性格特点和语言，以适应稿件的要求。但这并不是说要用她的嗓音或模仿她的语调，用她（人物）来代替"自我"，而是仍然以播音员（党的宣传员）的身份有表情地代播她的讲话稿，把她的讲话稿变成自己想要说的话。这中间，重要的是播音员要探索人物内心活动的特征，任何时候都不能指望用人物的外部特征来塑造形象。我们打算做这样一次试验：让一位或两位女播音员准备这篇讲话稿，录音以后保留下来。然后让她们听张延芬本人的讲话录音，访问这位浴池女工，熟悉她的生活和工作，了解、体会她的思想感情和语言，之后再次录音。对前后两次的录音做比较研究。

做这个试验的目的是想研究解决这样的问题：播音员不必扮演讲述者（或作者）本人的形象或稿件中人物的形象，这并不是说不需要分析研究作者或人物形象。这样的试验对播音员的提高可能是有效的。要不要扮演的问题，从这次听的节目里也可以得到一些论据。代播纺织女工任木香讲话稿的播音员和介绍五好社员李昌的播音员，并没有扮演人物形象，但是，却通过她们那有表情的语调表露出自己对稿件中人物的态度，用自己的语言讲述出人物的性格、行为以及人物和人物的关系。这样，她们就在传达稿件思想的过程中为听众描绘出了可以感觉到的生动的人物形象。

## 播音不同于演戏

关于如何处理稿件中正反面人物的话（直接引语），有人认为可以就稿件的性质区分：处理文艺性稿件中人物的话要符合艺术的真实，允许"声音的化装"，可以采用"戏剧化"的夸张手法；处理新闻性稿件中人物的话要符合生活的真实，一般不需要"声音的化装"，可以采用更接近生活的朴素的表现手法。这样的说法，如果说是提醒播音员要根据不同性质的稿件确定不同的处理方法，使其合乎稿件要求的分寸和风格，这还是必要的。如果说是把播音的表现方法截然分为两类，二者不可相互逾越，那恐怕需要进一步研究。

我想，即使可以这样分类，戏剧化的手法也不能理解为"脱离生活"的艺术加工，朴素的手法也不能理解为没有艺术加工的"生活的翻版"。戏剧化的手法也好，朴素的手法也好，所有的表现手段（语言技巧）都来自生活，是从生活中长期体验、提炼，在业务实践中不断积累起来的。只有这样，它才是具有生命力的。

播音员是以党的宣传员的身份播音的。他在传达稿件中人物的话（直接引语）的时候，也不应当改变转述者本人（播音员）应有的态度。播音员是用自己对人物的正确态度，用富有表情的语调，突出强调或适当夸张人物性格或行为的最重要的一面。即使是播文艺性稿件的时候，也不能简单地醉心于扮演人物，而要讲述（或者说描绘）人物。当男播音员在播音中谈到一个女人或以女人的身份讲话的时候，不是要表演女人的声音，而是要讲述出这个女人的神态和她的声音。在这批节目里，播配乐故事"骨肉分离又团圆"的男播音员，用扮演的手法表现故事中的人物"韦老太太"的话，我听着觉得不怎么舒服。作为一个听众，这个故事给我留下的印象仅仅是"韦老太太"的几句话，至于全篇讲些什么，印象很淡薄。实践证明：用扮演的手法处理稿件中的个别人物，会使听众的印象支离破碎，不能很好地接受全篇稿件的思想和理解主要情节。因此我认为，不能把播音和演戏等同看待，不能把"戏剧化"的夸张手法和演员扮演人物等同起来。

表现方法（语言艺术技巧）丰富多彩，千变万化，但它一定要受稿件内容、形式的制约；而它本身又是统一的整体，不能机械地划分为若干类别。事实上并不是所有的文艺性稿件都要用"戏剧化"的夸张手法处理，新闻性稿件也不是绝对不允许"夸张"。在新闻性稿件中如果有某种特殊的需要，如用人物自己的话和行动来进行揭露和讽刺的时候，播音员为了突出地强调对这一人物的态度，就需要用适当的夸张手法来表现。当然，这种表现手法要自然流畅，合乎情理，使人听了不失去真实感。因此，重要的是对具体稿件做具体分析，具体处理。每篇稿件的基调不同，表现方法也不相同。不可能有一种固定不变的腔调或技巧适用于所有的稿件。播音员要善于掌握稿件的基调，从稿件的内在思想出发，找到贴切的、符合稿件内容和风格的表现形式。表现手段是为传达稿件的内容和形式服务的，只有符合稿件内在要求的恰如其分的表现手段，才能有效地传达稿件的精神实质。我们的播音创作要求内容和形式的统一，即准确掌握稿件的精神实质、贯穿党的宣传员的鲜明态度，和生动的语言技巧的统一。前者是目的，后者是手段，二者缺一不可。任何脱离稿件内在要求的忽低忽高、忽悲忽喜的语调，无论怎样"动听"，也是不能感染人的，因为它终究是一种强加于稿件的空洞的声音。播音员的思想感情和稿件的思想感情融合一致所发出的声音，才是最真实、最自然、最感人的声音。

中国古代艺术家讲究"行云流水，得其自然，天衣无缝，不着痕迹"。我想，播音创作（无论播什么性质的稿件，采用什么样的表现手法）也应当达到这样一种"自然流畅"的境地。虽然有语言艺术的加工，但使人听不出痕迹来。自然的反面是虚假，流畅的反面是疙瘩。虚假和疙瘩都会产生反效果。如果听众意识到播音员是在"装"，或者感到播得"疙疙瘩瘩"（逻辑凌乱，思想断线，感情造作，都会形成疙瘩），就会不愿意再听下去，或者关上收音机。

梅益同志在全国播音业务学习会上说："在这里，我要特别提到应该反对播音中的公式化和模仿。我们的播音要有个性，要真实，无论如何不要造作，要使播音跟生活更接近。"

左荧同志在题为"播音是一种语言艺术活动"的报告中说：

"播音是一种艺术创作。任何艺术创作都有其独特的个性。因此，我们反对两种倾向：一种是自我表现，另一种是机械模仿。

"自我表现之要反对，是因为它没有正确的态度，没有深入稿件，以'斤斤'追求个人的'成就'代替播音的崇高目的。这种播音必然是形式主义矫揉造作的，没有力量的。

"机械模仿之要反对，是因为它不是在创作，没有个性，堵塞了无穷无尽的创作源泉。最好的模仿，也只能是别人创作的再版。这种播音必然是公式化的、千篇一律的、没有活力的。"

这两种倾向都阻碍着创造性的发挥，我们在业务实践中要时刻注意克服。现在还不能说我们在播音中已经完全克服了这两种倾向。在"机械模仿"方面，除去播音员和播音员之间的模仿以外，我觉得这几年来又产生了一种新的倾向，就是机械模仿电影、话剧演员的腔调，"朗诵腔调""说书腔调""讲故事腔调"等。这样，就在摆脱了旧的固定的播音腔调之后，又出现了新的固定腔调。当然，我们应当学习这些方面的艺术，但不能机械搬用。即使是稿件提供了这样的形式，例如"说书"形式，也要根据具体稿件的内容和风格进行新的创造，不能完全模仿"说书"腔调。小说《烈火金刚》的播讲者刘玉森同志在这方面就有新的创造，值得学习。

播音是一种具有独立性的语言艺术创作。在向其他语言艺术学习的时候，我们要吸取那些对我们有益的东西，融会于我们的创作中，使播音发展成为更具有特点、更具有独立风格的语言艺术。如果仅仅模仿别人的腔调，把这种腔调当作时髦的东西，固定不变地套在所有广播节目和稿件上，恐怕会流于"千篇一律"，堵塞了无穷无尽的创作源泉吧？

（1963年）

# 播音创作漫谈之二

近几年来，我曾跟毕业班同学或青年教师去各地电台、广播站实习，到工矿、农村参观学习，参加过不少播音工作经验交流会，结识了许多广播战线的战友和听众。从他们那里学习到的东西是极其丰富的。群众是我的老师，群众的智慧和经验是取之不尽的宝藏。下面是从我的《学习笔记》中摘出的一部分。

### 根基要深

1977年，我到南方几个城市看望在电台、广播站实习的同学，有机会去一个广播办得好的工厂参观学习。一走进工厂大门，就被喇叭里传出的声音吸引住了。那是一位女播音员正在播送该厂先进人物的先进事迹。声音里充满着发自内心的激动和自豪的感情，既朴实，又亲切，给人以鼓舞和力量，激发起大家向先进人物学习的强烈愿望。

工厂领导同志介绍说，这是他们的兼职播音员，她自己就是一个先进工人。两年前，工厂从思想作风好的青年男女工人中挑选了十几个播音员，不脱离生产，利用工余时间轮流在广播站播音。他们克服了许多困难学习播音业务，在话筒前满怀激情地宣传先进人物的事迹。同时，在生产和生活中严格要求自己，学先进，赶先进，两年来都进入先进人物的行列。工人们说："他们广播，我们信得过，感情能打动我们的心，听着真带劲！"

随后，我们见到了这些朝气蓬勃、可敬可爱的先进青年工人——播音员，听了他们的先进事迹和播音经验的介绍。在座谈结束时，工厂广播站负责人（一位老模范）意味深长地说：话筒前播音，是个非常重要的宣传岗位。平时表现不好，嗓子再好，我们也不叫他到话筒前工作。小小的播音室，就是宣传马列主义、毛泽东思想的大课堂。在这里播音的工人，首先自己要学习好，才能宣传好。播先进人物的事迹，首先自己要学先进的思想作风。要心口如一，言行一致啊！不能说的是"一朵花"，做的是"豆腐渣"。

这对我很有启发。我想：如果领导者都能这样挑选、培养播音员，如果每一个播音员都能这样认识、珍惜自己的岗位，播音面貌该有多大的改变！遗憾的是有些地方挑选播音员只重声音而忽视政治气质和文化素养，培养播音员也只注意声音和播稿训练而忽视思想作风的严格要求和政治、文化水平的不断提高。这并不是说声音不重要，没有一定的较好的声音条件，当然不可能从事播音工作。如果认为播音员只要有一条好嗓子就万事大吉，那就舍本逐末了。

1964年，周恩来总理讲到演革命的现代戏，说"人的改造、人的革命是个很关键性的问题"。他指出：有的演员"前台可以演《雷锋》，演《千万不要忘记》，演《年青的一代》，转到后台就变了样子，回到宿舍更变了个样子，走到街上就更不成样子了。这只是少数人。为什么会这样？就因为根基不深，没有很好地进行人的改造、人的革命，没有很好地到生活中去实践，和群众同生活，同劳动，同斗争……"

根基要深，要很好地进行人的改造、人的革命，这对播音员来说，同样是个关键性的问题。工人师傅说的"要心口如一，言行一致"，也是这个道理。

播音员在话筒前向千百万人播出真理之音，自己可是追求真理的革命者？每天都在教育别人，自己可曾先受教育？宣传让别人做到的，自己做到没有？

我们要学到老，改造到老，做一个彻底的革命者。

## 没有捷径可走

常常听到这样的议论：有些新播音员，经过培训，上了节目，反映不错，过了两三年就不行了。播什么都是一个调，形成了播音腔。

有一次，我参加一个地方的播音员训练班。一位汽车司机师傅问我："你听过我们台小李的播音吗？"

"听过。"我回答。

"有什么意见？"他紧跟着追问。

我一时不知如何回答，就说："我想先听听你的意见。"司机师傅脱口而出："越播越油，很不受听。他刚调来那阵子播得不错，现在不知道怎么搞的，油腔滑调的，你给他找找病根吧！"

我把司机师傅的意见告诉了小李。他叹了口气说："唉！我也不知道怎么搞的，可能播音就是易会难精吧！"

我了解了小李的情况，跟他一同探讨了这个问题。

小李高中毕业，插队几年，嗓子不错。刚调来时，在老同志的帮助下学习播音，觉得这工作新鲜，又相当难。他一心一意地学习，兢兢业业地实践。后来越播越"熟"了，觉得这工作也没啥了不起，拿他自己的话来说："不就是念稿子嘛，有些文化，加上一条好嗓子，就能念个差不离儿。"于是，他放松了日常学习和声音锻炼，也不再认真备稿，有时稿子一遍不看就去录音。录音时随随便便，两句一接，三句一改，根本不动脑子。念完以后，自己都毫无印象，还自认为这是找到了"窍门"。

是"窍门"吗？不是！这是不愿花气力，只想偷懒的门路！走这样的"窍门"，就辜负了党和人民的重托。这样的播音，只能说是会出声念稿，与创造性的播音是背道而驰的。沿着这条路子走下去，怎能不越播越油呢！

同样一篇稿子，怎么有的播得有味道，吸引人听，有的听来索然无味呢？为什么有人播什么是什么味儿，而有的人播什么都是一个腔调呢？这里就有播音员的创作态度和创造方法问题。

播音是再创造的活动，播音员进行再创造的依据是稿件。播音员播的稿件种类繁多，各有各的特点，内容不同，形式、风格不同，表现主题的手法也就不同。要想准确、鲜明、生动地表达出各种稿件的内容和风格，就要对具体稿件进行具体分析，从而找到确切的表达方法。因此，要不断地提高政治、文化和政策水平，不断地增强无产阶级感情，坚持语言表达能力的锻炼，才能适应播音工作的要求。没有正确的理解和准确的表达，就会播得千篇一律，就不可能播出稿件的特点。不从内容出发，以不变的腔调应对千变万化的稿件，也就无创造性可言。

对于具体稿件反复深入地进行具体分析，找到确切的表达方法，播出符合党的政策分寸的态度、感情，是要花大气力的。这里没有什么捷径或窍门。如果说熟能生巧，这个"巧"来自长期勤奋的学习和实践，来自艰苦的创造性劳动。没有主观上的努力，光想省气力，走捷径，这种所谓的"熟"是不可能生"巧"的，必然走向相反的效果——"油"。

"易会难精"吗？世上无难事，只要肯登攀。不满足于"会念稿"，下决心改变"不读书，不看报，不分析，不思考，出声念稿不动脑，播了什么不知道"的状况，坚持不懈地钻研，勤勤恳恳地实践，精通播音也并不难。

世间一切事物都处在不停地运动变化当中，我们对客观事物的认识是没有止境的。永不满足于一孔之见，一得之功，才能锲而不舍，精益求精，不断攀登播音创作的高峰。


## 模仿不是创造

在播音中，机械模仿别人的嗓音是相当流行的。几乎每到一个地方，都会发现这种现象。在省、市广播电台，在县广播站，甚至在公社广播站，都有人致力于模仿。

在一个播音工作经验交流座谈会上，我听到一位公社广播站的女播音员小张的发言，她发言的题目是"模仿不是创造"。

小张刚开始做播音工作时，认为掌握声音技巧是个关键。于是，就从电台的广播里找到一个"声音好听的老师"，把她的播音录下来，对照着一句一句地模仿，力求使自己的嗓音同人家的嗓音一模一样。有一次，这个广播站要播一篇《人民日报》社论，正好前两天那位电台"不见面的老师"刚刚播过，小张已经对照录音模仿了许多遍。拿到这篇社论，看也没看就开始播出了。她一边播，一边回想电台那个女播音员的嗓音，尽力追求声音上的相似。她自己以为学得很像，满不错了。可万万没想到，播出后许多听众提出了批评。有两个贫农社员跟她说："那篇社论，你是怎么播的？拿腔做调的，咱们听不进去，也听不懂，可要保持咱贫下中农的味儿啊！"

一针见血的批评，使小张的思想受到很大震动。她开始总结经验。她在发言中说："后来，我学习了毛主席《在延安文艺座谈会上的讲话》。'什么叫作大众化呢？就是我们的文艺工作者的思想感情和工农兵大众的思想感情打成一片。'毛主席的话，像一把钥匙，打开了思想闭塞的窗子。我想毛主席说的'大众化'和那两位贫农社员说的'贫下中农味儿'是一个道理。咱公社广播站的播音员，要使自己的播音受到贫下中农欢迎，就得使自己的思想感情和贫下中农的思想感情打成一片。我自己虽然是贫下中农的女儿、共产党员，但思想感情还不完全是无产阶级的。要做到时时刻刻想贫下中农所想，急贫下中农所急，爱贫下中农所爱，恨贫下中农所恨，还要下一番苦功夫。"

从此，小张坚持读马列和毛主席的书，经常走出播音室参加集体生产劳动，向贫下中农学习。学习他们爱憎分明的感情，提高思想觉悟。同时也学习他们真挚朴实的语言，改变播音腔，平时注意分析研究别人的播音为什么播得好。她发现好的播音一般具有"内容清楚""感情饱满""声音自如"等长处。于是，她不再模仿别人的嗓音，而是深入分析理解稿件内容，明确播出目的，自如地运用自己的声音条件，准确地表达思想感情。沿这条路子走下去，经过一段时期的实践，收到了明显的效果。她的播音深受贫下中农的欢迎和好评，年终被评为先进工作者。

小张的经验是宝贵的，对于刚走上播音岗位的同志尤为可贵。

播音员在话筒前播出稿件，进行宣传鼓动，唯一的工具就是有声语言。播音没有其他辅助手段，只能通过语言打动人。加强锻炼自己的嗓子，善于运用语言技巧，才能自如地表达思想感情。醉心于模仿别人的嗓音，形成一种人为的固定腔调，创造性就会被一条无形的锁链束缚住。这样下去，就会成为一种习惯势力，再想摆脱它是十分困难的。青年播音员小张的实践经验告诉我们：此路不通！

有人说，模仿是出于好心，想用这种方法做好播音工作。

"真正的好心，必须顾及效果，总结经验，研究方法，在创作上就叫作表现的手法。"（毛泽东《在延安文艺座谈会上的讲话》）小张就是这样做的。她听取了贫下中农的意见，检查了播音的效果，及时总结经验，研究方法，从而找到了播音创作的正确道路，在实践中逐渐掌握了符合播音规律的表现手法，认识到"模仿不是创造"的道理。这种对工作认真负责的精神是可贵的。

"模仿不是创造"，我同意她的观点。满足于模仿意味着表现手法的贫乏，是停滞，而不是前进。"只要内容相同，方法不妨各异，而依傍和模仿，决不能产生真艺术。"（《鲁迅全集》卷6第391页）模仿得再好，也不过是"像某某人的声音"而已。在话筒前播音的目的，在于通过声音、语句表达稿件的内容和思想感情。从某种意义来说，声音、字音都只是播音的外壳，而感情才是它的灵魂。只有把声音、词意、感情三者融为一体，播音才具有生命力。

我们要想从别人的播音或其他语言艺术中汲取营养，丰富自己的创作实践，就要善于用一分为二的观点，学习和借鉴那些有益的东西。取人之长，补己之短。而要把别人多年积累的经验学到手，还必须通过自己的实践来检验，然后掌握它，发展它，使之得心应手，运用自如，完全变成自己的东西，从而有所突破，有所创新。这是一个实践，认识，再实践，再认识的过程，需要付出艰苦的创造性劳动，捷径是没有的。

（1979年）

# 播音创作漫谈之三

## 爱憎分明不能丢

无产阶级爱憎分明的感情是构成人民广播播音风格的主要因素。爱憎分明是人民播音员的光荣传统。播音中爱憎分明的感情，是播音员的无产阶级党性在播音创作中的具体体现。爱憎分明不能丢！丢掉了它，播音就失去了战斗性和生命力。

有人说："现在不是战争年代，新闻播音还有什么爱憎分明？"

请问，难道只在战争年代敌我对峙时才有爱憎感情的表达吗？不，新闻不能没有阶级性。即使将来全世界消灭了阶级和战争，但只要社会上还存在着真善美和假恶丑的对立，还存在着正确和错误的斗争，就有是非，就有爱憎，这是不以人的意志为转移的。当然，时代不同，是非标准不同，爱憎内容不同，表达方式也有所不同。

当前，全国人民压倒一切的中心任务，就是同心同德实现四个现代化。"对实现四化是有利还是有害，应当成为衡量一切工作的最根本的是非标准。"（《邓小平文选》第8页）在播音中，对坚持四项基本原则、有利于"四化"建设的人和事能不表达我们的爱吗？对违背四项基本原则、危害"四化"建设的现象又怎能不表达我们的憎呢？

我们的社会主义事业在胜利前进，一个播音员应当是"四化"建设的积极热情的参加者，不能是冷漠无情的旁观者。这样，才能满怀激情，爱憎分明，从播音中反映出时代精神。

## 深入实际　联系群众

播音员经常深入实际，联系群众，才能对稿件内容和服务对象产生真情实感，才能在心中掀起表扬所爱、鞭挞所憎的感情波涛。

深入实际，联系群众，是我们播音员的好传统。早在1952年第一次全国广播工作会议期间召开的播音工作座谈会上就交流了这方面的经验。《播音工作座谈会》情况报告中指出：

节目要针对不同的对象确定播音员，深入联系群众，可以创造出不同的播音风格。之所以这样做，是因为这些节目的听众，如工人、学生、妇女、儿童等，他们的年龄、生活经验、文化程度、政治水平、兴趣、劳动和学习等情况都不相同，他们对一个问题的看法和接受程度也有很大的差异，因而对他们谈问题的方法、语气等也要有所不同，才容易被他们接受。这样，就要求编辑按对象来编写稿件；播音员按节目分工，细致地研究听众的情况。播职工节目的下工厂，播学生节目的去学校……了解群众的生产、学习、生活、思想感情的情况，向他们学习。这样做的结果，可以直接帮助播音员掌握稿件的精神和思想感情，使播音员不再是关在播音室里念稿子。天津台各种节目的播音员，由于进行了这样的学习，对工作的责任心和事业心大大加强了，播音有显著的进步，受到群众的欢迎和喜爱。

正如情况报告指出的，20世纪50年代各台播音员想方设法深入实际，联系群众。中央台经常组织播音员去生产第一线体验生活，火热的生活是他们播音创作的源泉。抗美援朝期间中央台派播音员去朝鲜前线随军广播，随记者采访，制作录音报道。播音员纷纷跟志愿军通信、交朋友。志愿军的英雄事迹时时刻刻激励着我们，我们的思想感情和他们息息相通。我们和志愿军的来往书信，有的在广播里播出，有的在报刊上发表。回忆起来，那时坐到话筒前用不着费劲地设想对象，引发感情。志愿军战士——最可爱的人，在炮火轰鸣的坑道里，围着收音机倾听"祖国的声音"的形象浮现在眼前，满怀的激情也随之油然而生。这种情况下的播音怎么可能端起架势训人呢？

跟听众的距离越来越远是从1957年开始的，这主要是由广播内容决定的。从此，"严肃有余，亲切不足"的问题在播音中一直延续下来，未能得到根本解决。到大跃进年代，随着浮夸风的刮起，广播里"高产卫星"的"捷报"频传，播音中的高声呐喊又一次兴起。到"文化大革命"时期，高调门的播音发展到登峰造极。

当前，解决无动于衷的僵硬的新闻八股腔，固然要抓语言技巧，而更重要的是抓感情，对稿件内容的感情，对服务对象的感情。这就要摆正播音员和听众的位置，真正把听众看作是我们的良师益友。要做到这一点，只在口头说说是不行的，要走出去，到群众中间去，到生活中去，把对党的政策学习和深入生活结合起来，才能对党的十一届三中全会以来的政策有正确的具体的理解和感受，才能和群众的思想感情息息相通，产生共鸣，从而在播音中有所突破，有所创新。

## 摆脱模仿　自己走路

播音中的模仿由来已久，这个问题我谈过多次。这是形成千篇一律、千人一腔的主要原因。早在1956年1月5日《人民日报》副刊《文化街头》发表的秦梨的短文就指出：

"模仿不是创造。满足于单纯模仿正是一种停滞，不是前进！"

"人的喉咙声带都有些差异，其实每个人尽可以根据自己的特点去发展创造，而吸取他人的营养，其目的并不是为了生搬硬套；即或做到了与别人一模一样，难道就可以满足了吗？"

是的，模仿不能代替创造。模仿得再好，也不过是"像某某的声音"，是某某的"翻版""复制品"而已。播音要发展，借鉴是必不可少的。但学习和借鉴不是简单地机械地照搬和模仿，而是经过取长补短，消化吸收，变成自己的东西，融化在自己的创作中。正如河北省井陉县广播站播音员赵丽华所说："我经常提醒自己不论听谁的播音，都要从内容出发。听人家如何播，而且要思考人家为什么这样播。不要单纯去模仿别人的声音，要从自己的声音出发，用自己的真实感情，如何理解就如何播。"

我们要想把别人一切有益于自己的东西学到手，需要通过自己的实践，在实践中掌握它，发展它，才能使理解和表达水平不断提高，从而有所前进，有所创新。

对外开放、搞活，我们的播音也要吸收外来的新鲜的东西，不能墨守成规。但我们不要忘记历史的教训，不能生搬硬套。要结合实际，独立思考，"择其善者而从之，其不善者而不从之"。

## 提高新闻播音的质量

1965年12月，周总理接见乌兰牧骑时说："要成为多面手，八仙过海，各显其能。"

1966年3月，周总理视察北京人民广播电台，来到播音室，很有风趣地问一个播音员："你会播什么？新闻、文章、文艺朗诵？"播音员回答说："新闻、文章、文艺，什么都播。"周总理笑着说："好啊！你是多面手。"

周总理生前提倡一专多能，要做多面手。这对播音工作来说也是切合实际的。尤其是现在，广播节目内容丰富，形式多样，更需要多面手，才能适应工作的需要。为此，播音员纷纷排练广播剧，朗诵文艺作品；有的还搞电视片解说，给电影配音，等等。这是一个好的现象，对于提高语言表达能力、成为播音多面手是有益的。多学几手，多练几手，为的是更好地借鉴以提高播音质量。如果不是抱着这样的目的，那么，随之而来就可能产生一种不良倾向：重文艺节目播音，轻新闻节目播音。这种情况发展下去，就会热衷于一个方面，忽视另一个方面。拥有广大听众的新闻节目的播音质量得不到提高，必然会引起听众的不满。如果这样，我们就没有尽到一个播音员的职责，成不了周总理期望我们成为的多面手。

所以，播音要发展和创新，广泛学习和借鉴是必不可少的。但学习和借鉴要结合播音实际，发挥播音特点，全面提高所有广播节目的播音质量，尤其不要忘记提高新闻播音的质量，把高质量的精神产品奉献给听众。

（1981年8月）

# 播音创作漫谈之四

## 和听众交知心朋友

据我了解，基层播音员大多向中央台、省市台播音员学习，这固然需要。但他们身在基层，更有条件经常走出播音室，到群众中去，到我们的服务对象中去，拜他们为师。和他们交知心朋友；倾听他们的意见，广泛汲取营养，努力充实自己，使自己的思想感情和群众的思想感情融为一体。这样播音时才能把话说到听众的心里去，产生思想感情的共鸣。这是做好播音工作取之不尽的源泉。许多基层播音员正是走上了这条创作道路才取得了可喜的成绩。他们既是党的忠诚的宣传员，又是群众信赖的朋友，深受群众的喜爱和欢迎。

但据我所知，有些地方的播音员（无论是专职的或兼职的），将播音工作看作纯技术性的，常年累月把自己关在"面前无人"的播音室里，自认为有一套播音技巧，拿到稿子看也不看就去录音。录音时心中无人，一句半句一停，两句三句一接，我行我素，听不听由你。这种态度，是无论如何也做不好播音工作的。

播音是新闻性很强的宣传鼓动工作，又是富有创造性的语言艺术活动。它要求播音员掌握新闻工作的规律，同时也要掌握艺术创作的原则。艺术大师刘海粟说："真正的艺术应当是由内而外的创作，不是自外而内的简单记录。"我想，这话用于播音创作，也是有一定道理的。

我们评价播音"亲切感人"，是指播音的思想感情和语言声音的高度统一。当前有人单纯追求声音的"甜、柔、美"，卖弄自己的声音。也有人不顾节目内容和形式，不问节目对象，一味机械模仿某类节目主持人的播音腔调。这两种倾向仍然阻碍着创造性的发挥，堵塞着无穷无尽的创作源泉，使播音失去独特的个性和吸引人的力量。

## 熟练掌握普通话

有声语言是表情达意的工具。普通话播音员既要熟练地运用普通话播音，又要率先成为推广普通话的模范。可是，当前有一种非常普遍的现象，就是无论方言区还是北方话地区的普通话播音员，在生活里不讲普通话，到话筒前才说普通话。如果是已经熟练地掌握了普通话，播音时运用自如，姑且另当别论。问题是有不少播音员的普通话远远不够标谁，播音时几乎把大部或全部注意力集中在纠正方音上，这怎么可能全神贯注于稿件内容，准确、鲜明、生动地传达其思想感情和精神实质呢？

据我了解，不少播音员在学习普通话方面确实下了功夫，在家庭里、在社会上坚持说普通话。但也有人关起门来自己练习，只靠播音时去纠正，不愿也不敢在生活中说普通话。为什么呢？怕被人耻笑，说是"撇京腔"。

看来，要敢于说普通话，还是要端正认识，解放思想，突破"怕"字。在家庭里、在社会上，在生活中都说普通话，不怕人家说"撇京腔"。越说越熟练，越说越纯正，在话筒前播音才能挥洒自如地运用普通话表情达意，而不被它分散了注意力。

要形成一种说普通话的社会风气，得靠大家努力。播音员要带头推广普通话。早在1958年周恩来同志在一次报告中就指出：推广普通话，对于不同对象要有不同的要求。他把播音员放在第一位，要求最严。的确，在推广普通话过程当中，播音员起的作用最大，影响最广。让我们不要辜负周恩来同志生前对我们播音员的殷切期望，在生活中、在话筒前都来说标准的普通话吧！让我们在新时期努力开创新局面，带头形成人人以说普通话为荣的好风气！

（1986年9月）

# 播音创作漫谈之五

## 播音和朗诵

最近，我参加了中外文化书院举办的"星光诗歌朗诵会"，在他们举行的函授学员结业式上，我也登台朗诵。播音员和演员同台朗诵，效果很好，我很支持这种方式。把播音和朗诵结合起来，这是我的一贯主张。播音员经常面对观众朗诵，可以锻炼语言功力，有助于播音业务的提高。如果一个播音员总是关在播音室，不跟群众交流，慢慢就变得思想狭窄、音调僵化。中央台的播音员真正这样做的，就有收益。20世纪五六十年代，我经常和播音部的同志们下去，深入群众刻苦锻炼。有些同志长期突破不了播音腔，后开了几次朗诵会，一下子就突破了。真正长期坚持去做的不多，这个路子不那么好走，需要付出艰苦的劳动。

直到现在，我自己还每天坚持锻炼身体，背诵段子。如果真想一辈子从事这个专业，不下点本钱，不花点力气，想有点成就是不太容易的。谁都可以去干，但要干好了，干精了，真正干成一项事业，就必须花大力气。

通过参加朗诵会，我感到，我们播音员的语言功力在有些方面不如演员，声音送得不够远，声音的力度和弹性都比较弱。当然演员也有不尽如人意的地方，有的分寸不贴切，表达过分夸张，使人感到不够真实。所以，播音和朗诵应该互相交融，演员和播音员要交朋友，互相学习，取长补短。

20世纪50年代我交了许多演员朋友，我们经常请董行佶、于是之、兰天野等到电台来，我们也去他们那里。

朗诵和播音，在同群众的交流方式上有不同之处。朗诵是面对观众进行交流，播音是坐在播音室里，看不见听众。但也有相同之处，那就是无论是坐在屋子里，还是面对观众，都要和你的听（观）众进行思想感情上的交流，都要动真心、动真情。这一点是相通的，也是根本的。

在"星光诗歌朗诵会"上，我朗诵陈毅同志的《梅岭三章》。最近一个时期，我身体不好，经常犯病，家里人都劝我别激动。不激动行吗？我不能给观众一杯白开水，也不能对不起陈毅元帅，我还是满怀激情地朗诵了。我们播音员播任何稿件时，对稿件的内容，对稿件中的人和事，绝不能无动于衷。一个播音员在话筒面前不动真情，一个朗诵者在舞台上没有激情，那是最可怕的。还应该注意到，播音中的感情，应该是无产阶级感情的具体化，是崇高的共产主义情操的体现，受宣传内容和宣传目的制约。离开了这一点，很容易在感情放纵奔流的时候，陷入自我陶醉。

我们播音员要重视朗诵活动，面对群众朗诵，把朗诵与播音有机地结合起来，以促进播音业务的提高。

## 谈谈电视播音

前不久，我读了一些观众给电视播音员的来信，深受感动。我想就此谈一点对电视播音的看法，供搞电视播音的同志们参考。

第一，重视观众的来信，做观众的知心朋友。观众把我们电视播音员当作知心朋友，什么话都愿意对我们讲。一位女中学生给一位女电视播音员来信，称呼这位播音员为大姐姐。她说她自己没有姐姐，很希望有这样一位姐姐，有什么心里话都愿意对这位大姐姐说。这说明我们的电视播音岗位很重要。我们每天出现在电视屏幕上，观众天天都可以见到我们，日积月累，无形中产生一种感情。我们要珍惜自己的这一工作岗位，珍惜观众对我们的真挚感情，重视观众的来信，做观众的知心朋友。观众来信是送上门来的老师，从观众的来信中可以汲取精神食粮和进取的力量，也可以看到我们工作中的不足之处。这样，当你坐在镜头前播音的时候，观众朋友就会立刻"来"到你的面前，你就不会"目中无人"，你的感情就能和观众真诚、自然地交流起来。相反，平时对观众漠不关心，对观众来信不予理睬，没有感情的沟通和积累，坐在镜头前现装，是装不出真情实感的。无论你怎样装出亲切的样子，观众也不会买你的账。

第二，有声语言，标准的普通话，是电视播音的重要组成部分。有相当一部分电视观众来信都谈到电视播音员的语言问题。有的称赞××的普通话讲得标准、流利，有的夸××的播音口齿清楚，也有的抱怨播音语速太快。可见，电视播音员也必须高度重视语言问题。现在电视台的播音员，大部分是广播学院的毕业生，在学校里都很重视语言的训练，到了电视台，有些人就不那么重视了。一旦不重视训练，语言功力就要下降，观众就会有意见。电视通过画面进行宣传，播音员口播时出图像，这些都是电视的特点，但绝不能忽视声音，就是说，电视播音员也要重视有声语言的作用。一个播音员，模样再漂亮，如果不能很好地用声音表达稿件的内容，形象也会黯然失色。一位播音员为了保持她甜美的形象，播批评乱砍滥伐森林的消息时，也是笑眯眯的，这就没有把形象和声音所表达的内容统一起来，没有发出有情之声。所以，从某种意义上说，声音也是播音员总体形象的重要组成部分。电视播音要尽量做到形象和声音统一，语言和表情一致。

电视播音语言既要和谐、统一，又要自然、流畅。然而，有些播音语速、节奏、语调没有区别，速度很快，一味地往下溜。播新闻时，无论什么内容都是一个调门，一种节奏。这并不是自然流畅。所谓自然流畅，是指语言和表情随稿件内容的变化而变化，思想感情不断线，语言在节奏、速度中体现逻辑章法，在抑扬顿挫中体现感情的起伏变化，运用技巧而不露痕迹。这只有苦练语言基本功才能逐步做到。

第三，要不断完善屏幕形象。电视播音员应该有适度的修饰和化妆。在平时，也要像保护自己的嗓子一样，保持自己的气质和仪态。为此，就要持之以恒地陶冶情操，锻炼身体，保持健康的体魄和旺盛的精力，这样才能在电视播音中，使形象具有活力。最根本的是，电视播音员不要忘记自己是新闻工作者，应培养和保持新闻工作者的素质，使自己的形象具有新闻工作者的气质，而不是演员、模特的气质，更不是做广告的气质。即便是主持文艺晚会，也应该在这样的气质的基础上发挥技艺，施展才华。电视播音员要加强内在气质的培养，美的仪表只有和美的内心统一起来，才能在观众心目中建立起美的形象。

播音员形象的建立，不是一朝一夕就能完成的。你今天的屏幕形象好了，并不一定意味着以后都好。这是一辈子的事情。所以，电视播音创作，每次都要认真对待，都要从零做起。播音员要长期坚持不懈地提升修养。

播音不能千人一腔，形象也不能千人一面，每个人有每个人的特点，有每个人的风格。我认为，播音风格不是一成不变的，应随着时代的发展而发展。要把继承传统与改革创新有机地结合起来。吸收借鉴，要以我为主，为我所用，要了解自己的性格、形象特征。同时，播音员和人民应息息相通，水乳交融，了解人民的思想感情、民族的审美心理。真情实感，自然亲切，实实在在，朴实无华，是形成个性和风格的基础。要勇于实践、勤于实践、善于实践，取人之长，补己之短，有所创新，有所突破，付出辛勤的汗水和艰苦的劳动，才能独辟蹊径，获得成功。

（1988年在播音员培训班上的讲话）


# 播先进　学先进
## ——播通讯的点滴体会（一）

我在播通讯的实践中，有成功的经验，也有失败的教训。遗憾的是我没有及时把这些材料积累下来，现在我只能谈谈已经想起的一点体会。这不是播好通讯的规律，也不是什么诀窍，只是想起个抛砖引玉的作用罢了。

## 一、端正思想播好通讯

有这样一种说法：播好一篇通讯得有点才气，有点灵感，我不是这块料，是播不好的。于是，对于播通讯产生畏难情绪，不敢大胆实践，或者强调"一次完成""一锤子买卖"。就是说，如果看第一遍时使我动心，我就能播好，否则，无能为力，听其自然。

我认为，社会实践是认识的基础。天才，就是比较的聪明。但是，天才是不能凭空产生的，要靠党的领导，要靠群众，要靠实践。播音是一种再创造活动。要播好通讯，不但自己敢于实践，善于实践，还要用心探寻群众当中的经验，把别人的经验变成自己的，自己的才能就大了。

通讯反映的是当前的革命斗争和生产建设，表现的是先进人物的战斗风貌和革命精神。在播通讯的实践中，群众的经验集中到一点，就是需要饱满的无产阶级感情。有的同志虽然认识到没有饱满的无产阶级感情，想求助于才气、灵感是无济于事的，但又产生了畏难情绪，说："我的思想感情达不到这样的高度，无论如何也播不好。"

我们知道，无论播什么节目，播音员的思想感情和世界观、创作观是起决定作用的。播先进，要学先进。这并不是要求播音员必须达到先进人物的思想高度，具有英雄人物同样的英雄行为，才能播这类通讯；或者一定要将世界观彻底改造好以后，才能播好通讯。这种认识是不符合唯物辩证法的。事物发展永无止境，播音员认识真理和改造世界观也永无止境，要把向人民群众学习当作一辈子的事，力求做到与人民同呼吸，共命运。改造客观世界必须改造主观世界，而改造主观世界又要在改造客观世界的过程中实践。播音是我们改造客观世界的一项日常实践。我们就是要在学习马列主义、毛泽东思想的过程中，在向先进人物学习的过程中，同时也要在为党为人民播音的实践中，尽快地使自己的思想感情同要歌颂的先进人物缩小差距。差距越小，越能把先进人物塑造得丰满，越能使一篇通讯播出后产生强烈感染力和鼓舞作用。

还有人认为，播通讯要有丰富的语言技巧，自己的语言表现能力不高，要想播好通讯难上加难。

我们的工作是通过有声语言，准确、鲜明、生动地再现稿件的思想内容，使它产生感染人、教育人的效果。通讯类稿件在表达手法上灵活多样，尤其是文艺性较强的以写人记事为主的通讯更是如此。的确，播这类通讯，首先要有饱满的感情，其次要有较强的语言表现能力。通过准确表达思想内容的语言技巧把用文字表达不出来的感情、语气加以补充和渲染，把写在纸面上的事件、人物、情节等绘声绘色地再现出来，使听众闻声如临其境，如见其人，达到情声并茂的境地。要想达到这样的效果，光有饱满的感情，光有再现先进人物的强烈愿望是不够的，必须有达到这种效果的手段——再现英雄形象的语言表达能力。这种能力，不是生来就有的，更不是关着门钻研出来的。这种能力，只有不断深入人民群众火热的生活，从为党、为人民服务的立场出发，下苦功学习业务，坚持勤学苦练语言基本功，才能不断提高，逐渐运用自如。离开正确的政治方向，离开生活实践，单纯追求语言技巧，就会使播音业务走进死胡同。

我们一方面要反对不问政治迷失方向的倾向，一方面也要反对轻视播音实践，以为不掌握语言基本功、不经过千锤百炼就能播好音的倾向。

## 二、解决"开始进不去"的问题

当前播通讯普遍存在的问题是开始时进不到稿件内容中去。我们听广播也有这样的感觉：一篇通讯的开头，本来是很吸引人的，但播出来总是抓不住人，不能引人入胜。这是什么原因呢？具体情况要作具体分析。

一种情况是不重视通讯的开头，认为开头无关紧要，主要内容在后面，所以只在主体部分下功夫，忽略了通讯的开头。

我们知道，开头是一篇通讯不可缺少的组成部分。开头，就是指作者从什么问题写起，从哪里下笔。它是全篇的第一步，和全文血肉相连。因此，掌握好通讯的开头，是播好全篇通讯的第一步。这一步迈得好，能使自己的思想感情一开始就融会贯注于内容，把握住全篇的基调，步步深入揭示主题思想，并立即把听众吸引到收音机旁，使他们非听下去不可。有的通讯，开门见山，一开始就直接揭示主题，播时掌握得好，一下就把听众注意力集中到主题上，使他们很快地了解全篇的思想内容。所以说播好通讯的开头，很重要，忽略不得。

第二种情况，有个别同志把通讯的开头播得平平淡淡，干干巴巴。他们认为，播通讯时，没有必要从一开头就贯注以应有的激情，因为听众还没有看过全篇稿件，播音员一开始就那么"激动"，人家不易接受。所以播音员应当设想，自己和听众一样，也没有读过这篇通讯，自己一边播，一边和听众一起欣赏，慢慢地把听众"带进来"。通讯的开头只起一个"引子"的作用，只要播清楚就行了。

我认为这种想法是不对的。首先要明确播音员是担负着宣传马列主义、毛泽东思想的任务的。我们所播的通讯稿件大多事前做好准备，是在通读全篇，反复分析理解以后才播出的。既然如此，为什么非要设想我们"没有读过"，"一边播，一边和听众一起欣赏"呢？况且形式是为内容服务的。我们的任何设想都不能离开稿件的主题，更不能忽略我们的宣传任务。通讯稿件的主题要求播音员从第一句话开始就要赋予必要的感情色彩。我们这样做，不会使听众觉得我们播的通讯开头太过火，太突然。他们听广播并不是为了单纯的欣赏，主要是从中领会党的路线和政策，受到通讯中先进人物思想行为的感染，汲取前进的力量。搞过几年播音工作的同志可能都有这样的体会：每当我们播一篇重要的稿件时，从一呼台号，感情、基调就和播一般的节目有所不同。这时，听众并不觉得不易接受，反而更迫切地继续听下去。同样，播通讯的开头，也要从第一句话起，就准确、鲜明地表达出播音员对其中人物或事件应有的态度、感情，而不能平平淡淡地客观叙述。

第三种情况是对于通讯开头不进行具体分析，不同的开头没有做不同的处理。这也是开始进不到稿件内容中去、抓不住听众的原因之一。

有的通讯的开头，开门见山，直接揭示主题。我们在播送这类通讯时，要把听众的注意力一开始就集中到主题上，吸引他们非听下去不可。要做到这一点，播音员必须首先从全篇内容出发对主题有深刻的理解，被所报道的事件和英雄人物的言行深深感动，并联系当前形势和实际，准确把握宣传的针对性，激发起强烈的播讲愿望。这样，播音员才能在通讯的开头就有的放矢地贯注应有的激情，把主题鲜明地表达出来。

有的通讯又是一种开头。例如《人民的好医生李月华》，用倒叙的笔法，把李月华病危一事写在前面，交代出人物、事件、环境，表达出人民群众对李月华医生的爱戴，从而为刻画人物、展示主题做了铺垫。文章的开头是这样写的：

1971年8月31日。辽阔的淮北平原，长空碧蓝。安徽泗县丁湖公社的社员们，一早就踏着露水下地了。

突然，县医院的一辆救护车从公路上穿过，直向丁湖医院驰去。正在附近田里干活的社员们吃了一惊。出了什么事了？他们放下锄头，也跟着跑去。

救护车停在丁湖医院的门前，一个令人不安的消息迅速传开了：李月华医生的病危险了。

脸色苍白的李月华被抬上了救护车，送往县医院抢救。

许多人跟着车子追了好一阵。

人们焦虑不安地念叨着："月华啊，你可得好好地回来呀！"

这篇通讯不是按照事件发生发展的先后次序写的，而是先写后发生的事情，然后再从头至尾写事情的发生发展。我们要想处理好这种倒叙法的开头，就要在掌握全篇主题、深入分析内容的过程中，明确这一段衔接在后面什么地方，把事情发展的线索搞清楚，准确找到感情的根据，才能使开头和下面叙述部分的基调有机地统一起来，并表达出统一中的变化。

李月华，这个党的好女儿、人民的好医生，以顽强的毅力战胜了巨大的病痛，在持续高烧中为贫农女社员动完手术。由于过度劳累，她的病情加重，被送往泗县医院抢救。通讯开头一段就是从这里倒叙的。

深受丁湖人民爱戴的李月华医生的病危险了！丁湖贫下中农焦虑不安，他们怀着异常焦灼的心情追着急驰而去的救护车，急切地盼望着李月华医生好好地回来……

为什么丁湖人民这样热爱李月华？接着，通讯作者回过头来分五部分叙述李月华的一生。这些典型事例充分展示了李月华崇高的精神境界，刻划出在毛泽东思想哺育下成长起来的白求恩式医生的形象。同时也就说明了丁湖人民之所以这样关怀、热爱李月华的原因。

这篇通讯的开头采用了倒叙的写法，更能引人入胜，更有利于突出主题，激发起听众感情的共鸣。我们播这一段时贯注的感情是和丁湖贫下中农一致的，满怀对李月华关怀、热爱的感情，为她病危感到十分焦急，盼望着她快快好起来。开头的基调，就是由这样的感情决定的。由第一句"1971年8月31日"起，就要有分寸地贯注这样的感情。他的内在语是：这天早晨，李月华昏迷不醒，病情危急，人们纷纷跑来探望……如果不是这样开头，而是一见"长空碧蓝"四个字，就用一种轻松欢快的基调开始，那就不对头了。

从开头转入本文，基调有个较大的转变。为了使基调的变化统一起来，我们在播完"月华啊，你可得好好地回来呀！"可以设想，听众可能提出这样的问题，为什么丁湖人民这样热爱李月华？我们暗自回答，因为她是白求恩式的好医生，她毫不利己专门利人，是我们学习的榜样……这时再开始播本文第一部分的小标题："她做的好事俺们数不清。"跟听众的这种交流，可以帮助我们把开头和正文比较自然地衔接起来，使听众不感到突然。

### 三、解决"播得散"的问题

我们常常听到这样的反映：这篇通讯"播得散"，听来"一大片"，给人印象很淡。这是什么原因？

这种情况，有时是由于偷懒，没有严格按照播音的方法去分析、组织和掌握稿子内容。简单地说，这个方法就是，从文章的全局出发，逐段、逐句分析思想内容，准确把握主题。根据主题这条线，把内在联系紧密的自然段合并为几部分，每个部分又划分若干单位，把每个单位再划分出层次。然后分清主次，找出重点，掌握层次、段落之间承上启下的过渡句或过渡段的内在联系。用我们的行话说，就是穿成线，抱成团，连成片。只有认真做好这步工作，播时才能心中有数，从头到尾一条线，中心思想贯全篇，主次分明，重点突出。无论是评论，还是通讯，都要进行这项基础工作。不同的是评论之类的稿子是按照逻辑推理或问题性质来划分段落和层次的，通讯一类的稿子一般按照情节的发展或事件发生的先后来划分段落和层次。不同体裁，分段的方法不同。我们在分析一篇稿子时，要从不同体裁的具体情况出发，把各个自然段重新组合。重要的是在实践中坚持运用，越用就越熟练，越发尝到甜头。我的经验是：越是长篇通讯，越要在战略上藐视它的长，在战术上重视它的长，运用这样的方法逐句逐段分析、组合，一口一口地啃，把它的长转化为短，播出时又要用主题把它们贯穿起来，集短为长，一气呵成。这样才不会把一篇通讯播散。如果偷懒，糊里糊涂念两遍就去录音，自己脑子里一大片，层次不清，重点不明，那就必然会把稿子播散。

有的同志之所以播得散，还有其他种种原因。有的可能是习惯于播单词、单句，不善于掌握语句的内在含义来传达完整的概念或情节；有的可能是不注意段与段之间的内在联系，单独一段播得还完整，段与段之间却断了线；有的是从字面上追求色彩，在一些段落、语句上着意渲染，而忽略了整体的有机结合；有的只注意语气的灵活多变，忽视了基调的统一；还有的播音时间久，"油"了，稿件内容不再通过思想，语言定型，把播音当成机械活动。所有这些原因，都会把通讯播得松散。要解决这些问题，就得抓住主要矛盾对症下药。

## 四、解决"播得平"的问题

解决"平"的问题，首先要解决一个认识问题。有人认为宁可平点，也不要过火，平是扎实，过火是做作，听来难受。

这个看法有片面性，是为"播得平"找借口。抱着这种看法播通讯，就会束手束脚，不能大胆实践、勇于创新。是否可以这样说：既不要平，也不要过火，要分寸适当，恰到好处。"平"并不等于扎实，只有从内容出发，用切合内容的各种表达手段，准确、鲜明、生动地传达出通讯的主题思想，才能说是扎实。

也有人认为，通讯写的是真人真事，跟小说不一样，播得过了火，就失去真实性，所以宁可平点，不要花里胡哨的。

通讯不是文学创作品，必须真实，不允许虚构，要求准确、真实地反映现实。但强调真实并不等于生活的机械照相，而是反映生活的本质。例如《中国工人阶级的先锋战士铁人——王进喜》这篇通讯，就是真实、准确地写出了王进喜同志的一生。作者没有把王进喜同志生平事迹简单罗列起来，而是抓住铁人在革命斗争中一不怕苦、二不怕死的典型事例，充分展示英雄崇高的思想境界，使我国工人阶级先锋战士的形象，跃然纸上，栩栩如生，给人以深刻的印象。作者抓住这个本质，运用叙述、描写、议论、抒情等多种多样的表达手法，准确、真实、生动地反映出铁人形象和铁人精神。我们播送这样的通讯需要饱满的激情，也需要运用再现英雄形象的有声语言的多种多样的表达手法。有时为了渲染气氛，突出形象特征，在不违反真实性的原则下，适当的夸张也是必要的。

播音是一种再创造，不能脱离稿件的内容和体裁。播通讯和播小说有所不同，但也不是水火不相容地截然分开。从分析、理解稿件内容入手的方法是相同的，表达手段和语言技巧的运用虽有不同之处，但也可互相借鉴，不应局限在一个狭小的圈子里。借鉴要注意结合通讯的特点，不能生搬硬套。不管播什么，卖弄技巧，花里胡哨是要不得的，而怕过火，就不去掌握和运用多种多样的丰富多彩的语言技巧，使之准确地传达内容，只是满足于平平板板地念书式播音，也是不对的。

我们在播通讯方面，当前主要的问题是平，而不是过火。"宁可平点，不要过火"的想法应当解决。只要是从内容出发来运用语言技巧，就不要怕过火。即使过了火，也可以总结经验，加以纠正。通过实践找到更切合分寸的表达方法。怕这，怕那，"怕"字当头，是不会有所突破，有所创新的。要解放思想，大胆实践。

认识问题解决了，还要解决具体问题。这里提出几点意见共同探讨。

解决"播得平"的问题，首先要解决感情问题。播音员具有饱满的无产阶级感情，是播好一篇通讯的关键。播音员在播通讯时，要设想置身于所描绘的情境和事件之中，设身处地去体会，去参与，不能做站在一旁、无动于衷的旁观者。要满怀激情，想英雄所想，急英雄所急，恨英雄所恨，爱英雄所爱。抱着向英雄学习的强烈愿望，做到在思想感情上同呼吸，共命运，息息相通，心心相连。这样才能把全篇通讯播得生动感人。只有当稿件内容所需要的爱憎分明的真实感情产生时，才能在播出的语调中自然流露出来；只有播音员自己被稿件内容深深感动时，才能使传达的内容感动听众。

例如：通讯《铁人王进喜》第一部分中的前五个自然段，组成第一个单位，说的是铁人王进喜初到大庆，是怎样想的，怎样说的，怎样做的。通过对英雄人物的语言、行动和心理描写，鲜明地刻画了铁人粗犷、豪迈的性格，表现了我国工人阶级自觉为国家承担压力的雄心壮志和英雄气概，揭示了铁人王进喜一不怕苦、二不怕死的思想基础。同时，作者根据主题的需要，在这里插叙了王进喜同志幼年和少年时受尽剥削和压迫的苦难遭遇。阶级苦、血泪仇，成为铁人为革命一不怕苦、二不怕死，爱憎分明的刚强性格的阶级基础。这是作者赋予这个单位的任务。它为展示铁人精神这一主题服务，担负着表现主题的部分，并为主题所统帅。

在这个单位里，英雄王进喜想的是：作为石油工人，要自觉地为国家承担压力。党中央、毛主席的号召，工人阶级的高度责任感，是他的力量的源泉。我们播时，这条思想的线不能断，要和英雄人物想到一处去。

英雄王进喜急的是：要尽快甩掉石油落后帽子，让国家摆脱缺油的困难，把国家建设得强大起来。我们播时，也要使自己产生为国家缺油而着急，尽快拿下大油田的急切心情。

英雄王进喜恨的是：帝国主义者和反动的地主、资本家。我们播时，要跟英雄人物一样，恨他之所恨。

英雄王进喜爱的是：伟大、光荣、正确的中国共产党，人民领袖毛主席，亲人解放军和同甘苦、共患难的战友。我们播时，要跟英雄人物一样，爱他之所爱。

当然，英雄王进喜之所想、所急、所恨、所爱的思想感情是贯穿全篇的，不是仅仅体现在一段、一个单位或一部分。这条感情的线从头到尾具体地贯穿于字里行间。只有在反复深入分析全篇之后，才能具体地感受到并掌握住。如后面一段心理描写，写出在关键时刻，铁人王进喜见到亲人解放军的深厚的感情。还有当王进喜出席三届人大见到毛主席时，作者用间接抒情的笔法表达了王进喜对毛主席无限热爱的真挚感情。

毛泽东思想是培养他成为胸怀祖国、放眼世界的无产阶级先锋战士的根基。我们学英雄，就要学到这个根本上。我们在分析理解全篇内容和主题思想的基础上，就是要激发起向英雄学习的强烈感望，跟英雄息息相通的思想感情，进而联系当前形势，产生宣传英雄事迹、刻画英雄形象的强烈播讲愿望。

解决"平"的问题，要对通讯中的具体人物做具体分析，准确掌握英雄人物的性格特征，下功夫加以刻画。

通讯中的无产阶级先进人物的形象都具有一定的典型意义，每个英雄形象既是典型，同时又有鲜明的个性，达到了共性和个性的统一。我们分析通讯中先进人物形象时，既要掌握英雄人物的本质，又要通过典型事件、典型情节的分析，掌握英雄人物的性格特征。例如，铁人王进喜和人民的好医生李月华，都是社会主义时代英雄谱上高尚的人，他们的本质是相同的。如对党、对毛主席的忠诚；高度的阶级觉悟；对同志、对劳动群众深厚的阶级爱；对一切敌人强烈的阶级恨；崇高的革命理想和顽强的革命斗志，等等。但是，因为他们所处的具体环境不同，出身、经历、教养、气质不同，性格特征也各不相同。铁人王进喜的性格特征是：粗犷豪迈，严细刚强。李月华的性格特征是：热情朴实，勤恳坚定。

不同的典型事件、典型情节反映出英雄人物不同的性格特征，赋予全篇通讯以不同的内在节奏。播音员只有牢牢掌握这一点，才能把英雄人物的形象树立起来，而不会把每篇通讯播得雷同，一道汤，一个味儿。

解决平的问题，还要处理好通讯中景物描写和英雄人物的思想感情的关系。通讯中的景物描写，是为抒发英雄人物的思想感情服务的。情和景的关系是辩证统一的。一方面，英雄人物的感情是一定的斗争环境的产物；另一方面，景物的描写和环境的渲染又是为刻画英雄人物提供典型环境，是为揭示英雄人物的内心世界服务的。因此，我们在播通讯时，不能把景和情分开，不能为描景而描景，而要使描绘景色为表现主题思想和揭示人物的思想感情服务，达到寄情于景，以景衬情，情景交融。

例如："1960年4月14日。当一轮红日从东方升起，巍然的井架披上金色霞光的时候，井场上一片繁忙，王进喜大步跨上钻台，握住冰冷的刹把，纵情地大喊一声：'开钻了！'这声音威武雄壮，气吞山河！正像王进喜在一首诗中所写的那样：'石油工人一声吼，地球也要抖三抖！'"

这段景物描写，是用来烘托英雄人物的高大形象的。播时要抓准关键词语（"红日""金色霞光""一片繁忙"）体现铁人王进喜豪情满怀的感情，跟后面他那豪迈的行动（"大步""握住""纵情"）和气吞山河的呼喊（"开钻了"）结合起来，使景色描绘起到展现英雄人物的革命精神的作用。在这一段里，对表现铁人王进喜的英雄气概有突出作用的词语是"开钻了"三个字。无论是描写、叙述还是作者的议论，都围绕着这一声纵情的呼喊展开。因此，"开钻了"三个字要表达出"地球也要抖三抖"的气吞山河的豪情。以这样的情来带这一声"开钻了"才能比较准确地传达出王进喜和战友们向大庆油田开第一钻的豪迈心情。这声呼喊表达好了，在它前后抒发的激情才有依据。为使语言形式符合这一气势，采用虚实结合的表达方法，即：前两字播得稍实，后一字略虚，用拖腔较为贴切。是否如此，可以试试。

解决平的问题，还要建立在具体、深入地分析稿件的基础上，从情节的发展和内容的起伏出发，找到确切的抑扬顿挫的表达手段。文章的起伏是由矛盾引起的，没有矛盾，就没有起伏，分析时要抓住矛盾。在播通讯时，语言技巧的运用，是根据情节和人物思想感情的发展变化决定的。我们要学会掌握语言技巧的辩证方法：语调的高与低，速度的快与慢，声音的强与弱，都是对立统一的两个侧面。没有低，就没有高；没有慢，就没有快；没有弱，就没有强。不要片面地认为只有高调、快速、强音才能表现激情。这要看稿件的内容，在规定的情境和一定的条件下，激情恰好要用低调、慢速来表达。总之，要从内容出发，使语言技巧为传达稿件的思想内容服务，使声音的强弱、语调的抑扬顿挫要同稿件内容的波澜起伏相吻合，达到"革命的政治内容和尽可能完美的艺术形式的统一"。这种统一的程度越高，主题思想表达得就越深刻，英雄人物的形象就树立得越丰满，播音的感染力也就越强。当然，这并非一日之功，需要经过长期锻炼和反复实践才可以达到。

通讯是常见的一种新闻体裁。一篇好的通讯，对人民有极大的鼓舞和推进作用。它在反映当前的革命斗争，表现先进人物的战斗风貌，在宣传马列主义、毛泽东思想等方面，起着重要的作用。我们一定要千方百计解决当前播通讯存在的"平""散""进不去"的问题，让每一篇通讯都发挥出应有的战斗作用。

通讯的种类很多，各有各的特点，内容不同，形式、风格不同，表现主题思想的手法也不同。播音员要想准确、鲜明、生动地表达各类通讯的主题思想，就必须从内容出发，学会对于具体稿件进行具体分析的方法，才能找到切合稿件内容和风格的表现手法。没有分析，就没有区别；没有区别，就没有创造。我们播音工作的创造性就在这里。

值得注意的是，我们播音员对于写得好的通讯往往十分重视，而对于多数写得并不那么出色的通讯，却重视不够。其实，一般的通讯，因为写得较平或较散，更要加倍重视。我们经常碰到的是大量的一般水平的通讯，对于这些通讯，更要用气力，通过我们的再创造，使之增色，以争取更多的听众，产生较大的宣传效果。

我们播音员是党的宣传员，我们应当有高度的革命责任心，在业务上刻苦钻研，一丝不苟，千锤百炼，精益求精，不断提高播音水平。那种一锤子打出个高水平的想法是不实际的，必须扫除干净。想走捷径，怕用气力，是不可能播出高质量的节目来的。

对于具体稿件进行反复深入的具体分析，是要用气力的。回顾一下，我们在准备和传达稿件的过程中，是不是任何时候都是从内容出发，用气力地进行反复深入的具体分析呢？是不是有时也从"个人爱好""个人感情""个人灵感"出发？这些可以说都是属于从自我出发。脱离内容耍弄声音技巧，以不变的腔调应万变的稿件，模仿别人的语调，起伏变化随心所欲，等等，可以说是属于形式主义和自然主义之列。无论从自我出发，还是从形式主义和自然主义出发，都是最省力的，都是属于"非人民大众非无产阶级的创作情绪"，容易滑到唯心主义和形而上学方面去。

播音工作是党的广播宣传事业的一部分，是一种再创造活动，因此，必须开展两种世界观、两种创作观的斗争，扫除"非人民大众非无产阶级的创作情绪"，发扬无产阶级的创作情绪，提倡马克思主义的创作精神。这是我们共同努力的方向。

（1973年在"在职播音员学习班"上的发言）

# 感情真实有分寸
## ——播通讯的点滴体会（二）

在这次学习班中，经过研究讨论和经验交流，我受到不少启发。现在扼要地谈三点体会：第一点，抓准主题贯全篇；第二点，感情真实有分寸；第三点，基调统一有变化。

## 一、抓准主题贯全篇

究竟怎样才能准确地把握一篇通讯的主题呢？

播音员拿到一篇通讯后必须用马克思列宁主义、毛泽东思想的立场、观点和方法进行分析，不能就事论事。这样，才能透过现象把握住本质，才能准确地掌握主题。如果播音员不能正确地理解这篇通讯的主题或者产生了和这篇通讯主题背道而驰的想法，那就不可能用正确的态度和基调来播送这篇通讯。所以，我们必须学会用马列主义、毛泽东思想的立场、观点和方法去分析稿件，不能站在资产阶级、小资产阶级的立场去分析。只有正确地理解主题，才能准确地表达主题。

要准确地抓住一篇通讯的主题，必须逐段、逐句、逐字进行深入的分析。就拿《人民的好医生李月华》这篇通讯来说，这篇通讯共分五部分。其中第二部分，即"做医生就要学习白求恩"比较集中地体现了主题。那么，在第二部分中我们首先抓住的是什么？我觉得首先得抓住李月华是怎样学习领会毛主席的教导的，是怎样按照毛主席的教导去做的。体现在这篇稿件中的毛泽东思想就是《纪念白求恩》一文中的"白求恩同志毫不利己专门利人的精神，表现在他对工作的极端的负责任，对同志对人民的极端的热忱"。如果不用毛主席的这个观点去分析《人民的好医生李月华》这篇通讯，那就不可能准确地把握住这篇通讯的主题。李月华在她短短的一生中，在她的一言一行中，是按照毛主席的教导去做的。所以这是一条主线。抓住这条主线来进行分析，我们就知道从十六岁就走上医疗岗位的李月华，是在毛泽东思想哺育下成长起来的，两个"极端"的思想武装了她的头脑，为人民救死扶伤是她行动的指南，毛主席号召学习的白求恩是她心目中的榜样。

从"她做的好事俺们数不清"，直到后边几部分都贯穿了这个思想。为贫下中农服务，在技术上还达不到要求时，她就认真学习白求恩精益求精的精神去掌握技术；当贫下中农产妇需要抢救时，她又以顽强的毅力战胜自己的病痛去抢救贫下中农的生命。"做医生就要学习白求恩。"这是李月华经常说的一句话，是她一生的座右铭。李月华是执行毛主席在《纪念白求恩》中教导的模范；是对同志对人民极端热忱，对工作极端负责，对技术精益求精的模范；是一个不愧为白求恩式医生的共产主义战士。她值得我们革命队伍中的每一个同志永远怀念和学习，她那毫不利己专门利人的共产主义精神，永远激励着千千万万人奋勇前进。这就是这篇通讯的主题。

分析一篇描写英雄人物的通讯，准确地把握住主题，把英雄人物的优秀品质提到无产阶级本质来认识，就能激发我们学习英雄，转变世界观的决心。因此，分析、理解、掌握主题的过程，就是我们向英雄人物学习的过程，就是提高我们思想觉悟的过程，也就是今后我们应当走的道路。

我们播人物通讯的时候，在抓准主题的过程中，要解决我们自己的思想感情和英雄人物思想感情之间的差距，这个差距越缩小，我们对英雄人物的歌颂、塑造才能越丰满。准确地理解主题是第一位的。只有在准确理解的基础上，才能够表达得鲜明、生动。离开主题去追求外在的生动，那只是为生动而生动，达不到应有的宣传效果。

我们要从每篇通讯的具体实际出发来分析主题，不能脱离它的具体实际空讲道理，空谈观点，或者不作分析就先下结论。侧重于写人物的通讯，要对所写的具体人物进行具体分析，从分析中概括出先进阶级的崇高思想，提炼主题。对于通讯中的人物进行分析时，要抓住人物在解决主要矛盾中的作用。我们拿《人民的好医生李月华》这篇通讯的第四部分"把自己的一切献给人类的壮丽事业"做例子。这部分是发展、深化主题的高潮，也是全篇通讯的高潮。我们来分析一下，李月华碰到了什么主要矛盾。她碰到了这样的情况：贫农女社员邓彩霞生下了小孩之后胎盘下不来，大量出血引起虚脱，病情十分危急。丁湖医院能做胎盘剥离手术的只有李月华一个人，而李月华持续高烧41°已经三天，要抢救邓彩霞，自己又起不来床，怎么办？她怎么解决这个矛盾？这里我们就要分析人物的行动和语言。她在病倒的前一周，交了入党申请书，向党组织提出保证，以共产党员的标准要求自己，把自己的一切献给人类的壮丽事业，为共产主义奋斗终身。这是英雄人物的豪言壮语。这豪言壮语不是空的，是体现在行动中的。李月华连续高烧的第三天来了产妇，而且病情越来越危急。李月华说"救病人要紧"，强撑着起床，从宿舍到门诊室20米，接连呕吐了三次……李月华倾注全部精力为贫农女社员做了胎盘剥离手术，汗水沿着她的发梢往下流，全身都湿透了。做完手术，又给产妇做了检查，然后昏了过去。苏醒过来以后，马上又说："等一等，我再观察一下。"回到宿舍，她的心还在产妇身上，打什么针可以防止感染，她都做了交代。生命垂危的时候，她说："等我的烧退了，就去接你的班。"从上述人物的行动和语言，我们可以看出她是用怎样的顽强毅力，用怎样的革命精神战胜了自己的病痛，去抢救贫下中农的生命。英雄人物李月华就是这样用"毫不利己，专门利人"的白求恩精神解决她所面临的矛盾。这是一条贯穿她的言行的主线。我们就是要抓住这条主线来描绘英雄人物的风貌。

那么，为什么李月华能解决这个主要矛盾呢？因为她认真学习领会毛主席的教导，时刻用共产党员的标准来要求自己。"做医生就要学习白求恩"是她一生的指导想想。这是她之所以能解决矛盾的内因。从阶级地位和社会环境的影响来分析，童年时的苦难就把她和贫下中农的心连接在一起。她知道，贫下中农多么需要自己的医生。"把医疗卫生工作的重点放到农村去。"

李月华正是遵照毛主席的教导生根在农村，成为贫下中农深深爱戴的好医生。贫下中农给予她的教育，给予她的影响，是外因。而外因是通过内因起作用的。李月华所以能正确解决面临的矛盾，我们从这里可以找到充分的根据。

另外，在分析稿件时，还要注意作者对人物的评价如何，作者用什么样的感情评价人物，哪些是作者议论和抒发感情的地方。

如：李月华从宿舍到门诊室，接连呕吐了三次，才走完了这20米。作者是怎样评价的？用什么样的感情评价的？"李月华艰难地走着，轻轻地摇摇头。"作者评价说："她以顽强的毅力走完了那20米——这是不能用普通尺子衡量的20米，这是她生命途中光辉的20米！"这里，作者满怀对李月华崇敬的心情和深厚的爱说出了这样的话。我们播到这里的时候，只有激发出和作者同样强烈的感情，对英雄行为的深切崇敬，才能唤起听众的共鸣，产生感人的力量。

侧重于记事的通讯，要从分析事件入手，细致地分析事件的来龙去脉，前因后果。也就是说，要抓住通讯的主要矛盾和矛盾的主要方面来进行分析，挖掘出解决矛盾的规律。这样就可以准确地把握住记事类通讯的主题。

## 二、感情真实有分寸

播一篇通讯，要想把主题贯穿于全篇，就要靠播音员准确地把握住主题以后，用跟作者一致的、合乎分寸的、对人物和事件的真实感情来传达。只有深入具体地分析稿件，准确地理解和掌握主题以后，才会产生真实的感情和正确的态度。同时我们要了解这篇通讯在现在播发的意义，跟当前形势的关系以及它的针对性。从而产生积极的播讲愿望。真实的感情（我们这里说的是无产阶级感情），不是用声音制造出来的。常常有这样的情况。对一篇通讯，没有认真深入地进行分析，没有很好地抓准主题，而是使劲扯开嗓子光用声音播，实际上这样并不能把通讯所要求的内在感情表达出来。真实的感情要求分寸合适，恰到好处，不能随心所欲。

拿《人民的好医生李月华》这篇通讯来说，如果我们没有正确地、深入地理解和掌握住主题，而是表面上一般化地去理解，以非常惋惜、非常沉痛的感情悼念李月华，播音员如果陷入这种感情而不能自拔，那么根据这种感情确定的基调，就不会符合稿件的中心思想的要求。这篇通讯的开头是一段插叙。这段插叙，主要是表达贫下中农对李月华的深厚感情。贫下中农一听说李月华病危了，多么焦虑，多么关怀，多么着急呀。"月华呀！你可得好好地回来呀！"这句话的感情分寸要求表达出贫下中农焦虑不安的心情和急切盼望李月华治好病的心愿就够了。如果表达得不够，贫下中农热爱李月华的心情就表达不出来；如果表达过了，就会让人感到李月华已经不在了。实际上，这时李月华并没有死，只是病危了。所以这里的感情分寸要掌握好。感情要真实，还要有分寸。感情的分寸，随着事件的发展还要有层次。例如，我们分析过的第四部分中，"等我烧退了，就去接你的班。……谁料到，这句话竟是她最后的遗言……"如果播到这个地方我们竟悲痛得不能自制，到后边，李月华的病情急剧恶化，以至最后光荣殉职，就不好表达了。所以，感情要随着传达内容的层次而发展、深化。播音员的分寸感对播好一篇通讯起着相当重要的作用。这是不容忽视的。

### 三、基调统一有变化

基调，也就是表达主题的基本语调。当我们找准了主题，有了正确的感情、态度来传达主题以后，就会形成播这篇通讯的一个统一的基本语调。这一点正是播通讯所要求的。还拿《人民的好医生李月华》做例子。我们通过对这篇通讯的分析、理解，对英雄人物的革命精神、思想境界，有了深入的体会，那么我们就要从头到尾满怀激情地来歌颂李月华，从而激励千千万万人来学习李月华。这是我们播这篇通讯的一个基调。当我们播到李月华逝世时，当然是很沉痛的。但是，这种沉痛的感情也不能离开统一的基调。沉痛不是目的。通过对李月华先进事迹的宣传，从她身上看到白求恩式的英雄形象，激发起我们向她学习的强烈愿望，这才是我们播这篇通讯的目的。也就是说，当我们准确地掌握了主题并且经过通篇的分析，把主题贯穿于全篇，同时对人物和事件我们也产生了正确的感情和态度，在这样一个基础上就会产生正确的语调，基本的语调。所以，语调的形成主要是取决于播音员的思想和感情，而不能捏造或模仿。

播一篇通讯时，要有统一的基调。在统一的基调上有多种多样的变化，用以表达感情，表达通讯的思想内容。既要注意语气的灵活，又不要忘记语气的统一。语气变化而不统一，没有统一全篇的基本语调，就会杂乱无章。就会给人以支离破碎的感觉。语气统一而无变化，就会形成铁板一块。所以，统一中要有变化，变化要服从统一。

我听说有这样的说法："我们准备稿件没那么多时间，有时稿件一遍也没看就拿去录，或者有时只能看一遍。"有的说："稿件一遍也不看就能播好，这才是本事。"我不相信一遍稿也不看就能播好，这种"天才"恐怕是没有的。我们播音员如果不在稿件上下功夫，不养成分析的习惯，不按照正确的创作方法去掌握稿件，一遍不看就能播好稿子，这是不可能的。我觉得这里的根本问题在于怎样对待播音工作，是把自己当成党的宣传员，还是把播音工作看成是纯技术性的工作，或是看作传声筒，认为有点文化、会说普通话就可以工作。当然，也可能稿件发不出来，备稿时间紧。越是这种情况，越要准确、及时地把稿子播出去。掌握播音的基本原则和方法，养成分析习惯，把创作的路子走对，即便是在时间很紧的情况下，看一遍稿子也能抓住主题，正确地掌握应该贯穿的感情和态度，找准基调。如果不这样做，即使看上十遍、八遍也不会处理好，听起来仍是千篇一律。因此，我们必须端正创作态度，用马克思主义的创造观来指导我们的实践，避免走入形式主义和自然主义的歧途。

（1973年在"在职播音员学习班"上的发言）

# "让诗插上翅膀在高空中飞翔"
## ——朗诵《古罗马的大斗技场》

我喜欢艾青的诗，从学生时代就喜欢读他的诗，是他的《火把》照亮了我探索真理的路。

新中国成立后，我仍然是艾青诗歌的忠实读者，而且又是他的诗的积极朗诵者。20世纪50年代，我朗诵过《一个黑人姑娘在歌唱》《在世界的这一边》……"我们的艰苦和英勇举世闻名！"这铮铮的诗句一直萦回心怀。但从1958年起，我就读不到他的诗了。我和广大读者一起，等了他二十年，找了他二十年。

终于，1978年春天我找到了他。艾青又回来了！他重新发表了《鱼化石》。此后，我噙着泪读他的新作，等待着，寻找着朗诵他的作品的机会……

1981年3月14日，北京图书馆主办报告会，艾青同志应邀去讲诗歌创作，约我去朗诵他的长诗《古罗马的大斗技场》，我欣然答应了。

当我初读这首诗的时候，一读进去，就由衷地爱上了它。在艾老前几年发表的长诗中，我最喜爱这一首。诗人写的是遥远的古罗马历史，但却离我们是那样的近。读着，读着，我就联想到"文化大革命"，联想起林彪、"四人帮"的种种罪行和人民对他们的严正判决……

朗诵这首长诗，对我来说，难度相当大。我不愿囿于一般化的理解和表达，也不愿止于泛泛的联想，我想用一种发自内心的真实感受去探索诗人的心灵和作品的真谛。

于是，我把过去保存的艾老的作品和言论，别人对诗人及其作品的评介再一次仔细阅读，连那些假"左派"的"文章"也找来翻了一遍，力求对诗人的坎坷经历、思想感情、创作观点、艺术风格等有个比较全面的了解。为了形象、深入地理解《古罗马的大斗技场》的思想内容，我重读了意大利作家乔万尼奥里描写奴隶起义的长篇历史小说《斯巴达克思》。

这时，我才觉得更接近了诗人的心。诗人说的是人民心里的话；唱的是人民心中的歌。从诗人的心，看到诗人那鲜明的个性；从古老的历史，看到一个现实的世界。

诗人是通过形象思维来表达思想感情的，朗诵者的思维活动也要始终伴随着形象展开。朗诵者没有形象思维的活动，是难以传达诗的深远意境的。当我通过想象和联想，把诗人提出的"以别人的生命作为赌注的就不可能得到光彩的下场"，作为贯串全篇的一条主线，并寓于鲜明生动的形象中时，才开始背诵并出声诵读。我把全诗融化在心里之后，访向了艾青同志，当面给他朗诵了一遍，并把我对这首诗的理解讲给他听，艾老含笑不住地点头。在同他的谈话中，我得到了更多的启示。"在当今的世界上，依然有人保留了奴隶主的思想，他们把全人类都看作奴役的对象，整个地球是一个最大的斗技场。"我对这诗句的内涵有了更深一层的理解。诗人从历史的教训中，从满腔深沉的悲愤中，发出这警世之言，不是为了别的，是希望人们苏醒起来，向一切罪恶宣战。

登台朗诵前，一股喷薄欲出的激情在我胸中奔涌，只需要一颗点燃激情的火花。这时，艾老作完报告，走到群众中间坐下了。突然爆发了一阵掌声。"我们的诗人回来了，他永远和人民在一起，人们欢迎他！人们多么盼望听到他的诗啊！"这场景，这心情，就是那颗点燃起激情的火花！我扔下背诵用的卡片，稳步走上台去，一气呵成，成功地朗诵完长诗《古罗马的大斗技场》。

3月27日，是个难忘的日子。我复制了报告会的盒式录音磁带，给艾老送去。这天正逢他72岁寿辰，我把一块栩栩如生的鱼化石送给他，表示祝贺。艾老很高兴，签名赠我两本诗集，并题字"让诗插上翅膀在高空中飞翔"。

是的，愿我们的朗诵与播音给艾老和所有诗人的优美篇章插上金色的翅膀，在五洲四海飞翔，为我们的生活带来美，带来阳光。

（1988年3月）

我的命运和中国人民、中国共产党、中华人民共和国的命运紧密地联系在一起，这就是我引以为豪的原因。

如果我的一生能从头开始，让我重新选择职业的话，我还要选择做中国人民的播音员，做中国共产党的传声筒。

# 向最可爱的人广播

（附：中国人民志愿军崔鲜疆同志的信）

（女声）请朝鲜战场上甘岭前线中国人民志愿军某部通讯员崔鲜疆同志注意，您在11月15号写给本台播音员齐越的信，他已经收到了。您在激烈的战斗中，关心祖国的建设、关心祖国人民的幸福生活的热情使我们非常感动。齐越同志给您写的回信，已经寄到朝鲜前线去了。现在，由齐越同志播送这封回信的原稿，请您注意收听。

（男声）敬爱的鲜疆同志：

您从上甘岭前线寄来的充满热情的信，深深地感动了我，也感动了和我一起工作的同志。我们兴奋地互相转告着："上甘岭前线最可爱的人来信了！"于是，更多的同志纷纷跑到我这里来，争着看这封信。我们大家围在一起，眼里含着激动的泪水，高声地、一遍又一遍地读着您的来信。后来，我们把您的信登在墙报上，刊载在编辑部的业务通报里。

亲爱的同志！当我给您写回信的时候，许多英雄的形象在我的面前闪耀着光辉。马特洛索夫式的英雄黄继光、杨根思式的英雄孙占元、董存瑞式的英雄王万成等都是我学习的榜样。对于那些在反对美国侵略者的斗争中光荣牺牲的烈士们，我和全国人民一样，都用最崇敬的心情悼念着他们。他们是不朽的啊！

亲爱的同志！我的贫乏的语言表达不出我对你们的深深敬意，让我在这里重复作家魏巍对你们的歌颂：你们是历史上、世界上第一流的战士，第一流的人！你们是世界上一切善良的爱好和平人民的优秀之花！是我们值得骄傲的祖国之花！我们以我们的祖国有这样的英雄而骄傲，我们以生在这个英雄的国度而自豪！

亲爱的同志！最近，第二届赴朝慰问团已经回到祖国，正在各地报告你们的英雄事迹。从14号到19号的六天里，他们在中央人民广播电台向全国广播。这将大大鼓舞祖国人民生产建设的热情，加强抗美援朝的必胜信念。我是在祖国的无线电广播台工作的，我知道我担负着重要而光荣的任务。为了更好地联系群众、深入实际，为大规模的建设服务，最近我们召开了第一次全国广播工作会议。通过这次会议，我们的广播事业将要进一步发展，我们的编辑和播音工作的质量将要进一步提高。请告诉朝鲜前线的同志们：再接再厉地英勇战斗吧！我们一定要好好地向全国、全世界广播你们的英雄事迹，让朋友们欢呼，让敌人颤抖！

亲爱的同志！我会永远记住您。每当我走进播音室开始播音以前，我就想起您冒着夜晚的风雪，在炮火中翻过一个山岗，跑到收音员那里听广播的情景：每当我播音完了的时候，我就想到您和您的战友们正在谈论着祖国的一切，兴奋得睡不着觉……同志啊！你们给了我无穷的力量，我要努力学习你们的爱国主义和国际主义精神，做好本职工作。

我殷切地期待着那一天——最后胜利到来的那一天，我和我的同志们将有这样的好运气：首先向全国、全世界宣布这个胜利的消息。我还热烈期待着在祝捷大会上见到您。

希望今后常常通信联系。紧紧握手，并致胜利的敬礼！

中央人民广播电台播音员

齐越

12月15日

（女声）刚才是齐越同志朗读的他写给朝鲜前线中国人民志愿军某部崔鲜疆同志的回信。

（中央人民广播电台1952年12月15日播出）

附：

## 中国人民志愿军崔鲜疆同志的信

亲爱的齐越同志：

我和你虽然没有见过面，可是，你的名字是我所熟悉的。你的声音是我最喜欢而又经常听到的。远离祖国的我，是多么想了解祖国的一切啊！你就是经常给我们介绍祖国情况的人。我们当然热爱你。我们这里虽然战斗是频繁的，工作是紧张的，但我们每晚都要挤出时间来，翻过一个山岗，跑到收音员那里，听听来自祖国的消息。听完之后，应该休息了，可是我们总是兴奋地谈着祖国的现在，想着祖国美好的未来，这一切都鼓舞着我勇敢地战斗下去。

当我们在上甘岭战斗中取得了重大胜利的时候，祖国人民派来了慰问团，给我们带来了很多慰问品，带来了祖国人民热爱志愿军的心。这些都使我们太激动了。我们没有别的，只有更加勇敢地战斗，歼灭更多的敌人，争取抗美援朝的彻底胜利，来回答毛主席和祖国人民的关怀。

此致

敬礼

中国人民志愿军某部

崔鲜疆

（1953年1月15日《人民日报》）

# 在废墟上重建起来
## ——访平壤医科大学医院建筑工地

11月13日，一个雪后寒冷的早晨，我们怀着崇敬的心情，越过雾气弥漫的大同江，到东平壤去访问平壤医科大学医院的建筑工地。平壤医科大学是朝鲜规模最大的一所医科大学，全校有一千多名学生。在战争最困难的年代里，他们都出色地完成了国家交给他们的任务。有2人获得二级国旗勋章，5人获得三级国旗勋章，1人获得自由独立勋章，15人获得功劳勋章，还有很多人获得军功章。战争结束后，他们又用自己的双手重建自己的学校。

我们一到那里，二级国旗勋章获得者韩哲副院长，就像接待老朋友一样，跟我们畅谈起来。他说："国家规定的任务是：从10月21日动工，到11月底以前盖好90间房子。可是，我们的计划是要在11月20日以前就盖好150间房子。"完成这样的任务是有困难的：参加建筑工作的130人当中，除了一个木匠外，没有一个人懂得建筑技术；建筑工具只有60多件；没有任何现成的材料，一根木头，一块砖都要从废墟中挖出来。可是，这些困难算得了什么呢？不懂技术就向工人、农民学习，没有工具就用自己的两只手来创造。到我们去访问的时候，他们已经盖好了120间新房子了。

韩哲副院长首先带着我们看了被美国飞机炸毁的医院大楼。在那里，中国人民志愿军的同志们正在进行清理。他们把钢筋废铁搜集起来，准备自己修建一个铁匠炉来铸造工具，重建楼房。明年春天，这幢可以收容一千个病人的三层楼房就要重新矗立起来。

离破烂不堪的楼房不远，透过逐渐消散的晨雾，可以看见一座座新盖起来的平房和一些建筑架，劳动的歌声像温暖的气流一样从那儿飘荡过来。

在一个积满雨水的大炸弹坑旁边，几个身穿单薄衣裳的年轻姑娘，正赤着脚站在泥坑里和泥。韩哲副院长指着其中的一个说："这位姑娘叫韩贞淑，是贫农的女儿，今年才19岁。她是我们医院的模范护士，民主青年同盟模范盟员。战争时期曾经两次在敌机轰炸下抢救出32个伤员，在五个月内输血1250CC救活了六个重伤员。她简直不知道什么叫疲倦！现在，她用和战争时期一样的坚韧精神，从事建设工作；她领导的工作组，已经成为模范工作组了。"

韩哲副院长从砖堆上拿起一块破砖头说："我们没有一块完整的砖，就用这些碎砖盖房子。就是这些碎砖在附近也找不到了，要到两里地以外的废墟上去挖呢！"他指着那一队背着砖走过来的妇女说："前面那个瘦瘦的妇女叫金贞烈，今年已经45岁了，是四个孩子的母亲，忠诚的劳动党党员。别看她上了岁数，干起活来可一点也不比年轻人差。挖砖挖得腰痛，两只手也肿了，有时顺着指甲缝流血，可她一声也不吭。"

我们把一张毛主席的相片送给她。她郑重地接了过去，眼里含着泪说："虽然我们的语言不通，我们的心可是相通的啊！请把我们心里的谢意带给毛主席和中国人民……"

韩哲副院长领着我们往前走了几步，站在一个刚刚搭了一半的建筑架旁边，拍着一个黑胡子老汉的肩膀对我们说："都是一个样儿啊！这是老木匠崔正河同志。前几天他抬木头碰掉了一颗牙，脸也砸肿了，让他休息一下，可说什么他也不肯。在他的带头和指导下，15天里就搭好了120间房子的建筑架，还培养出一大批建筑工人呢！"我们走过去跟崔正河同志紧紧握手。看见他的半边脸还肿着，我们向他表示慰问。他笑着说："没有什么，请告诉中国人民：我们不会辜负你们的帮助和期望，我们要用劳动创造幸福！"

韩哲副院长领着我们在这小小的工地上走来走去，滔滔不绝地讲述着他所熟悉的每一件事，他所热爱的每一个人。这里，年轻的姑娘和年老的母亲站成排，唱着歌，用双手把泥团从这边传到那边，再传到房顶上，最后，由一个穿白上衣的姑娘接过去，把泥迅速地抹在高粱秆铺成的房顶上。

韩哲副院长向那个穿白上衣的姑娘招呼说："喂，尹滋妊同志，小心一点，可别摔下来！"随后转过头来对我们说："一个星期前，这个姑娘给一位在建设中受重伤的人民军战士输了200CC的血，组织上发给她1500元的补养费，让她休息几天。可是她呢，把1500元全都交了党费，还是跟往常一样地坚持工作。她说：'我是劳动党党员，我早已宣誓把自己的青春和生命献给党，当国家和人民需要的时候，我是毫不吝惜的。'你们看这个姑娘真是……"

韩哲副院长的话没有说完，那边走过来一个拄着拐杖的人接下去说："真是个好姑娘！可也别忘记向中国朋友介绍我们那些医生同志啊，拿听诊器的手学会了砌墙打炕，外科医生李汉宇一天能打四个炕！"

经韩哲副院长介绍，我们才知道这位被炸断一条腿的瘦小的中年人，就是平壤医科大学医院院长金秉基同志。

金秉基院长指着面前新盖起来的一排排房屋，微笑着向我们说："靠着这些同志的辛勤劳动，50户职工家属，不久就可以搬进这些新房子过冬了。明年春天，我们要在房子前面栽上树，种上花，铺上草地，把那个积满水的大炸弹坑也修成一个漂亮的池塘，里面养上鸭子……"

当我们跟这些可爱的朝鲜朋友握手告别的时候，我们再一次向这些坚强、乐观的人表示敬意。韩哲副院长谦逊地说："我们都是平凡的人，做的也是一些平凡的事。但是，我们是劳动党和金日成元帅领导、教育下的人民，我们的力量和智慧是无穷的，任何困难都阻挡不住我们前进。"

（《人民日报》抗美援朝专刊1953年第152期，中央台《全国各地人民广播电台联播节目》摘要播出）


# 祝贺与希望
## ——全国首届播音学术讨论会贺词

作为播音战线的退役老兵，我衷心祝贺全国首届播音学术讨论会的召开，预祝大会圆满成功。

建国以来，开过两次全国性的播音会议。一次在1955年3月，一次在1981年8月。这两次会议对播音业务的发展，都起到了很大的促进作用。但不足的是多限于经验交流，较少理论研究。随着人们对播音工作认识的加深，随着播音实践经验的日益丰富，全国各台、站的同行们在努力提高播音质量的进程中，广泛地开展了业务研究、经验交流、理论探索和队伍建设的讨论。研究范围不断扩大，学术水平明显提高。在此形势下，召开全国播音学术讨论会，探讨具有中国特色的播音体系，是十分必要的。

谁说"播音无学问"？这次大会收到的论文，无可辩驳地证明播音是一门学问，是无愧于立足科学之林的，是值得从事这项工作的同志终身以赴、深入研究的。

我希望这次会议切实贯彻党的"百家争鸣"方针，为繁荣播音艺术、振兴播音事业打下坚固的基础。要使这一方针得到贯彻，就要提倡学术自由，在真理面前人人平等，各抒己见，互相争鸣。不同学术见解的争论，是永远存在的，是正常的现象。争论之后不能取得一致看法，要允许保留不同的意见，继续进行研究。当研究工作有了新的进展时，争论的水平就可能有所提高，再经过实践的检验，逐渐达到观点的统一，从而推动播音事业的发展。在学术争鸣的同时，要互相尊重，取长补短，不固执己见，虚心吸收那些正确的观点、合理的因素，充实和完善自己的理论。这样，我们的认识才能比较符合客观实际。

我希望这次会认真贯彻党的"实事求是"原则，理论与实践相结合。脱离实践的理论不免流于空谈；没有理论指导的实践不免陷于盲目。我们要把理论和实践紧密结合起来，去探索，去创新，为开拓、建立中国的播音学提出许多真知灼见，争取更加丰硕的成果。在这方面需要全国播音战友们长期的共同努力，付出艰辛的劳动和大量的心血。

我坚定地相信：一代新人正在成长，播音事业后继有人，播音园地百花齐放，播音理论必将深化；我国新时代的播音一定会走向一个更丰富多彩的崭新境界！

以上意见仅供同志们参考。

祝同志们精神愉快，身体健康！

（1986年7月）

# 良好的开端
## ——《播音创作漫谈》一书前言

"从广播里，我听到了你们的声音。这是年轻的朝气蓬勃的声音，犹如新鲜的血液流进人民播音员的队伍。听得出来，你们都有不同程度的进步，有的同志进步很快，我为你们的进步而高兴。真的，有时听着，听着，心情就激动起来。因为我想到党的播音事业后继有人，因为我相信你们中间一定会出现超过前人的优秀播音员，我怎么能不高兴呢？有时听完一次广播，我真想握着你们的手，表达内心的祝贺。同时我也相信你们是不会满足于这些进步的，你们会在党组织的领导下，继续学习，努力钻研播音这门专业，在勤学苦练和工作实践中不断提高。要像陈毅同志对高等院校应届毕业生讲话中要求的那样干下去：'学习专业要专心致志，废寝忘食，有一股傻劲，对自己的专业要有兴趣，钻进去，搞它十年，八年，搞它一辈子，才能有成绩。'"

上面引的是二十年前我给本书《播音创作漫谈》作者们信中的一段话。

二十年前，本书的作者们还都是十七八岁的小伙子、大姑娘，一个个欢蹦乱跳地进入了刚建成不久的广播大楼。他们是北京广播学院第一期短训班的学员。这十几个青年播音员分配到中央台以后，我跟他们一起进行了一段正式工作前的学习。以后，我患病住了院，在医院里我听到了他们的播音，心里高兴，就给他们写了上面那封信。

二十年后，回顾他们走过的历程，我高兴地看到，正如陈毅同志所希望的那样，他们在自己的专业岗位上，勤奋学习，茁壮成长，已经成为中央台播音队伍中的骨干力量。

今天，这批当年"入伍"的青年战士已经人到中年，拖家带口了。但他们对播音专业的热情不减当年，抓紧业余时间，钻研业务，写出经验体会。用他们自己的话说，这还是一些"不成熟的果子"，奉献给同行战友，为的是"交流经验，总结经验，互相帮助，共同提高，以适应广播电视事业日益发展的需要，更好地完成党和人民赋予的任务"。

这是一种良好的愿望，也是一个良好的开端。我相信，播音战线一切有事业心的同志，所有立志"搞它一辈子"的同志，都会来总结实践中的经验，并使经验的概括上升为科学的概括，用心血浇灌"播音专业"这株大树，让它花满枝头，结出沁人心脾的金色果实。

在我们的国家里，任何行业，任何岗位，每一个人的成长都离不开党的教育和培养，离不开集体。我们这支播音队伍，就是在党中央领导同志的直接关怀下成长起来的。

早在1947年5月，毛主席、周副主席、陆定一同志收听了陕北新华广播电台的一次广播。毛主席说："这个女同志好厉害！骂起敌人来义正词严，讲到我们的胜利也很能鼓舞人心。真是憎爱分明！这样的播音员要多培养几个。"当时党中央还通报：陕北台播音感情充沛，语调爱憎分明，生动有力，予以表扬。

1947年11月，陈毅同志视察陕北台时，对播音员说："你们的播音有力量，听得很清楚。这个工作很重要，希望你们要努力学习政治，钻研业务。"

1959年9月，周总理视察新建成的广播大楼时，对中央台播音员说："广播大楼建成了，比起延安的窑洞来条件好多了，你们一定要用延安精神做好工作。"

1963年3月，刘少奇主席见到梅益同志时说："你回去告诉他们（指播音员），男的，女的，播得都不错，要多关心他们。"

党中央领导同志的关怀温暖着每个播音员的心，党的优良传统和作风在播音战线得以继承和发扬。在那些年月里，老播音员以身作则，言传身教；青年播音员勤奋好学，孜孜不倦。老带新，新促老，团结友爱，互帮互学，形成了比、学、赶、帮、超的兴旺景象。

正当这支队伍蓬勃发展之际，"文革"开始了。播音园地，百花凋零，播音队伍青黄不接。

"文革"之后，人民终于迎来了春天！大地复苏，万象更新，一切害虫被扫进了垃圾堆。播音园地又是一派生机。

播音队伍的思想建设和业务建设成为当务之急。

历史的经验证明：好钢烈火炼，响鼓重锤敲。培养好的作风是播音队伍的基本建设。没有党的优良作风，带不出具有坚强党性的队伍；没有为人民服务的思想，锻炼不出过硬的业务本领。只有业务实践，没有生活实践，培养不出高水平的播音员。

用延安精神做好播音工作，多培养具有无产阶级爱憎分明的感情和我国特有的播音风格的广播、电视播音员，这是党和人民赋予我们的历史使命。

如今播音战线50岁以上或者有30年以上工龄的老播音员已寥寥无几。相对而言，中年播音员已成为老播音员。今后用党的优良作风传帮带的重任主要落在他们的肩上。我希望播音战线所有中年播音员，对自己要高标准，严要求，永不满足于已有的成就，对培养新生力量要满腔热情，像园丁爱护幼苗那样，不辞劳苦地培根固本，直到幼苗长成参天大树。

新生力量的迅速成长，是人民广播电视事业不断发展的需要。用发展的观点看，在整个人类历史的长河中，总是后来居上的，后辈总是要超过前辈的。

滚滚长江要不是后浪推前浪，就会变成一泓死水。新播音员超不过老播音员，学生超不过老师，我们的事业就只能原地踏步，不能发展。

在播音战线发现和培养新生力量，充分发挥中青年播音员的作用，是党和人民交给广播电视战线的领导干部和老播音员的重要任务。让我们把这个任务更自觉地担负起来吧！

1981年5月20日

# 播出时代的最强音

## ——致中央人民广播电台播音员的公开信

铁城并转

播音部全体同志：

    春节期间荣幸地参加了你们的联欢会，使我沉浸在青春的气氛中，也变得年轻了。

    是的，我们的队伍在更新，在成长，在壮大，后浪推前浪，一代胜一代，我为广播事业的兴旺发达而高兴。

    我这次参加联欢会，本打算看你们的节目，遗憾的是你们没有充分满足我的要求。中央台播音部人才济济，能说会道者、能歌善舞者大有人在。我希望你们能唱的练唱，能舞的练舞，朗诵、说唱，多种多样，勤学苦练，精益求精。这样，既为走出去联系群众准备保留节目，又能大大活跃生活，促进思想、业务的提高。尤其不能忘记的是我们是使用广播语言——"艺术语言"的，要坚持不懈地多方面锻炼，提高我们运用语言的能力。

    以上意见，在1986年5月致常亮同志的信中提过了。当时看了他在《中国广播报》上发表的《和战士们联欢》一文深有所感，写信表示赞同这样的活动，希望如文章所说："今后要积极下连队，去工厂，到农村，深入实际，了解情况，开阔眼界，振奋精神，增加播音的活力，搞好播音工作。"

    有同志问我对直播问题的看法，我认为直播是播音员的基本功，如果节目需要直播，播音员应该能够准确、鲜明、生动地播出去。

    回想在我刚参加播音工作时还没有录音设备，我们一遍又一遍地重复播出那些重要稿件，直播成了"家常便饭"，迫使我们掌握了直播本领。后来，有了录音设备，先是专题节目录音播出，接着新闻节目也录音了。于是，播音员在话筒前的工作状态改变了，绷紧的弦松弛了，依赖心理产生了。这样，就使有的播音员找到了"窍门"，不花气力，不认真备稿，甚至不备稿；录音时只动嘴，不动脑，三句一停，两句一改，断断续续，疙疙瘩瘩，录的是什么连他自己也不知所云。

有个时期，我自己也走上了这条危险的道路，是听众来信——送上门来的老师给我敲起了警钟。于是，我们提出了"录音当直播"的口号。实现这样的要求，谈何容易！对我来说，我是努力这样实践的。

"录音当直播"，实际上就是在工作中自觉地对自己施加压力，唯其有压力，才能有动力。每时每刻，我是带着这种压力争分夺秒地备稿，认认真真地在话筒前录音。无论长书或短稿，丝毫不敢松懈。后来，我到北京广播学院播音专业教课，也是这样要求自己和同学。但那些没有参加过直播的同学是很难体会直播的工作状态的。我曾多次建议：办实验电台、电视台，开设直播，理论与实践相结合，尽快培养合格的播、采、编人才。可是这个理想始终未能实现。

也许因为是直播的过来人吧，我喜爱直播，尤其喜爱"现场直播"。不是说要"扬独家之优势"吗？直播，可以说是广播、电视的一种"独家优势"，是大有作为的。随着社会政治生活透明度的提高，随着新闻时效性的增强，先声夺人，充分发挥直播和"现场直播"的功效是当前工作的需要。

我们的老主任聂耶同志在联欢会上呼吁大家"勤学苦练"，过去她是一直这样要求我们的。我体会勤学苦练的内容有两个方面：一是苦练业务基本功，不吃老本，永远向前；二是坚持体力和心理锻炼，不断增强体质，以适应紧张的工作。要想直播过硬，没有勤学苦练是不行的。她在这次联欢会上看见不少同志的肚子"出来"了，身体"发福"了，实际上体质却不如以前了。她很担心，所以才向同志们大声疾呼："坚持锻炼！"我很理解老主任的心情。我祝愿同志们不要辜负聂耶同志的殷切期望，勤学苦练，身强业精，情声并茂，为广播、电视事业作出更多更大的贡献：播出时代的最强音！

　　此致

敬礼

　　　　　　　　　　　　　　　　　　　　　　　　　　齐越

　　　　　　　　　　　　　　　　　　　　　　　　　1988年3月

# 祝播音取得更大进步
## ——复洛阳人民广播电台播音员的信

马天凌、孟凡梅、许纪衡、王小明等同志：

　　你们好！1981年11月19日至22日，我们在一起学习的四天是永远难忘的。转眼分别快一年了。但你们那勤奋好学、亲切热情的面容、神情犹历历在目，非常想念同志们。

　　你们寄来的录音早就听过了，本想立即作复，由于备课、讲课较忙，耽搁下来，实在抱歉。近日病中得空给你们写信，同时又将录音重听了一遍，谈点不成熟的意见，仅供参考。

　　你们的播音确有进步。无论是新闻、通讯，还是专题节目，播得都是用心的。基本做到达意清楚、连贯，有一定的态度、感情，运用声音也较过去自如多了。听得出你们播的稿件是经过认真准备的，话筒前录音时思想是集中的，正努力走上从节目内容和形式出发的创作道路。希望你们这样坚持下去，播音水平一定会有更大的提高。祝你们的播音取得更大进步！

　　如果对这组录音高标准、严要求的话，还有一些不足之处。《洛阳新闻》前两条播得情绪饱满，新鲜感强，后面播得不如前面。有前紧后松之感，好像一场球赛，运动员一上场打得很卖劲，斗志旺盛，到后来输了几个球或因为其他什么原因，松懈了斗志，草率收场。这个比喻不一定恰当。我是想说明要重视播出的每一条新闻，要明确通过每一件新闻宣传党的什么政策，什么思想，提倡什么，反对什么，从而引发出我们（党的宣传员）应有的鲜明态度和爱憎分明的感情，而不是就事论事，仅仅播清事实而已。这样，我们播的每条新闻在统一的基调中才可能有不同的语气、节奏变化。这就需要在日常认真学习党的方针、政策，经常深入生活实际，培植我们与人民息息相通的感情和想党所想、急党所急的政治敏感。

当前，全国各界人民都在学习赵春娥同志全心全意为人民服务的精神。赵春娥的事迹就发生在洛阳，你们播出她的事迹，理应比其他台播音员播得更加情深意切，感人至深。感情真实，才能感人。只有播音员自己被稿件内容感动，才有可能感动别人。我想提出一个问题：你们自己是不是被赵春娥的事迹感动了？播音时是不是真正动了感情？有没有要向她学习的强烈愿望和行动？是不是像马天凌同志在学习会上播《支书请俺吃苹果》那样动真情？"情动于中而形于言"，播音员心中动真情，才能形之于声，引起听众的感情共鸣。真实的感情来源于直接或间接对生活的体验和感受。你们播赵春娥的事迹时，完全有条件去访问她的亲人和战友，听听他们是带着什么样的感情讲述赵春娥生前事迹，用什么样的心情怀念她、向她学习的。这对引发播音中的感情是会有帮助的，我想你们可能已经这样做了。你们读读全国各地各行业学习赵春娥的报道，就近访问一下洛阳当地学得好的单位或个人，这对今后你们再播这方面的稿件是有益的。

同志们，我们知道，播音员设想的听众越具体，越能激发播讲愿望，越能跟听众进行感情上的交流，做到有的放矢，把话说到听众的心里去。为此，我们不要忽视密切联系听众，跟听众交知心朋友。《洛阳新风》《青少年学习》等专题节目，是否可以和编辑合作，在听众中作些调查研究，请听众来电台座谈，走出去访问固定听众。听众是我们的良师益友，他们对节目内容的编写和播音一定会提出中肯的意见。我们播音员和听众交上朋友，再坐到话筒前播音，就会产生具体的对象感，强烈的播讲愿望，做到面前无人而心中有人。

同志们，总之一句话，提高播音水平要两条腿走路，既要重视业务实践，又要重视生活实践；既要日常坚持勤学苦练，又要经常到群众中、生活中去汲取营养。

愿同志们都成为受听众欢迎的播音员！

1982年11月9日

# 致《大众经济》编辑的信

柯云同志：

日前，程显、冯云谈及在你主管下办起了《大众经济》节目，还拿来一盘磁带让我听。说实在的，离开第一线以后，除非教学需要才听节目，一般只听早晨的"报摘"。这几天听了你们的节目，耳目一新，心情很激动（你知道我好激动，近来心脏病常犯，不敢激动了），为同志们热心服务的首创精神所激动；为多年向往的编播合作开拓新路成功所激动；为广大听众又享有一份珍贵的"精神食粮"所激动……

同志们，辛苦了！我衷心祝贺你们取得的成绩，预祝精益求精，更上一层楼，把节目办得别具一格，更有特色，使它成为大众经济舆论中心，为促进精神文明建设发挥更大的作用。

下面谈点不成熟的意见，和同志们探讨：

（一）作为一个听众，我感觉到这个节目是通过一些具体事例，生动活泼地宣传党的经济方针、政策，报道人民群众的经济生活，表扬经济战线的好人好事，批评、揭露不良倾向和作风……它是新闻性的专题节目，既区别于知识性节目，又区别于服务性节目。因此，在注意艺术性的同时，似应加强新闻性。在报道选题方面不仅要广泛，而且要典型，必要时则发表"我们的评论"，如《个体户杨长根的事迹》就很好！可惜这样的形式少了些，大多是边报道，边议论（当然，这种形式也不排除）。我觉得像《傻子创业记》《从羊肉泡馍看经济形势》等稿件都相当典型，如果通过"我们的评论"，抓住关键，阐明政策，说上几句，可能使人感到更鲜明。由此，我想到在《大众经济》节目里要创造一个评论员的形象（不同于主持人）。他的评论带有一定的权威性，或称"经济评论员"，或称"本节目评论员"。这个"角色"，我建议固定由一个人扮演，如果老柯亲自出马，粉墨登台，定会收到好效果。

（二）在当前生动活泼的基础上，还要设身处地替听众着想。我们常说"广播一瞬即逝"，听众没有听清或没有听懂，是很着急的，是无法弥补的。这就要求我们多为听众设想，该强调的重点要强调，不易听清的地方要重复，不易听懂的地方要解释。这个问题，你们注意到了，如"划衣粉"一词就作了解释。而《电话表扬杭州电表厂》一稿，开始对方打来的电话内容就很难听清，重复一下就好了。2月28日节目中有句生意经，一带而过，我只记住半句"人家不干，我干"，像这样的重点地方也可重复一遍。再有，表扬的稿子中人名、厂名等，可否解释一下，能更加强表扬气氛，加深听众的印象。

（三）在生活语言的基础上，要注意艺术加工，发挥广播语言所特有的"声感美"，简洁明快，朴实大方，既口语，又规范。现在感到有一种"自然化"的倾向，值得注意，当然，这是为突破"念稿腔"所作的努力，也是不可避免的，但不能就此停滞不前。举例来说，语助词用得恰当，少而精，使人感到口语，自然，如果滥用，就会妨碍语意表达的连贯、完整，使人感到厌烦，甚至产生反感。（叹词、笑声等的运用也是如此）。如3月1日和4日节目开始，哼哼唧唧的，在一句甚至半句话前后都加上"零碎"——助词，听来很不舒服。（这在日常谈话中也是一种不良习惯。）尤其在节目开头，这会给人以犹豫不定的感觉，好像这个节目还没有准备好，不是积极热情、引人入胜的气氛。

（顺便说一句，这种情况在其他节目中也有。）一个节目的开头很重要，我们常说，一张嘴就要"进入稿件"，抓住听众，望多研究如何处理好节目的开头。

（四）这个节目是面向全国的，播音不宜追求"北京味"。播音的抑扬顿挫、轻重缓急都应以稿件的思想内容和感情为依据，准确地表情达意，不要故作姿态，随心所欲地忽快忽慢，忽高忽低。比如，3月4日节目中有这样一句话"这就不用问了！"本应直接了当、干脆利落地说出，但却用了几乎听不见的小声，以似乎很神秘的口气表达出来，显得不准确。诸如此类的例子还有，就不一一列举了。顺便提一提，开始曲中报"大——众——经——济"节目，字字拉开，调子有点《空中之友》的味儿，听来不够自然、大方。

听的节目次数有限，以上意见多属一孔之见，仅供参考吧！

我们近在咫尺，多年不见！时在念中，盼望有机会当面畅谈。向老战友、新同志问好。

谨颂

撰安

齐越<br>1983年3月7日夜

# 真理的声音进入人民生活
## ——进城后复听众的第一封信

辅民同志：

接到您的热情的来信，很使我感动。亲爱的朋友，您想象得到您的来信给予我多么大的启示和鼓励吗？您告诉了我一个真理：真理的声音已进入人民生活，人民的广播逐渐成为日常生活中不可缺少的部分。为此，我们应当如何提高广播的质量，才能不负广大听众的期望和热爱啊？

关于您所询问的广播技巧问题，请原谅，我还不能具体地细致地告诉您。因为我个人现有的一些经验是零碎而不成熟的。还没有科学地系统地整理出来，我正在努力这样做。我可以向您介绍一本书：洪深写的《戏的念词与诗的朗诵》（中华书局出版）。这本书对于语言的表现技巧有相当的研究，也许对您有所帮助。您那里如果找不到，我可以寄一本给您。

据我的体验：语言表现能力的提高（除去具有先天的好音质并努力钻研运用声音的技巧以外）与政治、文化的根底是不可分的。我们要不断加强政治时事和文化学习，提高自己的政治素养与思想水平。这样，才能深入分析和理解所要播讲的文章或朗诵的作品，充分掌握它的精神和实质，贯串以爱憎分明的感情。同时，运用声音技巧去表现它。这样，才能把用声音表达的语言内容确切、生动地传达给听者，使听者的思想感情起共鸣。准确地传达语言的内容，要有适当的声音来表现；而运用声音技巧要服从于语言的内容。比如，有的人口齿流利，可以将一篇文章的一字一句都读出来，但却不能给听者以深刻的印象。这是由于他不懂文章的内容，仅仅传达出单字和单句，又没有掌握适当的声音表现技巧，当然听起来就枯燥无味了。又比如，有人读一篇文章或朗诵一首诗，听起来声音也有抑扬顿挫，却不能打动听者。这是由于他不能充分掌握文或诗的内容并使之与声音技巧的运用吻合起来（当然，我举例说的是读一篇有丰富内容的好文章或好诗）。

因此，要做一个合格的广播员或朗诵者，需要努力学习政治、文化和语言表达艺术。后一种学习，除去专门的培训研究以外，还要在日常生活与社会活动中学习。例如，你常常接近工人与农民，就可以学习到工人、农民的语言，观察体会他们讲话时的语调、神情等。看一部华语对白的翻译影片，也可以学习到运用语言再现人物的技巧。

以上是我的一点不成熟的意见，希望我们共同研究。您既然对这方面有兴趣，我建议您在同学中组织一个朗诵小组，结合当前抗美援朝、保家卫国运动，自己写些诗歌、快板、短文等，或者由报刊上选些材料，大家共同研究和排练（能请到人帮助排练是最理想不过了）。搞得好的话，可去沈阳台广播或者在学校搞个小型的朗诵晚会。这是一种自我教育和宣传鼓动的好形式。您看怎样？

不知道您的学校是否组织了收音小组，有没有收音机？您既然通过听广播得到学习上的进步，我建议您多组织一些同学和亲友来听广播，使我们人民广播的作用和影响更加扩大，使更多的人能听到真理的声音，您看好吗？

亲爱的朋友，让我们紧紧握手，让我们感谢共产党和人民政府，是它们使我们由陌生变成相识，还将会成为知心的朋友。希望我们经常通信联系。

附寄拙译《真理的声音》，这是评述苏联广播的文章，可供参阅。

此致

敬礼

齐越

1951年1月31日

## 长白山上的青松
### ——复听众张平同志的信

张平同志：

你好！寄来的信、照片、文章都收到了。这是一个暑热袭人的夜晚，我的面前摆着美丽迷人的长白山天池全景照片，你亲手画的天池旅游示意图。读着你写的形象而生动的散文和游记，我仿佛身临其境游览了一次天池，顿觉暑气全消，心旷神怡。我向往着有朝一日亲往"仙境"一游。

而我更加思念的是长白山下没有见过面的老战友。你身居"仙境"也没有逃脱"四人帮"的迫害……你左眼失明，右侧身体偏瘫，却用左手写出秀丽的蝇头小楷和优美动人的诗篇，使我十分感动。你这如同长白山天池一样清澈的心灵激励着我，给我力量，促我前进。

你送给我的长白山上严冬挺拔的青松照片的题词，我是受之有愧的。现在，我应回赠给你——愿你像长白山上的青松永远四季常青。同时，让我们都学习陈毅同志的革命精神：

大雪压青松，青松挺且直。要知松高洁，待到雪化时。

我是一个普通的共产党员，在党和人民的教育下做了一点工作。你在信中讲的那些话，只能是对我的策励，我还远远没有做到。希望我们以后用同志、战友相称，以党员的身份交谈，经常互相学习，彼此奋勉，为"四化"建设贡献余热。

你的文笔流畅，富有文采，要坚持写下去，盼望多多读到你的新作。

年岁大了，身体又不好，尚望多加保重。

即颂

阖家安好！

（书供参阅，照片是几年前的，现在又多了个小外孙）

齐越

1983年7月28日夜

# 人生在世　事业为重
### ——在从事播音工作四十周年会上的讲话

一

人生有涯，而事业无涯。四十年前的今天，由陕北新华广播电台播音科科长孟启予同志选定，经新华社副总编梅益同志批准，我被调离编辑部，放下手中的笔，开始了话筒前的战斗生涯。临行前，梅益同志对我说："这是一个重要而光荣的岗位。我们的广播，代表党中央发言，传播真理的声音，你一定要做好这个工作。"可以这样说，我这一生只做了这一件事——做党的宣传员，为人民播音，培养播音员。

就是这一件事也没有做好，我的追求和愿望并没有全部实现，离党和人民的期望还差得远。

由于"文革"和生病休息等原因，算来我从事播音工作还不满三十年。按照一位外国统计专家的测算，假定一个人寿命六十岁，除去睡觉二十年、吃饭六年以及穿衣梳洗、上下班等，最后只剩下八年又二百八十五天做有用的事情。这样一算，我做播音工作还不足十年，十分遗憾！十分可怜！

因此，今年纪念四十周年，我是愧不敢当的。我深深感谢同志们的祝愿，我希望把这种良好的祝愿给予那些在话筒前，在讲台上，实实在在从事播音工作四十周年、五十周年、六十周年的同志们，祝愿他们永葆播音事业的青春！

人生中最能焕发精神、激励斗志的是从事对人民有益的事业。"在话筒前播音，我感到无比幸福和自豪。"这是我和青年朋友谈论播音时经常说的一句话。这不是冠冕堂皇的空话，而是我的心里话。

有人说："播音员嘛，不过是读别人写的稿子，是个传声筒而已。"

是的，我是个播音员。世界上有各种各样的播音员，我是中国人民的播音员，中国共产党的播音员，我以此引为自豪。

是的，我读的是别人写的稿子。解放战争年代，我播读过毛主席、周副主席、朱总司令等撰写或修改的广播稿和捷报；新中国成立后，我大量读的也是别人写的稿子，自己写的不过是有限的几篇。这些稿件内容反映的是我国人民在党的领导下走社会主义道路、建设祖国、保卫祖国的英雄业绩，我为此感到自豪。

是的，我是个传声筒。我传的是中国人民战胜艰难险阻、走向胜利的声音；我传的是人民和党政治上和谐一致的声音；我传的是中国共产党堂堂正正的真理之声。做这样的传声筒，我感到无比幸福和自豪！

当然，我也有过对事业动摇的时候。我私心考虑过个人前途，想做翻译工作。那时，我的入党介绍人左荧同志对我说："你想去做翻译工作，那是放弃党的事业、从个人兴趣出发的。你在党的广播事业中，做了几年的播音工作，它的重要性你是知道的。实践证明，你是适合做这个工作的。那就应当听从党的安排，千方百计做好这个工作，干它一辈子！任何革命工作都是具体的。任何工作成果都是一点一滴取得的。革命事业、共产主义理想要靠千百万人在各种不同的岗位上付出心血和劳动啊！为了完成革命事业，不是有无数的人日夜埋头工作而不被人们知道吗？"一席话，说得我心里亮了。

当我的嗓音"塌中"、哑得发不出声的时候，当我患肺结核病咯血的时候，当我让多种疾病缠身的时候，我都动摇过。

这时，是党组织给我创造最好的医疗条件，帮我渡过一道道难关，是热情的听众来信慰问，又寄药方，又寄粮票，有的还登门探望，使我坚定了继续做播音工作的信念。最难以忘怀的是一次患病住院期间，领导同志带去周总理的亲切关怀，给了我战胜疾病的勇气和力量，使我很快重返播音岗位。

在那是非颠倒、史无前例的年代，我对事业的追求被迫中断了。又是敬爱的周总理的亲切关怀，又是人民的胜利，又是党拨正了航向，才使我重新回到话筒前，才会有我的今天……

我的命运和中国人民、中国共产党、中华人民共和国的命运紧密地联系在一起，这就是我引以为豪的原因。

如果我的一生能从头开始，让我重新选择职业的话，我还要选择做中国人民的播音员，做中国共产党的传声筒。

二

1978年年底，北京广播学院新闻系评定职称时，让我填过一张表格，其中有一栏是这样问的：通过学习马列、毛主席著作，在改造世界观，树立全心全意为人民服务，忠诚党的教育事业方面有哪些体会？

我回答的主要内容如下：

实事求是，一切从实际出发，理论和实践相结合，这是毛泽东思想的一个根本观点。在改造客观世界的时候，我们必须坚持这个根本观点。在改造主观世界方面，同样也要坚持这个根本观点。

粉碎"四人帮"，思想得解放，我愿向党说说心里话。

在党和群众的帮助下，在改造世界观方面，我是做过一些努力的，但受"左"的思想影响对己对人都有不够实事求是的地方。我不是那种自认为"一贯正确"的人，我身上有许多缺点。但是，这些缺点的克服，不能靠政治运动中那种不切实际的"深刻批判""认真检查"，因为这只能造成理论与实践的脱离，使改造世界观走上斜路；这些缺点，主要是通过同志式的批评帮助和认真的生活实践（现在叫社会实践）逐渐克服的（不能说已经完全克服）。

我总是积极争取接近工农、深入实际的生活实践机会，无论长期的或短期的。业务实践固然重要，但对我来说，生活实践永远是第一位的。在生活实践中，我认识到像我这样的知识分子必须走毛主席指引的与工农相结合的道路，转变自己的思想感情，逐步解决世界观中"为什么人"的问题。

在接近工农的过程中，我跟他们以心比心，交知心朋友，在思想感情上产生了一种息息相通的感受。这就是我播音中激情的主要来源。

在业务实践中，我也注意改造主观世界。这同样是锻炼党性、提高政策水平的过程，可以更具体、更细微地检验自己的工作态度、创作思想的差距。

我做播音工作这些年，经过反复的实践，翻过筋斗，碰过钉子，有过成功和失败的经验，对于播音工作的规律有了一些认识。但由于马列主义、毛泽东思想的水平不高，对于播音工作这个必然王国还没有完全认识，还没有出现理论上的飞跃，到达自由王国的境界。现在，我从事播音教学工作，越教越觉得经验不能上升为理论。我深知，没有正确理论作指导的教学将会陷入盲目性。这是我要正视的问题。

社会在前进，我们的社会主义事业在前进。客观世界的变化运动永远没有完结，人们在实践中对于真理的认识也永远不会完结；我们在改造客观世界的同时，用历史唯物主义和辩证唯物主义改造自己的主观世界也永远不会完结。

我要遵照周总理生前的教导，做到"活到老，学到老，改造到老"。

上面是我八年前填表时的主要内容，这或许是一份不那么令人满意的答卷，但至今我仍然坚持其中的观点。

当今盛世，人才辈出。人民广播电视事业蓬勃发展，播音队伍不断壮大，喜看后浪推前浪，更喜学生胜老师。我深知：在座的同志已经写出更加符合时代要求的出色的答卷。我坚信：未来从事播音专业的同行必将写出新时代更出色的答卷。

最后，请允许我用吴老（吴玉章同志）的诗和同志们共勉：

> 人生在世，事业为重。一息尚存，绝不松劲。
>
> 春风得势，时代更新。趁此时机，奋勇前进。

（1987年8月16日）


# 怀念吴老
## ——吴运铎同志逝世一周年纪念

敬爱的吴老离开我们一整年了。我对他深深怀念。去世前他在工人疗养院住了五年，我从1989年4月转院后，就住在吴老病房的隔壁。

当年五一节我向他祝贺节日，送上两盒录音磁带，那是七年前我在中央人民广播电台朗诵《把一切献给党》的录音。他的精神很好，斜靠在床上，面前有一张条桌，刚刚伏案画完墨竹，正在题字。我说："吴老，今天是节日，休息休息吧！"他说："国际劳动节，只要能动，还得劳动啊！干点活儿，心里踏实。"

他在养病期间也不闲着，订了不少报纸杂志，每天必读。他经常接待各地各界的来访者，少先队员和他一同过队日，共青团员请他一同过团日。有时天气好，他就坐上轮椅和他们在庭院的树荫下座谈，青少年们把他围在中间，他忍受着哮喘带给他的呼吸困难，声音朗朗地谈笑着。

对来访者，他总是来者不拒，热情接待。有来我这里探视的，无论老年青年，听说吴老住在隔壁，都要我引荐去见见吴老，表达心中的敬意。我只好限定面谈五分钟，不能更多打扰他老人家。

1990年4月27日，温州人民广播电台陈微容来找我，说是为庆祝建台四十周年要出一本纪念册，中央台、北京广播学院的领导都题词签名了，一定要我也题词签名。我说："我不是什么领导，只不过是普通一兵，就免了吧！"她听我说吴老住在隔壁，非常高兴，赶忙让我带她去见吴老，请吴老题词。吴老听我介绍说，她是温州电台专题部主任，用战争年代仅剩的一只眼睛炯炯有神地打量着她，笑笑说："这么年轻，就当主任了，广播事业后继有人啊！"说完让护理人员拿来笔墨，挥毫写下一行苍劲有力的大字：

祝贺温州人民广播电台四十周年

作为广播工作者，我们深深感谢他的支持和教育。早在1979年我带青年教师去哈尔滨台实习，文艺部编辑刘淑清就和吴老通了电话，请求他同意在七一播出他的书《把一切献给党》。当时，我荣幸地担负了这一任务，受到了一次难得的教育。1982年中央台又播录此书，我接受任务后和文艺部编辑康之行一同访问了吴老，并请他给全国广播听众作了录音讲话，这使我又一次受到了教育。当时我在北京广播学院教书，让学生们听了播出录音，并请吴老给全校师生做了报告。

两次播录《把一切献给党》以后，我都写了体会文章，收编在前年编写的书中。

去年五一劳动节上午，我把刚刚出版的书送给吴老指正。我说："学习您的精神，只要能动，就得干点活儿。"他含笑点点头，连声说："好，好，《献给祖国的声音》，书名就起得好！"

看来他的精神和往常一样好，还想谈话。我听说那两天他身体不适，夜间睡眠不多，就赶忙告辞退出房来。

万万没想到这竟是见到吴老的最后一面。第二天，5月2日下午2时5分，我们敬爱的吴老与世长辞了。

我悲痛得难以控制，由老伴杨沙林向吴老遗体三鞠躬，代我告别。

吴老，安息吧！我怀念您，我们怀念您，您全心全意把一切献给党的精神，教育了一代又一代人，将永世长存！

1992年5月2日

## 忆挚友李孟北同志

1946年初秋，我接到地下党通过老谭给我的通知，去一家报社临时替一位朋友任校对。一天黎明时分，门开了，你走进来。高高的个子，宽宽的肩膀，穿一身褪了色的旧西装，敞着怀；圆圆的脸庞黑中透红，两眼中流露出智慧的光彩，满脸质朴的笑容。你把上衣一脱，随手甩在一把椅子上，向我走过来，伸出右手，热情地说："新来的吗？咱们认识认识，我叫李孟北，记者。"

"老张病了，我暂时替他两天，请多多关照。"我按照老谭交代的话回答。

你爽朗地笑起来，大声说："彼此彼此，出门在外靠朋友嘛！"

我们就这样一见如故。在交谈中，当你知道我在西北联大上过学时，你忽然打听起一个人："杨淑真认识吗？""认识，她是我的同班同学，也是我的内人，现在改名沙林。"

你又一次爽朗地笑起来，像遇到多年不见的老朋友一样，伸开双臂搭在我的肩头，说："原来不是外人！杨淑真是我昌黎汇文中学的同学，比我高两班。"

啊！你就是杨沙林经常提起的那个忧国忧民、多才多艺的老同学！我心里明白，当年为主编壁报向反动校方作过不屈斗争的中学生，现在又以青年记者的身份进行着革命活动……

"人直有人逢，路直有人走。"我们的相识，不是正如你著述的《谚语·歇后语浅注》中的这条谚语吗？

我们相识三天之后，我约你去我家，深夜促膝畅谈。你对时局分析得那样透彻，对党的认识是那样正确，我们谈得很投机。我终于告诉你，我即将去解放区。你劝我留下来，说："这里有许多工作需要人做。"我说："非走不行，特务正在通缉我。"你问："有路子吗？"我说："有。"你没有再问下去，我们彼此心照不宣。你说，放心走吧，家里人，我们会像对待自己的亲人一样照顾好他们。

后来得知你是说到做到的。你从事紧张的党的地下工作，还经常去我家看望，带去进步书刊。我的几个弟弟妹妹，都在你的影响和帮助下成长起来，解放后很快便先后入了党。孟北，你是他们的启蒙兄长，他们深切怀念"李大哥"呀……

我们重相逢是在北平和平解放欢庆胜利的日子。那时我们都很忙，只匆匆见了一面，你就随军南下了。此后，我们就经常在广播里"见面"。正如你在一首赠诗中写的："金陵喜闻开国典，昆明痛听悼斯翁。"是的，那些年，我们虽然南北相隔万里，但你却能从广播中听到我的声音，而我也经常看到你主编的《云南日报》和你写的《滇云漫谭》等文章，我为你在新闻战线取得的成就感到高兴。

孟北同志，多年来，你利用业余时间，搜集注释谚语和歇后语，就是在十年"文革"中，在残酷的批斗和繁重的劳动中，你也没有中断过这项工作。我知道，这不仅仅是你的一种爱好，而且寄托着一个共产党员对人民群众创造历史的信念，洋溢着你对劳动人民的感情，表明新闻工作者自觉地向人民群众学习的决心。这是我要努力向你学习的。

十年"文革"，彼此音讯杳然，生死未卜。粉碎"四人帮"半年之后，突然间我们接到你与何伟同志的来信，得知你们来京探亲。我和沙林立即登门拜访，这是我们分别二十八年后第三次在京相聚。这次晤面可是来之不易啊！这是在党和人民又一次取得胜利的形势下我们作为幸存者的会晤，诉不完的离别情，说不完的心里话。经过十年的腥风浊雨，你那颗共产党员的心，仍然是那样泉水般的纯净，襟怀坦荡，豁达乐观；仍然是那样热情诚挚，豪爽健谈。你爽朗的笑声使满座生风，你说："好啊！我们都还健在，没说的，还可以为党为人民拼命干它二三十年！"

在红河任州委书记的最初九个月，你先后十六次走访驻军各部队，你怀着满腔热情把军民关系当作党的大事来抓，短时间内作出显著成绩，受到解放军和各族人民的爱戴，被选为党的十二大代表。

正当党和人民需要你作出更大贡献的时候，你却被不治之症夺去了生命，就这样过早地离开了你所热爱的边疆军民，离开了我们这些寄希望于你的老战友！

这副挽联奉献在你的遗像前，永志深切的怀念：

激浊扬清四十载，披肝沥胆栋梁才。

壮志未酬君先谢，吾与春城共举哀。

1983年10月13日

# 费寄平，我怀念你！

我的播音战线老战友费寄平同志去世两年多了。几十年相处的往事仍深深印在我的记忆中，她那爽朗的笑声仍常常响在我的耳边，引起我的怀念……

那是四十几年前，1949年我们进城接管了国民党北平广播电台不久，也是三月里春暖花开的季节。有一天上午，一位胖胖的圆脸庞、短头发的小姑娘，来到西长安街北平新华广播电台报到，说是我党城工部推荐来试音的。说着拿出了介绍信，信上说，北平解放前，她就参加了我党领导下的革命青年联盟，是政治上可靠的革命同志，如声音条件尚好，希望留做电台播音员。

当年的播音组长孟启予立即通知开机试音，费寄平手捧那篇给她试音用的稿件，慢步走进播音室，腼腆地坐在话筒前。顷刻间喇叭里传出纯正流畅的北平话，声音朴实无华。组长征求在座同志们的意见，副组长丁一岚说："这个女声真不错，留下吧！"大家一致同意。

于是，第二天费寄平就来电台上班，从此开始了她的话筒生涯。她是我党电台进入北平后吸收的第一个播音员。

当时战争仍在进行，我解放大军长驱南下，势如破竹。前线部队和待解放城市的地下党，急需抄收我党广播电台播送的《记录新闻》，以便及时了解党的方针政策。费寄平一开始播音，就担负起这一重要任务，工作很出色，经常受到收音员特别是部队收音员来信表扬。当时，同志们戏称她是"记录新闻专家"。

全国解放后不久，因工作需要，她以专家身份被派往莫斯科台担任华语广播。在苏联，她不以专家身份自居，虚心向苏联播音员学习，播音业务大有进步，并熟练掌握了俄语日常会话。

记得1954年温济泽同志率我国广播代表团访苏时，专业交流由崔玉陵同志任翻译，日常生活就由费寄平同志代劳。

由于她在华语部的工作勤奋出色，被莫斯科台评为特级播音员，曾先后两次赴苏工作十多年。

谁知两次赴苏工作，竟成了"文革"期间冲击她的借口，使她遭到莫须有的诬陷。

一个忠诚老实的共产党员是不会被遗忘的。"四人帮"垮台后，她以一个未担负任何行政领导职务的普通党员的身份，被选为中央台播音部的党支部书记。

1984年她离休后，有两次早晨我在复外大街碰到过她。她坐在保健三轮车后面，由老伴王校长骑车带着去玉渊潭公园散步。她患糖尿病三十年，带病工作三十年，一贯积极热情，谈笑风生。离休后依然那样豁达乐观，每次见到我时仍爱开个玩笑。

万万没想到，在我因多年糖尿病引发了半身瘫痪住院三年之后传来噩耗——老战友费寄平同志先我而去！

我陷入痛苦的回忆中，我深切怀念她，她的听众朋友也深切怀念她！她那独具女中音特色的声音，她那朴实无华、亲切感人、娓娓动听的播音风格，将永远留在广大听众的记忆中。

1992年3月

## 献给听众朋友

病中翻阅1981年带研究生去郑州河南台实习的日记，发现12月2日晚在河南台播全省联播节目后接到新安县委修史编志办公室任智远同志的信和诗。

由于当时工作繁忙，未能及时复信，甚感内歉。今赋诗一首献给任智远同志及所有我的听众朋友：

> 话筒伴我四十春，声音结交一代人。
>
> 未曾见面早相识，鱼水情谊似海深。
>
> 封封来信重千金，字字句句见真心。
>
> 凭借我党高威信，祖国到处有知音。

**附：任智远同志信和诗**

12月2日晚收听到齐越教授在河南电台的播音，异常激动，赋诗一首以赠先生：

> 齐越教授传帮带，中州人民喜开怀。
>
> "四九"开国声豪迈，"八三"将临音重来。
>
> 字字亲炙美人心，句句真情生风彩。
>
> 日夕霞飞丛岭外，耄矣提神高歌凯。

# 终身难忘的二三事

## 一

我1975年调北京广播学院前，在中央台工作将近三十年，这期间有不少难忘的事，有几件事给我的教育尤其深刻，终生难忘。

20世纪50年代初，刚刚进城不久，我直播新闻节目，这一条短消息中出了一个重大差错，把原稿中的"周总理"误播为"周总经理"。虽然立即重复改正，但在听众中留下的后果，给党的宣传工作造成的政治影响，已经无法挽回了。

听众的电话和信件纷至沓来，批评的尖锐使我无地自容。不少听众提出："这样的播声员应该撤职！"

领导没有把我撤职，而是召开党员大会、工会会员大会，公开进行批评教育，让我深刻反省。

我的检查没有通过，因为我拉客观原因，说："这条消息是周总理接见各私营公司的经理，通篇都是这个经理，那个总经理……于是我就'顺口溜'播错了。"

党总支书记温济泽同志问道："1948年，你播3000字的中央文件时为什么没有出错？现在播一条几百字的短消息反而出错呢？"是呀！为什么？当年那篇文件很难播，离播出只有一小时的准备时间，毛主席还指示：不要播错一个字。在那种情况下我能完成任务，为什么在这么短的一条消息中却出了差错？为什么只动嘴，不动脑，"顺口溜"？为什么思想不能集中到稿件内容上？

我反复思考这个问题。进城以后，我开始不安心做播音工作，是问题的关键。我见到有些搞俄文工作的同学很有成就，心想还是搞所学俄文专业有前途，搞播音工作有什么前途？于是，播音时有时心不在焉，动嘴不动脑，出现这种差错就不是偶然的了。

最终解决我的思想问题的是我的入党介绍人左荧同志的一席话和进城后见到的第一位听众给予的教育。

左荧同志说："你在党的广播事业中做了几年的播音工作，它的重要性你是知道的。实践证明你是适合做这个工作的，那就应该听从党的安排，千方百计做好这个工作，干它一辈子！任何革命工作都是具体的，任何革命工作的成果都是一点一滴取得的。革命事业要靠千百万人在不同的岗位上付出心血啊！为了完成革命事业，不是有着无数的人日夜埋头工作而不被人们知道吗？"

进城以后，我见到的第一位听众是我们党的地下工作者。新中国成立前，她长期在上海秘密抄收延安台的广播，交给地下党组织印发。她一见面就像亲人一样紧紧握住我的手，激动地说："感谢你们！是你们把党中央的声音传播给我们。当年，在白色恐怖下紧张工作的时刻，我就盼望着将来有一天能见见你们，向你们道一声'辛苦'……"

见到这位听众，是在播音中发生那起重大差错之后不久，她的话像重锤敲击着我的心，使我愧悔难当。听众给我上的这一课和左荧同志的话使我永生难忘。从此，我下定决心在话筒前干一辈子。

我真正认识到：在话筒前为人民服务是严肃的战斗岗位，是党赋予的信任和重托。在这个岗位上工作，要排除一切私心杂念，注意力高度集中，不能有丝毫懈怠。

## 二

20世纪50年代中期，大概是1953年初秋的一天中午，我刚下早班准备回宿舍，梅益同志拿着一本书到备稿室找我，他说："今天下午两点，三十五中约我去谈谈《钢铁是怎样炼成的》，我下午有个会不能去，你代我去朗诵一段吧！"说着他把手中的书交给我，我着了慌，进城以后我还没有当众朗诵过，我赶忙说："朗诵哪一段呀？我怕完不成任务。"梅益同志说："就读保尔讲生命是宝贵的那一段吧！去吧，这对你也是个锻炼！"

下午，我怀着惴惴不安的心情走进三十五中的大门。只见礼堂里早已聚集着同学，看来像是高年级的同学。队列前面摆了几张桌子，算是主席台。有人让我到桌前就坐，那里早已坐着几个人，其中有著名作家赵树理和管桦同志，他们也是被邀请去参加会的。

好像是校长主持会，这个会是引导同学们读书的兴趣，动员同学们读课外书。赵树理、管桦同志手中都没有拿稿子，跟同学们就像谈心一样，谈得自然而有风趣，会场中不时发出笑声。

轮到我了，我首先向同学们道歉说："梅益同志因事不能来，很对不起大家，今天我来这里也不能代表他，我只是借此机会和同学们一起学习一段他译的书。"

《钢铁是怎样炼成的》这本书，我读过不只一遍了，保尔的名言，我几乎都背下来了。但当时由于我产生和同学们一起学习的真诚愿望，朗诵这段时就像第一次读一样，感到非常新鲜，想保尔所想，完全沉浸在保尔的思想感情之中。

当时我开始朗诵保尔心中充满了悲伤，摘下头上的帽子，缓缓地走进为革命献出生命的同志们的墓地时，会场静静的，一点声音也没有，这给了我支持和力量，使我充满了信心。当我朗诵到"人最宝贵的东西是生命"这段话时，偶尔向同学们望望，我看到面前闪动着充满青春活力的目光。

这种效果是我始料不及的。这次当众朗诵，使我悟出一条道理：在话筒前播音，对于某些稿件是要抱着和听众一起学习的态度的。播音员要把他对稿件内容的理解和感受传达给听众。播音员整天面对话筒，面前无人，要做到心中有人，播音时和听众有交流，就要加强和听众的联系。当众朗诵是播音员联系听众，锻炼和听众交流的一种方法。这就是当年我在播音部提倡深入基层，面对群众朗诵的由来。

## 三

20世纪50年代后期，有一年国庆节刚过不久，一天北门传达室给我打电话，说是有一位西藏来的解放军要见我。我赶忙跑下楼去接待。这位解放军是从西藏喀喇昆仑山一个哨所来的。他姓罗，是来北京给《人民日报》送稿子的，顺道来看看中央台的播音员，他当时说出了几位播音员的名字。遗憾的是他们都在备稿或录音，我只好说："对不起！能不能改日去招待所拜访？好好谈谈。"他说："不用了，明天我就要赶回西藏，现在你有时间我们就一起谈谈吧！"

他说："广播把我们戍边战士的心和祖国心脏北京联系起来了。国庆前我们在哨所前面开出一块空地，用石头砌成一个天安门模型。象征我们在边疆为祖国站岗放哨，就是在保卫天安门，让祖国人民欢欢乐乐地过个国庆节。

有关我们哨所的这项活动，中央台广播了，当时我们全连战士集体收听了，给了我们很大鼓舞，同志们让我带来对中央台领导和同志们的感谢和慰问。"

他走后，我把接待情况和谈话内容向中央台领导同志汇报，并通报给播音部全体播音员，同时我还查阅了那篇报道，是一篇短小的稿子，不足1500字，但内容写得非常集中感人，是迎国庆的特别节目。这篇稿子排在节目的最后。

我抱着探讨播音体会的心情，询问播此稿的播音员，向他当时是怎么准备的。他很坦率地说，他没有准备，连一遍也没看，他当时认为这篇小稿子是用来补空子的，无足轻重，稿子没看就去录音了。他想可能不会有人听。

这位播音员的思想和保卫祖国边疆战士的思想境界差距太大了。这件事发生在别人身上就像发生在我自己身上一样，使我牢牢记住：不准备稿子，不能去话筒前播音。任何节目都不会没有人收听。对待稿件应不分大小一律平等。认真备稿，是一个播音员对人民负责的表现。

我这样严格要求自己，到广播学院后也这样要求同学。当年，我曾在播音部提出四个"一样"：短稿和长稿一个样；小节目和大节目一个样；录音和直播一个样；早晚班和白班一个样。

以上三件事，仅仅是我记忆中最难忘的。在中央台工作几十年中像这样的事情还有很多，有的是我亲身经历的，在的是发生在别人身上的。"吃一堑，长一智"，我就是通过许许多多这样具体的事情，认识并学会做播音工作的。中央台的话筒犹如一面镜子，能照出一个人的全身心。嗓子再好，文化再高，违背话筒前的严格要求和规律，也是不能做好工作的。

启迪和培养我对中央台话筒产生深深的感情的那些人和事是我终生难忘的。

1990年2月25日

# 广播结缘　千里相见
## ——记我和92岁高龄听众的会见

我在话筒前从事广播工作几十年，广播架起一座友谊长桥，使我结识了祖国各地的听众朋友。我和92岁的"广播之友"在北京的会见，给我留下美好的回忆。

在我的一本杂记本中，有一处抄有"1985年5月15日"的一张便条，上面写着："齐越同志：我从兰州来，我叫赵子明。大概1952年在府右街（按：应为西长安街）见过面，还开了个小会。我是广播爱好者，年已92岁，很想见见面，万望勿却。"这张便条抄件引起了我的回忆。那是七年前的一个星期日，我陪上海来京的堂弟外出，却让这位兰州来的老人扑了个空，内心深感不安。正好第二天我没有课，决定照他留的地址前去拜访。心里琢磨着，送点什么给这位老人做纪念呢？找来找去，找到我保存的无锡特产泥人——老寿星和近期的《广播之友报》送他，报上刚好登有我的文章《听众是我的良师益友》，以此谨祝这位广播结缘、千里相会的老听众健康长寿。

1985年5月16日上午9时，我在中关村王森家见到了赵子明同志。

当我把"老寿星"送给他，祝他健康长寿时，他哈哈笑着说："想不到我蹲了十六年国民党监狱，还能活到92岁，真成了个老寿星了。我有五男三女，我的女儿今年都71岁了。"

我说："见到您非常高兴，您是我见到的最老的听众了。"

他说他是个广播迷，三十多年前他在北京，一天也离不开广播。"你们的名字我都熟悉，但只闻其声，不见其人。"1952年，电台在西长安街时，召开过听众座谈会，他去参加了，从此见了一面。他现任兰州市政协副主席。他说："我们还是天天在广播里见面的，怎么这几年听不见你广播了？"

"我从1975年就调到广播学院了。"

"我说呢，我和家人说，这次去北京，一定要找找广播中失踪的朋友，我认识中央台的张逸卿，是向她打听到你的住处的。"

"谢谢！我很留恋话筒。我是被'四人帮'调离话筒的。"

这位1932年参加革命，长期从事地下工作的老同志感慨地说："广播工作太重要了。'四人帮'垮台了，你怎么还不回电台呀？"

"年岁大了，留在二线满好的，教教课，也不必天天顶班。"

赵老恳切地重复一遍说："广播工作太重要了。播音员是电台的窗口，就像演员一样，再好的剧本，没有演员也不行。你的责任重大呀！要多培养年轻的高质量的播音员啊！"

这些年来，九旬老人的几句话经常响在我的耳边。我虽然离开话筒，但在从事播音教学的工作岗位上，我更深地领会了这位"广播之友"的忠告：一定要全面地提高播音员的素质！

向他告辞时，我一再表示："谢谢你专程来我家看我，这么大年纪让您白跑一趟，实在过意不去。

他深情地说："我坚持听广播几十年了，我们是老朋友了。"顿了一顿，他又风趣地说："过去八国联军都进北京了，咱还不知道呢！现在，没起床，天下大事就知道了。"说罢，赵老爽朗地哈哈大笑。

此后，我又陪中央电台《广播之友报》记者白谦诚去采访赵老，专门征求他对广播的意见。白谦诚写了《九旬老人话广播》一文，刊登在《广播之友报》上。


# 黄菜盘子和绿豆面饼

1958年，万里同志和我同时下放到河北沧县姜庄子劳动。前不久来信说，她应邀去姚官屯驻军某部讲学时，部队首长带她在姜庄子转了转。村子大变样，她几乎认不得了。昔日的茅草土屋变成一排排砖瓦房，盐碱荒地改造成高产良田。乡镇企业的发展使农民成为离土不离乡的工人，年轻姑娘的穿着打扮和城里人分不出高低，饭桌上已经见不到粗粮野菜，当年的"黄菜盘子"早已送进"历史博物馆"。

"历史博物馆"就在我这里。

在我家书橱中，有一个玻璃瓶子，那里面就装着保留了三十多年的黄菜盘子。

黄菜是盐碱地上生长的一种野菜，晒干以后放到冬天，吃时用水泡软加点棒子面，捏捏上屉蒸，因为棒子面少团不到一起，就只好用手抓着吃。虽然又苦又涩，下放那年冬天我们和乡亲们就靠吃这种"黄菜盘子"度过了"大跃进"的岁月。

记得有一天，乡里派我去山西学习制作土化肥。临行前房东大娘追我到门口，塞给我一个小包，对我说："没有白面，这绿豆饼给你路上吃吧！"

绿豆作为细粮，即使在年景好时也是很难得的。在北京每年只有最热的8月才凭购粮本每户给一两斤供做消暑绿豆汤喝，在农村更是稀有的珍贵食物了。这两张薄薄的绿豆面饼放在我手中显得格外沉重。我望着老大娘那因艰难岁月的磨难而布满皱纹的脸，眼里不禁溢满泪水。

路上我只在最饿的时候，掰下一小块放在嘴里细细咀嚼，直觉得甘美无比，赛过山珍海味。最后留下两小块，和一把黄菜盘子带回北京，装在瓶子里，放上樟脑球，一直保留到现在。

结束劳动离开姜庄子时，父老乡亲送我们到村头大路边，我的房东"长发"爷握着我的手说："过几年再回来看看吧！那时候就不会给你们吃黄菜盘子了！"

多么善良、朴实的人民啊！即使在最困难的时候，他们仍然坚信党能领导他们战胜困难。他们对未来满怀希望。

如今，改革的春风使姜庄子旧貌换新颜，我多么想回姜庄子看看，实现我三十多年的夙愿啊。然而病魔缠身，行动不便，我只有在梦中回到姜庄子去看望日夜思念的乡亲们了。

# 莫斯科的黎明
## ——忆奥尔迦·维索茨卡雅

1954年7月5日上午10时，中国广播工作者访苏代表团所乘飞机在莫斯科机场徐徐降落。团长温济泽在最前面走下舷梯，团员鱼贯而下。刚刚站稳，前面的人正同苏联广播局的领导人一一握手问好，忽听欢迎行列中传出一句："Кто диктор？"（谁是播音员？）声音清脆悦耳，一连问了两三声。握手的次序挨到我时，和我握手的像是位领导干部，我一边和他握手问好，一边小声地有礼貌地用俄语对他说："Я диктор."（我是播音员。）他高兴地说："Здесь，Здесь！"（在这里！）说着他从身后的人群中拉出一位身材修长、40来岁的漂亮的俄罗斯妇女介绍说："她正在找同行呢，她也是播音员，奥尔迦·维索茨卡雅。"她像见到老朋友一样，热情地握着我的手，把我拉出行列，说了一段话。她说得太快，我不能完全听懂。大意是说早就听说北京有播音员要来，今天见到你很高兴，我们可以好好谈谈，交流一下工作经验。我说，在中国就读到了关于介绍你的文章，早就熟悉了你的名字，这次是来向你和你的同志们学习的。

这样，一下飞机我就见到了久已闻名人称"黎明"的奥尔迦·维索茨卡雅。

在莫斯科停留期间，和列维丹，托别士等著名播音员都是见一两次面、通过翻译谈一两次话就中止了。唯有奥尔迦经常陪着我们，有时参观游览，她就带着她的小女儿一同来，直接用俄语对话；有时宴会，她就坐在我的旁边。我们谈话最多，我的俄语口语不太灵光，但她能凑合听懂，我也能明白她讲的大意。

于是，我知道人们所以叫她"黎明"，是因为她参加工作以来经常上早班，每天早晨六点钟，苏联国歌之后，就是她向听众最先说出每天的问候："早安，同志们"，她爱好体育、音乐和文学，她指挥早操，发出"少先队起床号"，报告早新闻……整个清晨都是她"统治"着。她说，她从20岁开始在话筒前工作，现在已经二十五年了。她越来越觉得这个职业并不像她最初想的那么容易，而是感到负有相当重大的责任。

她说："播音员的责任是要找到通达人们心灵的最短道路。"

我说："你的这句话和你对播音工作的事业心在中国播音员中影响很大。在中国，现在很少有人把这个工作看作青春职业了。"

她说："要找到通达人们心灵的最短道路并不容易，永远不要忘记接近、了解、热爱你的听众。"

她说她为了深入煤矿，去年放弃夏季休假，和她的做建筑师的爱人出差到顿巴斯，访问了煤矿工人家庭，和许多工人谈了话。

探寻通达人们心灵的最短道路，一直成了我在话筒前追求的目标。

飞机离开莫斯科起飞了，奥尔迦·维索茨卡雅仍在欢送的人群中不停地挥动着手帕。

写到这里，耳边又响起苏联国歌，随后是悦耳的女声："Доброе утро! Товарищи! "（早安，同志们！）

莫斯科的黎明又来到我的心中……

1992年7月


## 登山散忆

同窗挚友峻岭知我喜欢登山，今年元旦来疗养院探视，给我送来四期登山协会主办的刊物《山野》。我如获至宝，爱不释手。放下正在阅读的巴金《随想录》，每天在规定的读书看报时间，开始逐篇阅读《山野》。

《山野》吹来清新的春风，唤起我对登山的回忆。我不是登山运动员，但我喜欢登山，赞美那些不畏艰险的登山健儿。

新中国成立前在北京师大附中上学时，常与同学爬香山"鬼见愁"。那时爬山只是健体强身的一种游戏。

说起正式登山，还要从送来《山野》的老友峻岭谈起。峻岭姓屈，现名屈洪，是西北大学外文系我的同班同学。人如其名，他一生喜欢高山峻岭。当年西北大学在陕西城固，北有秦岭，南有巴山。入学时第一次见面，他就问我喜欢什么运动。我说："我喜欢打排球，爬高山。"他哈哈大笑说："登高望远，不谋而合。等到暑假，咱们一块去领略下秦岭、巴山的风光。"

两个暑假过去了，为了挣点钱准备爬山时用，我们利用假期忙着给学校刻印讲义，或到中学代课。终于在第三个暑假，我们实现了爬巴山的愿望。我俩又约了两个同学，一行四人向巴山进发。一路上说说笑笑，不知不觉走到巴山脚下一个小村庄。天已傍晚，我们住在老乡家，打听爬山的路线。一位年迈的老大爷对我们说："山路难走啊！你们这身子骨不行，吃不消啊！再说你们也没带猎枪，碰到狼咋办？"老大爷的话引起我们之间的意见分歧，有的人发怵了，说这是冒险，想打退堂鼓；有的人坚决主张继续前进，明早登山。

双方展开激烈辩论，想要后退者终于被说服。我们准备了木棍和手电来防狼，老大爷非要送给我们十斤大米，说带上有用。我们一定要按价付钱，推让了半天老大爷才把钱收下了。

第二天天刚破晓，我们拜别了老大爷，离开小村庄，顺着一条隐约可见的羊肠小路，穿过密丛丛的森林，向着巴山山顶攀登。一路上只见到三五成群的背着盐巴的人，他们翻过巴山，卖掉盐巴挣点钱。听说从这里通往四川最近，又没有税卡，他们经常往返，踩出了这条小路。

快到山顶时，天已经黑了，远处有狼嚎声。我们加快了脚步，打着手电，吃力地来了一番"冲刺"。好不容易爬上了山顶，发现山顶上竟然有一间茅草棚，闪出一星油灯的光。进去一看，那些背盐巴的人都在里面，围着一堆柴火休息。火堆上方用铁链吊着一口铁锅，锅里的开水冒起团团热气。有一个老妇人已在招呼大家喝水，人们见我们进去，赶忙让座送水，非常热情。

交谈起来，才知道这里是他们歇脚住宿的地方。他们亲切地称呼老妇人"我们的山婆婆"。她孤零零一个人守着这个茅草棚，好像开了一座"客店"。每天夜里都有人投宿。她如同他们的老妈妈，热心招呼他们的吃睡。第二天"客人"走时，留下一些盐巴或肉菜、粮食等物，就算付给她"店费"。

直到这时我们才明白，为什么山脚下的老大爷让我们背上十斤大米爬山了。

山婆婆靠翻过巴山顶的人生活，爬山的人在她那里找到宿处，消除疲劳。她不要钱，钱对她没有一点用。

第二天清晨，我们把十斤大米交给"我们的山婆婆"，对她的热情款待一再道谢。走出好远，我们还望见停立山顶的山婆婆向两边山下频频招手，灰白的头发在晨风中飘扬。

这是我大学时代难忘的一次登山。完全出乎我的预料，没有一点诗情画意，也没有"一览众山小"的兴致。只有巴山顶上山婆婆，天天爬山的汗流浃背的背盐者的行列，质朴热情，巴山脚下的农村老大爷给我留下一生中难忘的印象。

战争年代，除行军外，没有时间爬山。新中国成立后来到北京，早班晚班，坚守岗位，也很少有时间爬山。但我有过广播我国登山健儿创世界纪录的欢乐。1960年5月25日早晨6点30分，我在《新闻和报纸摘要》节目中首先播出中国登山队从北坡第一次登上世界最高峰珠穆朗玛峰峰顶的喜讯，热情赞美我国登山健儿的举世瞩目的壮举。

至于我在北京爬山也有一次。那是"文革"刚开始，一个星期日，我们全家三口人，一早就搭上开往香山的头班车去爬"鬼见愁"。女儿跑在最前面，我们几乎没有歇一歇就爬到了山顶。山虽不高，但站在山顶四处遥望，仍有登高望远，心境开阔之感。我顺风高声呼喊："鬼见愁，人不愁！"山野也轰鸣回答："鬼见愁，人不愁！"

难得的一次登山活动磨炼了我的意志，我以"人不愁"的豁达心境迎接了长达十年的"鬼见愁"的劫难。

电台被军管以后，1975年我被调到广播学院教书。这一来，我反倒自由了。我带着工农兵学员来到安徽省歙县，和广播站的播音员合伙"写书"。我们完成了初稿，站长大发慈悲，让我们全体人员去黄山散散心。

于是，我于1975年夏有幸登上黄山。黄山风光之秀丽，景色之迷人，仅用"心旷神怡"四个字还不足以表述我当时的心情。

遗憾的是我没有登上天都峰顶，攀上天都峰顶要通过险峻的"鲫鱼背"，上面虽有铁链防护，但仍很危险。同学们一致决定不许我这个年近六旬的人攀登。一个从大庆来的学员恳切地劝我说："这些年的磨难你都过来了，如果'报销'在这里可不值得，还是算了吧！"于是，我做了一次"胆小鬼"。黄山之游，我未能登临绝顶，享有"俯视天目松"的乐趣。只有远远地望着青年们在天都峰顶向我招手，"望山兴叹"而已。

登泰山是在"四人帮"垮台之后，我在山东省台短训班讲完课。和省、台的同志们一起兴致勃勃，劲头十足，只在南天门休息了一次就登上泰山顶峰。当时天色已晚，在山顶上旅舍住宿一夜，准备翌日看日出。

第二天天蒙蒙亮，我们爬上山顶最大的石块，站在高处，遥望东方，等待日出。这时云雾飘渺，云层厚厚的，人们都说今天很难看到日出了，纷纷离去。我抱着一线希望等待着，等待着……突然，一轮红日冲破云层冉冉升起，一会儿功夫就光芒四射。泰山的形象在阳光映照下显得更加雄伟壮丽。太阳是任何东西也阻挡不了的，正如高尔基在散文诗《海燕》中说的："乌云遮不住太阳，是的，遮不住的！"

"四人帮"垮台后，我有两次登庐山的机会都放弃了，我不愿意以"休养"为名去庐山。我要争取这次病好后，以"登山爱好者"的姿态攀登庐山，去看看庐山的真面目。

1992年1月31日

# 京华四友

昨天接挚友寿孝鹤来信，信中提到"五十多年前，每逢'五四'我们要绝食一天，沿府右街、西四大街长跑。一不忘日寇侵略之国耻；二锻炼身体以待来日报效祖国。五十多年过去了，我们的理想部分实现了。"

他的来信唤起我对往昔的回忆。真是"忆往昔峥嵘岁月稠，恰同学少年，风华正茂"。我和孝鹤是北平西直门南草厂小学的同学，他比我高两班，和我堂姐齐书荆同班。小学毕业后，他考上北平市立三中。三年以后，我在师大附中的同班好友张树东转学上了三中高中，也结识了孝鹤。于是，我们三个人，加上孝鹤的同班同学李瀛，便成了形影不离的好朋友。我们在假日经常相会。在日寇占据我东北三省，染指华北时期，我们义愤填膺，苦闷异常。除去绝食长跑之外，我们还经常骑车去玉泉山，用冰凉的泉水冲洗全身，去香山爬"鬼见愁"，以锻炼身体和毅力。

孝鹤接触进步书刊最早，他曾通过树东借给我一本巴金的《家》。读过它以后，我开始萌生反封建、争取个性解放的意识。觉慧是我当时崇拜的偶象，我决心走觉慧的道路。

每天放学以后，我就钻进宣武门内头发胡同图书馆，寻找所有巴金的著作。听说巴金的笔名是巴枯宁和克鲁泡特金两人的名字合成的，我就搜这两个人的著作。读的这些书，使我在反封建的意识上又增加了虚无主义的色彩，我决心设法摆脱封建家庭的桎梏。

孝鹤三中毕业后，毅然投向大后方，考入西北大学。他给我们来信动员我们去大后方上大学，不要在沦陷的北平做"顺民"了。

树东和我报国心切，准备到大后方报考空军驾驶员。计划动身时，他的在冀中打游击的姑母要来北平，我俩又改了主意，决定等他姑母来北平后随他姑母去冀中打游击。左等右等，十几天过去了，不见他姑母的踪影。于是，我们先后去了大后方。他考取了留美航空军官，我因视力不及格没有考取。他去美国学会驾驶飞机，学成回国不久，抗战就胜利了，他那杀敌报国的宏志未能实现，遂转入民航。

1946年12月14日树东驾机失事，不幸过早地离开了我们。当时我正在晋冀鲁豫解放区《人民日报》社编辑参考资料，翻阅国统区"中央社"的电讯稿，忽然发现一架飞机在江苏宜兴地区失事机毁人亡的消息。死亡人的名单中有副驾驶张树东！

我难以相信我的眼睛，我希望这不是他，是另外一个同名同姓的人，但这也不能使我心情平静。那些日子我如呆如痴，很难解脱内心的悲痛。我想不到北平一别，我们走了不同的道路。如果当年他随姑母去冀中的心愿能实现，我们一定会走上同一条道路的。他是一个很有才华的重感情的热血青年啊！

李瀛是我们中间最年长的，很少说话，但说出话来非常幽默。他喜欢理工，到大后方后进入了西北工学院学纺织。新中国成立后在天津、陕西咸阳等地纺织系统的学校执教。1956年被错划为"历史反革命"，1958年回河北望都农村劳动改造，乡亲们欢迎他，待他很好，不让他干重活，让他教学，让他开抽水机……但这也不能弥补他心灵上的创伤。几次回陕西咸阳申诉都没有结果。直到十一届三中全会后才得到改正，但也不能回原单位工作。这些年我没有见到他，很是思念……

王孝鹤西大毕业后拟去延安未能如愿，滞留西安，在《西京日报》任助理编辑，同时与地下党联系，办进步刊物《流火》，后来在开封入党。新中国成立后，一直在《人民日报》国内资料组工作。1966年4月突然匆匆调《西藏日报》社任编辑部主任"支边"，我闻之吃惊并为他担心。他已经45岁了，身患肝病、高血压，在那高海拔地区工作身体吃得消吗？他调西藏不久，即发生"文革"，受到冲击。

孝鹤老成持重，毅力坚强，生活道路上几经挫折都未能扳倒他。他勤奋好学，富有钻研精神，是个埋头搞学问的人，离休这几年编写《读报词典》《中华人民共和国资料手册》《中国省市自治区资料手册》《二十世纪中国大事记》等厚厚的资料书若干册，均已出版。现仍不知疲倦地每天笔耕不辍，我相信他的心境正如他在来信中最后所说：

"……我们为这个历史大趋势推波助澜，不管力量大小强弱，就生活得有意义，就生活得充实，保持了中国正直的知识分子的本色，就能进入安贫乐道的境界……"

是的，经过"文革"我们活下来，本色未变，这是十分值得欣慰的。

病中友人来信对我异常珍贵，它抚平往昔坎坷道路上的精神创伤，驱散潜伏在心中的阴影，给予我生活的勇气和力量。

真诚的友情是须臾离不开的祛病良药。

1992年2月


## 一枚列宁像章


今年6月21日中午，烈日炎炎，年逾六旬的李振友同志从牡丹江来京到医院探视，赠我一枚精致的列宁像纪念章，亲自把它戴在我的胸前，闪闪发光。我非常高兴，戴着它和李老合影留念。

我和李老相识快三年了。1989年12月从牡丹江市化工轻工材料公司寄到北京广播学院一封挂号信，署名李振友、王素霞。他们是看到《人民日报》刊登的纪念新中国成立四十周年征文获奖名单，特地致函表示祝贺的。

他们在信中说："我们反复读着《献给祖国的声音》一文，感到格外亲切。过去的事情就好像发生在昨天一样清楚，历历在目……"

他们20世纪50年代从《人民画报》上剪下我和潘捷在天安门城楼上转播国庆实况的照片一直保存到现在，这次连同他们和魏巍同志的合影一道随信寄来，让我看后退回，他们还要保存。他们听了开国大典的广播曾给电台写过信，我们之间的友情由广播搭桥，其实早在那时就已经开始了。

这封挂号信寄到广播学院时，我已患脑血栓住进医院，见到信时已是1990年元月，中间相隔一个多月。他们又寄来第二封信查询，我心中深感歉疚，拖延至1990年1月4日才复信。

从此，我们经常书信来往不断。有一次，他们来信推荐我阅读《地球的红飘带》，说："长征精神鼓舞我们从青年走向老年，是我们一生中最大的幸福，我们相信你一定会用长征精神战胜疾病……"

1990年3月11日，李振友同志出差来京，特地来医院探视，我们一见如故，促膝畅谈。这时我才知道他是牡丹江市化工轻工材料公司经理、党委书记，他老伴王素霞在牡丹江市检查院任副检察长。1949年天安门举行开国大典时，李老正在四野南下进军途中，听到实况广播受到很大鼓舞。他跟我讲了我曾多次听到的战斗英雄的事迹，以及部队收音员在战斗中用自己的身体保护收音机的动人故事，使我又一次受到人民战士热爱人民广播的教育。在当天的日记中，我习惯地用诗句记下我们的初次会面：

> 声音结交四十春，未曾见面情谊深。
>
> 牡丹江畔传书信，首都一见如故人。

开国大典军威震，广播奋起亿万心。

祖国大地容颜变，人民军队建功勋。

今年6月21日，李振友同志从牡丹江来京，又冒着酷热再次来医院看我，赠我一枚列宁像章。

看着这珍贵的纪念章，我久久无言，陷入沉思……

"革命的理想和共同为人民解放事业奋斗的历史为我们架起了友谊的桥梁。我们过去所走过的道路是毛主席等老一辈无产阶级革命家所指引的道路。在这条道路上我们义无反顾，一往直前……"

不久前李老来信中的话又响在我的耳边。李老的肺腑之言使我振奋，他赠予我的那枚列宁像章照亮我的心，我将永远把它珍藏在我的心里。

1992年6月22日


# 友 情
## ——交情老更亲

世上最可贵的是什么？每个人都有不同的回答。

我的回答是：世上最可贵的是友情，尤其是大学时代结下的友情。

没有友情，生命之树不会常青。天马行空独来独往，孤家寡人唯我独尊，是一天也活不下去的！

我住北京市工人疗养院三年多，半身瘫痪后又摔断四根肋骨，摔不死，是友情给予我力量；心肌梗塞呼吸停断闷不死，是友情把我从死亡线上招回。每接到远方友人一封来信，常使人浮想联翩；每接待一次本市或外地友人前来探视，常使我激动不已。

最近，从6月10日起，一连三天都有友人叩开病房的门。天是这样的热，路是这样的远，他们的探视给我带来欢乐，但也让我心中十分不安。

6月10日，去年此时曾来探视的同窗挚友，几十年患难与共的李振林和屈峻岭又来了。他们也老了，身体也不太好，现在都已离休。四十多年前大学时代，振林是我们秘密读书会"北方学社"的发起人，峻岭是西北大学大型文艺团体"星社"的社长，我是"星社"壁报的主编。当年他们风华正茂，为人正直热情，深受同学的拥戴。我和峻岭同班，振林比我们高一班，也是外文系俄文组的。我们互相砥砺攻读俄文，研究翻译苏联文艺作品，向往着北方——延安。以后我们先后投奔解放区，各在不同岗位上参加革命。新中国成立后都在北京工作，见面聚会。

他们一直从事俄文编译工作。这次来，振林说他正在研究"苏联解体问题"。峻岭被聘为某公司的俄语翻译，每天上班挤车，路又远，实在辛苦，都累瘦了。我们劝他不要干这种差事，岁数大了，不服老不行。我告诫他们："我就是前车之鉴！"

他们说看来你气色不错，不像久病的样子，有进步。我说病了几年了，不求有多大的进步了。现在我还能读书看报写文章，能写就是福啊！我把前两天的"作品"拿给他们看，心中有一种说不出的欣慰（我写文章不是为了公开发表，只是为了给亲友们看看）。多年的友情沟通了我们的心，我用"心"写的小小文章在他们的心中"发表"了！我怎能不高兴。

6月11日下午，我正坐在沙发上，膝头放块板垫着专心一意地修改稿子。忽然工疗的陈主任推门探头说："你看我给你带来了谁？"随后进来一位中等身材的女同志。我一看就脱口而出："张琳！"

"想不到你还认识我，反应挺快！"

"怎么会不认识？你一点也不显老，还是和当年演繁漪时一样年轻漂亮！"

"听说你住在这里，早就想来看你，可我住东便门，离这里太远了。今天政协在附近开会，我就搭车来看老朋友了。"

四十多年前的老朋友张琳，当年是西北大学"新生剧团"的台柱，我是个不起眼的演员。我们同台演出过《雷雨》。

我从退出市政协以后就没有见过她，她说："你比我想象的要好，能看、能说、能写。"我知道这话不是有意安慰我，在老朋友中，我当年演的鲁大海形象还没有倒下去，我暗暗高兴。

"黄定好吗？还唱京剧吗？"

"70岁了，身体也不行了，肺心病。儿女都不在跟前，家中我是壮劳力，每天骑着车子到处跑！"

黄定是她的老伴，我说："老伴中有一个能行动就是福啊，代我向黄定问好，谢谢你来看我，多多保重！"

6月12日傍晚，从福建来京参加翻译工作者协会代表会议的老友许崇信，抽会议空闲，由屈洪引路前来探视。他身体很好，红光满面。七十有三，脸上很少皱纹，我和屈洪年纪比他小，自愧不如。当年他在西北大学俄文系毕业前夕，把地下党保存在他手中的马列主义书籍留给我们的情景犹历历在目。如今见到年迈老友身体这样好，译著、教学成绩卓著，心中非常高兴。只是匆匆晤谈，未能尽兴，他们要赶末班车回招待所。

送他们出大门去车站的路上，我问崇信："你那七个儿子都长大工作了吧？"他笑笑说："你还记得我有七个秃瓢啊！早都工作了。""怎么会不记得，那年我去福建大学你的教授之家，给我留下深刻印象的就是：你有几乎一个班的'家庭保镖'啊！"

屈洪在一旁插话："老齐，你那能写是什么福啊！人家子孙满堂，共享天伦之乐，才是最大的福呢！我和老齐这辈子享不上这份福喽！"说罢哈哈大笑，我俩也随着笑起来。

末班车来了，我们就在一片欢笑声中握手道别。

# 五四随感
## ——记我和青年朋友的交往

今年（1992年）2月28日下午3时30分，两位西装笔挺的青年人叩开我病房的门。他们是谁？怎么我不认识。经自我介绍，才知道他们是从锦州来的，是锦州石油化工厂"青年突击队"的老队员。一位叫石凤林，一位叫李其文。他们代表全体队员特地来京看望我，对我去年"五四"青年节寄赠的诗表示感谢。这时我才想起去年5月我在《经济日报》头版看到锦州石油化工厂大修期间组成"青年突击队"，抢着干急、难、险、重任务的先进事迹，被命名为"辽宁省青年突击队"，深受感动。禁不住写了一首诗寄去表示祝贺。

我喜欢青年人，我赞美青年人。青年是新生的力量，是未来的希望。从发展的长远的观点看，人类历史的长河滚滚向前，总是后浪推前浪。青年人总是超过前人，后来居上。我对青年人有特别深厚的感情，还由于我和青年有过一段休戚与共的经历。

早在20世纪60年代初，我在中央人民广播电台担任播音艺术指导时，就曾倡议组成了"播音员青年奋进队"，队长是铁城，副队长是徐曼，队员有雅坤、丁然、赵培、虹云等十几人。那时他（她）们参加工作不久，个个生龙活虎，朝气蓬勃，犹如一股新鲜血液流入播音员队伍。"文革"中有些老播音员靠边站，他们都成为业务骨干，完成了繁重的工作任务。

但我怎么也没想到"文革"中是非颠倒，这些青年真是好样的，他们在那混乱的年月里并没有被诬陷不实之词引入歧途。他们真诚地关心我。在我调离中央台后，仍然和我经常联系。近几年我患病住院，他们虽然业务繁忙，许多同志担负了领导工作，加之人过中年，上有老下有小，仍不忘我这个"老师"。今年春节，铁城、徐曼和一部分当年的"青年奋进队"队员来疗养院看望我。他们谈起当年青年队下厂、下乡、下连队面对群众朗诵，和工农兵交朋友的收获，滔滔不绝，记忆犹新。

我在广播学院教课，去各地讲学期间又结识了不少全国各地从事广播工作的青年，和更多的青年交上朋友，经常书信来往。病中也接待过不少来京探视的青年朋友。如今从锦州来的这两位陌生的青年人带来了一百多位青年工人朋友的问候，使我心中非常高兴。

在这青年节即将来临之际，我以一个广播战线退役老兵的名义，向新近结识的优秀青年工人朋友和过去结识的所有青年朋友致以节日的祝贺！我衷心祝愿你们在建设祖国的事业中作出更多更大的贡献！

1992年4月28日

## 悠悠忘年情
### ——记新疆朋友杨金柱

我虽年近古稀，却喜欢和青年交朋友，在我的听众中就有不少青少年，通过书信往来成了好朋友，有的至今尚未见过面。

这两年我因病住院离开话筒，仍经常和听众朋友通信。从一封封热情洋溢的信中，传来他们对我挚诚的关怀。在我患病最困难的时候，是这些青年朋友向我伸出热情的手，这珍贵的情谊给我力量和勇气，帮我渡过难关，战胜病魔。我和24岁的杨金柱的相识，更使我难以忘怀。

我和金柱最初也是通过书信联系的。早在五年前我接到他从新疆建设兵团农七师子弟学校寄到北京广播学院播音系的信，要求报考。我曾复信给他并寄去招生简章。后因种种原因没有考成。翌年他考取中央戏剧学院戏剧文学系专业证书班。他在北京求学期间，常到医院看望我，从此我们日益加深理解并交上了朋友。

转眼辛未年春节来到了，家家户户欢声笑语喜迎一年一度的民族传统节日。我因患脑血栓偏瘫并摔伤后心脏病加重，生活不能自理。住在医院请来一山东农村青年小张护理。春节前他突然接到家中电报，叫他立即回家订婚。这件喜事理应支持，但我只有一个女儿，又因工作关系不在身边，老伴也年迈多病，实在无人顶替。这便如何是好？

正在我们焦虑不安的时候，金柱来医院探视。他已放寒假准备回新疆和母亲、姐姐一家过春节，特地来向我辞行。当他了解到我们的困难后，立即主动表示他可以顶替小张护理我。我和老伴当然非常高兴，但同时又十分不安。怎么可以为了我影响他一家的团聚呢？我们考虑再三，婉言劝他还是按原计划回新疆，而他执意要来帮忙。我们终于被他真挚的友情感动。

第二天他就提着一包日常用具，冒着纷纷扬扬的雪花来"上班"了。他一进门喜得老伴和我笑逐颜开，我刚说完"山穷水尽疑无路"，老伴接下去说"雪中送炭来金柱"。窗外正下着雪，金柱踏雪而来，真是雪中送炭啊！顿时病房里洋溢着温暖欢乐的气氛。

自从金柱来医院护理我以后，我们日夜相依相伴，更加深了相互的理解和友谊。回想起来，我和他相处的这一个月是我患病以来最愉快最难忘的一个月。

我们的生活被安排得井井有条，很有规律。每天清晨，他给我穿得暖暖的，用轮椅车推我到户外松林雨道呼吸新鲜空气，迎着朝阳扶我拄杖走走，然后我就坐在轮椅上练自编的一套体操，他就围着庭院跑步。他练声唱歌，我也练声朗诵。一天开始，精神无比愉快。

每天上午下午，我除去治疗以外，剩下的时间看看书报或复信，偶尔也写点东西。这时他也看书或写作。他知识面很宽，文学基础好，善于写诗歌散文。我们写的东西，即便是一封信也要彼此看过，不客气地提出意见，连一个错别字也不放过。有时我们认为写得还有点意思，就给报刊投稿。

有一天我戏作两首打油诗，一曰《魔影》，一曰《恶梦苏》。

### 魔影

十年魔影难消散，人妖颠倒顷刻间。

幸蒙苍天睁一眼，力挽狂澜有神仙。

### 恶梦苏

捷报飞来四害除，提溜螃蟹满京都。

三公一母成一串，举杯共庆恶梦苏。

他看罢只觉得很可笑，有点难以理解。于是我以自己的亲身经历和所见所闻和他谈了十年"文革"。那两天我们都没有睡好觉，他平时性格开朗爱唱爱笑，却一下子变得歌声笑语少了。我的经历引起他的回忆，他跟我讲了他的成长。他父亲是1948年进疆的老同志，因长期的政治运动和不切实际的种种蛮干，积劳成疾，不幸过早地病逝。"文革"中他的家庭也受到了冲击。他是母亲和姐夫、姐姐抚养大的，生活过得很艰难。

随着相互理解的增长，我们之间的感情日益加深。晚上我们同听广播或录音带，一同看电视。边听边看边议论。有时也海阔天空无所不谈。每逢周末看完新闻联播，就召开两个人的联欢晚会，他唱歌，我朗诵，真是饶有情趣，其乐无穷！一天下来觉得生活得很充实。

春节过后小张回来了，与我相处一个月的金柱要走了。临走这天，他亲切地叫我"老师"，他总是叫我"老师"，其实他并非我的学生。他见我抬起头，就用他那诚挚的目光望着我说："我有个小小的要求，想请你为我取个名字，作为我的笔名，可以吗？"我思忖片刻，缓缓地说："就叫占奇吧，与战旗谐音，行吗？"见他首肯，接着我便口占一诗：

青春为伍未曾期，金柱取名叫占奇。

新人新名谱新曲，雪山青松映战旗。

雪山来的青年朋友，我会记住你的。愿你这面青春的战旗高高飘扬，迎风歌唱！

1991年2月

## 愉快的聚会
### ——记卢源同志来访

1992年2月23日下午，一位身材魁梧的中年人叩开我病房的门。他一手拿着花束，一手提一只精美的圆盒。

"你好，齐老！"

"啊！你好，卢源同志！什么时间到的北京？"

"昨天凌晨。此行是专意为您老同贺七十大寿的！"

"谢谢，谢谢！不过……我可是从来不搞寿庆的呀。"

老伴一旁插嘴道："人家千里迢迢从开封赶来，怎么着也得表示表示。咱北京人过生日少不了吃面条，我这就出去预订。"卢源同志说："对！咱们先吃寿面，再吃寿糕！"说话间他已把那只精美的盒子放在了桌上。就这样，我们像久别的亲人一般开怀畅谈起来。

其实，谓之"久别"并非准确。我入院三年来，他每逢赴京，总要抽出时间到医院探视，算起来，这当是第三次啦。我不清楚他从哪里知晓了我的生辰八字，此行竟乃专程祝寿，使我于重病之后感受到友情的温暖。

这天傍晚，几位友邻也来参加这个聚会，一向平静的西一病区回荡着143室传出的欢乐。卢源同志即兴致辞，表达他的真诚和祝福。之后，他还为我举行正式的"献花典礼"，寿面、寿糕、掌声、笑语……交织成一幅幅美丽的画面，频频闪烁的摄像机灯光照亮了这难忘的时刻！

说起来，我和卢源同志早在二十多年前就开始了信函往来。那时，他先后在西藏军区、成都军区从事专业文艺编导工作，我在广播学院执教。其间，他曾介绍部队的话剧演员和播音员跟我通信。多年来，无论他在西藏边防还是到老山前线，都与我书信不断。记得有一次信中他提到老山战士在猫耳洞里收听《巍巍昆仑》的情景，使我很受鼓舞。

1990年6月19日，卢源同志出差来京，闻悉我患病入院，即冒着夏日暑热挤公共汽车赶来西山疗养地看望我。这是我们通信多年后第一次见面。交谈中知道他已由军队转业到开封电视台。不久我看到他在电视连续剧《焦裕禄》中饰演的县委副书记这一角色，并且他还是该剧的副导演。据悉，现在卢源同志又与同伴们一起忙于策划拍摄大型系列剧《清明上河图》。

如今，在我们广播电视队伍中增加了生力军，且一上阵就身手不凡。我衷心祝愿卢源同志会作出更大更出色的贡献！

我感谢人民广播为我们搭桥，使我们有缘千里来相会，感谢卢源同志给予我战友的宝贵力量。使我得以顽强地战胜病痛！

我们第一次见面后，我曾赋诗一首相赠，这里姑且就以这首短诗来结束这篇文章吧！

> 万水千山不隔声，鸿雁传书知行踪。
>
> 未曾见面早相识，多年知音会北京。
>
> 千言万语情不尽，良师益友心相通。
>
> 西藏边疆留业绩，转来地方立新功。

# 元旦会五弟
## ——手足情难忘

1991年岁末，疗养院装修房屋，整天哐哐当当，搅得人心烦意乱，实在无法忍受，只好回家。家里老伴一人又忙家务，又要护理我这个偏瘫病人，实在累得够呛，我心中甚是焦急。这是患病以来情绪最低落的时候。

正当此时，八妹打来电话，说她五哥（即我五弟）由桂林来京住在她家。三天以后，1992年元旦，五弟夫妇、八妹一家及在京亲人都来我家，欢聚一堂。我家住房是年前老伴沙林找人粉刷一新的，新年午餐是她奔走两天筹备齐全的。当我们一同举杯祝贺新年、迎接五弟来京的时候，我的心情无比欢快！

"每逢佳节倍思亲"，五弟远在他乡，多年来每逢年节在京亲人团聚总少五弟，手足之情年年岁岁涌满心头。

三弟、五弟是和我从小一起长大的，感情最为诚笃，心心相通，无话不谈。有几年上中学时我们同住一室，每天早晨一同骑自行车上学，晚间同在斗室中温课，我们把这可爱的小屋叫作"三人书屋"。后来我和三弟先后走出"书屋"，就剩下五弟独自一人了。他为人善良，自幼少言寡语，与人无争，喜欢古诗词，擅长书法。

1946年夏，我由西北逃亡回家，家中靠变卖度日，情景十分凄凉，五弟正患肺结核卧床辍学，我立即把他送进医院，希望家里卖尽房产也要给五弟治好病。

北平临近解放时，家中只有老母守着三个妹妹和辍学多年的五弟过活，好艰难啊！而不幸的是五弟又被"国军"抓去挖"防护沟"，直到北平解放才被释放回家。

北平和平解放，我们兄弟相会了。1949年秋，五弟从华大短训班结业，随军南下，在广西一带农村搞土改，想不到这个文弱的书生也拿起枪来搞起反霸斗争。我从当年他的来信看到他变了一个人，革命武装了他的身心，他幸运地参加了最后阶段的人民解放战争。新中国成立后他一直留在南方，在武警部队工作。

从此我们难得相见。"文革"初起，一天五弟突然来京，那时他已被打下基层，乘调动工作的机会来京看我。那时我的房子被"造反派"强占一间，我无法接待他，只好和他在单身宿舍同住两天。我们彻夜长谈，难舍难分，估计今生也许不能再见了，挥泪而别。"四人帮"垮台后，我们兄弟姐妹曾在京相聚，这次在我重病之后又聚首一堂，怎不令我高兴万分？

遗憾的是"天下没有不散的宴席"，如今五弟又回桂林，我又回疗养院了。临别时他赠我一首七律，我回赠他一首诗，诗曰：

元旦团聚手足情，鬓有银丝益美容。

音容未改童心在，南下创业志无穷。

1992年元月

## 巴金《随想录》读后

巴金《随想录》五集，我在1987年患病前就买下了。当时还在工作，杂事也多，每天不得闲。偶尔翻阅一下，爱不释手，就是没有时间读下去。最初患病住院那两年，很想从头读起，但思想不能集中，看这种书要动感情，大夫不让我激动，又一次没有看成。直到去年（1991年）10月振强和虹儿由瑞士休假回来，我回家去住。在书橱内我找到了这五本小书（装订得小），如旧友重逢，从第一集读起，每天读一二篇。从此就被它们吸引住了。

回医院后一整个冬天，我蛰伏房内时而写作、复信；时而忙着把借来的书看完；每天又要及时翻阅订购的报纸杂志。这样，直到前两天，冬天都过去了，我才将巴老巨著五集从头到尾全部读完。我读着《随想录》，感到跳跃在字里行间的那颗热爱祖国、热爱人民的心依然那么强烈，他的思想依然那么年轻、充满活力。

巴金说："我仍然担心我的文章对读者会不会有帮助，会不会有启发。"

我说，巴老，请放心吧，你历尽坎坷，用尽一生心血写成的书，是拥有广大读者的。我这个年已古稀的瘫病人，就是你的一个忠实读者。早在20世纪30年代在北京师大附中上学时，我就读过你写的《家》《春》《秋》等书，背离了封建家庭，走上革命道路。你现在是一位世界著名的伟大作家，我不过是中共一个普通党员，但我们有一点是共同的：你一生探索的、追求的，也是我一生探索的、追求的。

直到今天我还和你有心灵上的共鸣：你那样珍惜依靠药物延续的生命，每天仍用颤抖的手不停地写，要写出真话。这也是我的最后一点心愿啊！……

当然啦，我不是作家，就是写出真话，也不可能出版问世，广而告之。但我有真话要讲，有真情要发，我也要不停地写"不让靠药物延续的生命白白浪费"（《随想录》第5集81页）。我也要像你一样锻炼自己的耐力，希望"走"得平静、从容。

是的，我也一定要坚持到最后一刻。我过去和现在都从你的书里得到了力量，从你的文章里得到了启发。

我非常爱读巴金的书，我更敬佩巴金的为人。《随想录》中处处可以读到他剖析自己、责难自己的真心话，第5集《怀念胡风》一文中有这样的剖白："……想到那些'斗争'，那些'运动'，我对自己的表演（即使是不得已而为之吧），也感到恶心，感到羞耻。今天翻看三十年前写的那些话，我还不能原谅自己，也不想要求后人原谅我。……想讲真话，也想听别人讲真话，可是拿起笔或者张开口，或者侧耳倾听，才知道说真话多么不容易。"（《随想录》第5集176、177页）

这些话出自作者心灵深处，是那伙对别人落井投石的人说不出口的。他们只会说假话，不会也不能讲真话。但历史是改变不了的，谁好谁坏，谁是谁非，是真是假，历史终究会作出结论的。

1992年4月

# 四十八年前的两篇杂文

去年12月医院装修病房，噪音搅人，无法居住，只好躲避回家。家中除老伴外无儿女护理，又住二楼，上下不便，每天蜷缩在房间里读书看报。忽然有一天老伴抱来一叠材料，有文稿，有书信……让我用未瘫痪的一只手慢慢清理。意外地从中发现了两篇四十八年前的杂文。那是1944年我在陕西城固西北大学上学时写的，以"遥拉"笔名发表在"星社"主办的墙报上，老伴为我保留至今。

看来还有点意思，故一字未动抄录于下：

## 看戏法

记得刚刚跨进"大学之门"的当儿，那股劲头是和现在大不相同的。那时好像看戏法，一切隐秘都藏在背后还未戳穿。眼睛睁得圆圆的，无论对什么都觉得新鲜。甭说别的，就是那满墙花花绿绿的通告也足够吸引我这个乡巴佬了。什么同乡会啦，校友会啦，××学会……五花八门应有尽有。

同学们先后被邀请赴会了，那时我真有点羡慕，每天我的眼光总不放松校门外的墙壁，唯恐错过被邀请的机会。

那天"××省同乡会迎新及改选大会"的通告陡然出现了。心里立即涌起一股说不出的亲切味儿。抖一抖身上的灰尘，换一双新草履，按时出席。

会场鸦雀无声，在角落里有三五个陌生的面孔，心想莫非弄错了。可是门口明明白白贴着"××省同乡会会场"的字样。别是还不到时间吧，禁不住走过去和那几位早来的攀谈："请问不是规定一点钟开会吗？"

"规定是一点，正式开会得到两点，向例如此！"

是的，向例如此，事已成"向例"，则非同小可，不合理也得说合理。何况这种"向例"已有历史性的伟大意义，那就无怪乎"大学先生"们（本地老百姓赐大学生的雅号）也"向例"翩翩而来迟了。

在那一次的"会"里，我对一切都觉得陌生和新奇，因为那是我自呱呱坠地以来头一回参加了百余人的同乡大会，换句话说，就是开了眼界，饱看了一套生活中的新戏法。

会上最后一项精彩的节目是改选。会场莫名其妙地骚动起来，有一伙"绅士味"十足的人在座位间穿来穿去。当我刚刚领到一张选票的当儿，一位西装粉面的漂亮同乡站在我面前，笑眯眯地递给我一张纸片，低声说："就照这上面的名字写票吧，有你的便宜。"还没来得及仔细瞻仰一下那纸片上的"芳名"，另外一位长衫油头商人型的同乡也给了我一片纸："喂！必须照这上面写！"那好像是长官在命令部下的口吻，又似乎是他的腰里早已插着一把手枪做后盾。

……

无论如何吧，我当时手足无措，不知所从了。两片纸上排列的"大名"不一样，心想照第一张抄写选票，说不定有碗羊肉泡馍；然而若不照第二张写，就许挨顿揍。心里七上八下一时拿不定主意。猛抬头，两对眼睛由不同的方向投射过来。嘿，原来人家还监视着呢！管他的，干脆放弃权利。不知怎的，那会儿我偏偏犯了牛脾气，把那张选票和列有"大名"的纸片狠狠地都团在手里。承受不住那两对高贵眼光忿怒地责备，我深深地埋下头去，汗珠儿顺着脸颊流下来。

谢天谢地，好容易盼到散会了。我好像一个被赦的囚犯，随着人群溜出，带回一身臭汗，一肚子花生米。

这可如何是好！真没办法，我这个人的牛性子总也改不了。白吃花生米，看完戏法，还不知足，总想知道戏法的奥秘。天下没有骗住人的戏法，任凭你是怎样有本事的魔术家，日久天长总要露出背后美妙的景致来。

所谓"同乡会"者，当然有"会"的奥妙在焉，利用"会"可以泡密斯①此其一；可以演戏赚钱，此其二；可以弄一年"会费"吃"青年食堂"②，此其三；可以扒同乡中显贵之门作为进身之阶，此其四；可以纠合一些无聊分子必要时作为威吓的打手，此其五。此五点，就无怪乎"大学先生"们趋之若鹜了。

不过，若所谓"会"的奥妙如此而已，我想还是以不"会"为好。没有捧场的，戏法终究是变不起劲。话又说回来了，如果您是个无聊的人为消磨无聊计，明明知道这套戏法的秘密，偏偏高兴去看，既甘心受欺，并安于自欺，那就另当别论了。

1944年西北大学文理学院门前墙壁上，贴出"星社"主办的大型壁报吸引了许多同学。其中《看戏法》这篇杂文如锋利的匕首，刺中某些"大学先生"的痛处。

从此以后，我再也没有接到过河北省（即××省）同乡会的通知，无形中我被剔出了河北同乡会的行列。那些自称是我的老乡的头面人物，过去见面亲热无比，现在横眉冷对，怒目相视。这下子，戏法看不成了。

可是，"物以类聚，人以群分"，没过多久，东北同乡会又找到我，负责人叫刘敌，入学时我就认识他，入学后又住同一宿舍，是个老实正派的人，我们很谈得来。他知道我出生在满洲里，在那里度过童年，就动员我参加东北同乡会。于是，我就成了流浪关内的东北老乡。

那年"九一八"，为纪念国耻日，救济流亡的贫苦同学，准备举办义演，演员由同乡中选拔，决定演出话剧《雷雨》。最初安排由刘敌扮演鲁大海，由我搞剧务。后来因为我对情况不熟，我俩换过来，刘敌专门搞剧务，我演鲁大海。《雷雨》已看过多遍，向来未演过，但鲁大海这个角色我很喜欢，演得经心，受到导演的认可。

戏排好，队伍拉到汉中正式演出。海报贴出了，票已经卖了，突然官方

---

① 追女学生。

② 当时城固最高级的饭店。

勒令禁演，说《雷雨》在抗战前是禁戏，现在仍是禁戏，学生也不能演。

这可怎么办？刘敌说："到了这一步，咱们不能罢休，改排别的戏，一定要演出！"于是，我们花了三天时间日夜赶排《金玉满堂》。演出总算没有被扼杀，达到为流亡贫苦同学筹集救济金的目的。

事后，刘敌打听到这是河北同乡会的头头疏通了汉中官方做的手脚，他们是和我作对，是我连累了东北同乡会，我向刘敌道歉。

刘敌对此毫不介意，他说："这个社会就是这样复杂！老兄，做个生活的强者吧！"

新中国成立后，听说河北同乡会某些头面人物，原来是国民党特务。1946年西大学潮时，他们罪行累累，受到人民的惩罚。


## "无关大体"

我考进大学堂以来最感兴趣的事，就是"吃饭"。因为对于"吃饭"不放松，故而间接对于有关"吃饭"的事也不愿意轻易放松。

谁不知道这个学府里膳委会的产生是采用"民主制"，只要你是这个学校的学生，每学期就有一次被选出服务的机会，且仅能有一次。这是监委会的规定。不过规定终究是规定，向来没人睬那一套。这也是我国人的老脾气，不足怪的。因此，就有同一个人在同一学期里干过两次以上的膳委。如果这个人真是办伙食的能手，大家欢迎他，亦不足怪。

可怪的是干"膳委"乃出自他的私意，表面上似乎是选出的，实际上是"活动"的结果。这样一来，问题便不大简单了。探究其鬼胎不外乎：其一，出风头，泡密斯；其二，不上课；其三，揩油。前两点姑且说情有可原，然而后一点呢，这是直接与大家吃饭有关的吧，按说只要发现有这种可疑的行为就要加以制裁吧，其实不然！

更可怪的是尽管"膳委大人"天天"老乡亲"①吃早点，大家是甘心喝稀

---

① 当时城固卖羊肉泡馍最有名的饭馆。

粥的。只要有伙弟兄捧着您，那么请您尽管放开胆子"揩"过一期，再干一期，就是把假期回家看老婆的路费都"揩"下来，放心吧，也绝不会有人揭发您。您们是绝顶聪明的，您们比任何人都捷足先登，把握住此点奥妙也。

这么说，别人都是哑巴、瞎子？不是的！是大家都在装哑装瞎罢了。也许有少数人忿忿不平，可是他们抱着多一事不如少一事的态度，只不过是敢怒而不敢言。大多数人早已对这种事司空见惯，不足为怪了。这种事他们的反应是："无关大体"，"无所谓"而已！甚至有些人已经承认给大家服务揩点油水也是应该的。天爷！"乱臣贼子人人得而诛之"，这还是封建时代的原则。如今有意破坏选举，私下活动膳委，可谓"乱臣"；既任膳委，又揩大家的油，可谓"贼子"。目前，对于"乱臣贼子"不但人人得而不"诛"反而"养子"。呜呼，古人在坟墓里岂不笑掉大牙！

在可怕的沉默里，我们用国家的贷金①养肥了少数人。这少数人大摇大摆地走出校门，继续寄生在更多数人的身上。长此以往，我们对得起国家吗？

谁要说这个时代只有私人间的倾轧，见不到众人正义的制裁，我是根本不相信的。最可怕的是把与"吃饭"有关的事也都看作是"无关大体"而装哑、装瞎呀！


# 七彩人生
## ——记老伴杨沙林和我


当今时兴"七彩人生"这个词，广播电视、报纸杂志到处可见。老了，老了，咱也要借用这个新词写写老伴和我的"七彩人生"，请您慢慢往下看来。

自1989年4月转院来到北京市工人疗养院已经三年多了，看来失掉的"半壁江山"（半身不遂）在我有生之年是难以"光复"了。可以告慰于关心我

---

① 国民党给到大后方上大学的伙食费。

的人，我尚能读书看报听广播，时而还复信写"文章"。真如苏东坡的诗所云："因病得闲殊不恶，安心是药更无方。"

三年多来，我的老伴杨沙林既照顾家中老小，又要经常来院探视。至今由家来院，粗略统计往返约三百次之多，行程约有两万五千里。真是历尽严寒与酷暑，备尝艰辛和甘苦，三年"长征"两万五！

我计算着她来的日子，我盼望着，盼望着她的来临。她来时拎着大包小包，不仅带来我喜欢吃的东西，更重要的是带来了难得的精神食粮：亲友的来信，我爱看的报纸杂志，我想读的……这些充实了我的生活，使我常常忘却了失掉"半壁江山"的苦痛。

她是我的第一读者，我把写好的散文或诗的初稿拿给她看，让她提意见修改。有时她认为可以寄往报刊发表，就帮我誊清在稿纸上寄出。有时她也兴致所至写篇散文或赋诗一首，给我看看，提点意见。仅仅这一年来，我们这样合作，慢慢地已经写成几十篇诗和散文了。

这情景不禁使我想起四十八年前初恋前的合作与我们相濡以沫的漫长一生。

1944年的春天，我被聘为西北大学著名的文艺社团"星社"的墙报主编。第一天走马上任，在热闹喧哗的办公室（即教室）里，"星社"社长领来一位身材不高，样子有些病弱的女同学对我说："杨淑真（老伴原名），她是你的助手。"我抬头一看就说："不必介绍了，我们同系同班。"

杨淑真是我们外国语文学系的同班同学，只不过她在英文组，我在俄文组，平常很少接触罢了。从此以后，我们课外策划每期的墙报内容，分头去各院系组稿；晚上在灯下一同阅读修改来稿。有时我俩自己写的稿子也互相传阅提意见，她的钢笔字写得好，经常要把一些稿件重抄一遍。

这样，我们渐渐接触多了，我发现在她纤弱的身体里跳动着一颗善良的心，蕴育着求索真理的炽烈热情。我们的心开始贴近了，思想感情的交融加深了。随即她也参加了秘密读书会"北方学社"，一同学习研讨马列主义书刊。在坚实的友情基础上我们相爱了。

这年冬天，我们接受了从延安来的"北方学社"领导人的意见，在西安的报纸上登了个启示，开个茶话会，举行个简单的结婚仪式，就把终生大事办了。12月2日晚，借用学校图书馆大厅，把桌子摆成"口"形，买了点水果糖，没有新衣新被，更没有添置任何新的日用品，我们就这样结婚了，开始了大学最后一年的共同生活。那天晚上气氛十分热闹，同学们唱歌跳舞，歌声不断，此起彼伏，欢笑声洋溢整个大厅。

这种形式在陕南是从来没有的，一下子轰动全校。第二天流言蜚语就传开了，说是"共产党那一套在西大吃香"，又说"外文系俄文组齐斌濡（我的原名）是中共地下党在西大的秘密电台台长"。

我们在校外住的房子，是"北方学社"好友何自勤（现名何冈）腾出的，离学校较远，地点很偏僻。后来真的成了地下党和进步同学秘密集会的地方。1946年学运中的传单和《告各界同胞书》就是在我们这个"家"里秘密印刷的。

学运失败后大逮捕，我幸而在一位好心的教授掩护下逃离城固。我的爱妻杨淑真被传询，这时我们已经有了几个月的小女儿，由同学轮流看守。淑真被连续审问了一整天，问我的所做所为，问我的去向行踪，她一口咬定"不知道！"只好取保释放。她吃力地迈着疲倦的步子去寻找女儿，心里又惦记着我的安全。女儿不吃人家的奶，找到时已经饿得哇哇哭叫了一天。她听传言，说我在逃往宝鸡的公路上被捕，没有和其他被捕同学关在一起，被特务装进麻袋沉入汉江；又听说我走小路翻秦岭去了西安。她不知我的真实情况，惴惴不安地带着襁褓中的孩子，在同学们的帮助下，好不容易逃往西安。我们在西安友人家里相会了，当我突然出现在她面前时，她哭了。这是我们共同生活以来她第一次哭。

去延安的路那时不通，经地下党介绍去北平找朝华书店经理接头。当时正是抗战胜利后不久，只通一段火车，还要走旱路。能抢上火车是很不容易的，幸而和同学搭伴，在他们帮助下把淑真和孩子"塞"进车厢，找了个座位。我和三个同学爬上车厢顶盖，车就开了。淑真挤在车厢里又要照顾孩子，又时时担心我在车顶上的安全。我们虽近在咫尺，却无法互相关照。事后她告诉我，每当火车通过隧道时她都担惊受怕，怕我被山洞洞顶碰撞下去粉身碎骨！历尽千辛万苦总算"完整无损"地回到北平。

当我送她和孩子回到她自己的家时，见到她的父母都已年迈多病无人照看，生活没有保障，父亲失业，家无隔夜粮，还有一个孤寡的姐姐住在一起，一家三口在贫困中挣扎。这时我们简直难以启齿说出原计划"把不满周岁的孩子交给老人抚养"。是她，我的爱妻提出留在当地中学教书，抚养老小，支持我先去解放区。就这样我俩一别三年，音讯隔断，她背负着生活的重担，在荒凉的小镇中挣扎。这三年我却逃脱了特务的通缉，自由自在地生活在太行山晋冀鲁豫解放区的大家庭里。

人民革命战争的胜利给我们带来夫妻重逢，家庭团聚。1949年年初当我找到她母女接来北平时，她也很想做播音员。她口齿清晰，文学底子厚，有表演才能，本来是可以做播音工作的，当时又正缺播音员。是我坚持不让她干，理由是考虑夫妻在一个小单位工作不合适。这样她就放弃了个人爱好，从头学起，全心全意地一生从事了图书资料事业。

我在话筒前工作需要投入全部思想感情，需要注意力高度集中（那时都是直播或现场播音），是她，我的好妻子几十年来为我操劳，分担了多少家务！我经常上早班，无论多么早，她都要起来为我准备早餐，她说："多少吃点，对发音有好处。"我时而上晚班，不管多晚，她都为我备好夜宵，等我回家才休息。每次录音，只要时间许可，我都要在家中试录，请她提意见，她是我的第一听众；每次朗诵，上台前我都要在家里排练，叫她挑毛病，她是我的第一观众。

我是历次运动的"运动员"，每当运动中我被别有用心的人借机整得思想不通时，她总是说："对这种跳梁小丑不值得理会，不做亏心事，哪怕鬼纠缠。忠诚于党的事业，自己问心无愧就是了。"

"文革"中一大堆莫须有的罪名和各类帽子铺天盖地扣在我头上，我回到家里常常怔怔地站在窗前一言不发。她无论远去干校或近在家中都时时挂念着我，唯恐我一时想不通走上绝路。她经常对我说："要相信党，一切都会过去的，坏人终究不会有好下场！"

是她，我的好伴侣（虽然她也受了冲击）伴我、帮我熬过"文革"，使我能活下来又为党做了点工作。

如今我失掉"半壁江山"仍然能写是福，这福是她给予我的。又是她，我的老伴，伴我、帮我战胜病痛，不停地写。我写，她也写，我们又回到四十八年前大学时代初恋前的合作了。我们恢复了青春年华！

生命之树在我们心中永远是常青的。真诚的爱对我们是永生的。

上面就是老伴和我的"七彩人生"，愿七彩人生不仅属于中、青年人，也属于老年人。

1992年12月2日

## 也说说 "能写是福"

老伴来医院，带来《北京晚报》，在3月19日《五色土》版上，读到刘绍棠同志的文章《能写是福》，颇有同感，也想说几句。

一个作家失掉了"半壁江山"（半身不遂），仍笔耕不辍，新作不断问世，这的确是福，对此我很理解。我同样失掉了"半壁江山"，活得很累。我告别了话筒，离开了课堂。但我要用笔顽强地写。去年我用写打油诗的方式写了厚厚的四本《病中抒怀》，今年开始用写"散文"的方式写了《病中随感》十几篇。

我不是作家，很少有人向我约稿，我写东西的目的不是为了发表。只因为我有些心里话要说，不说憋得慌，一吐为快。我外孙要给我录音，我没同意。于是，吃力地拿着笔想起什么就写什么，开始了病房"写作"的生活。

虽然写得很费劲，但还是不停地写。每写完一首诗，每写完一篇文，拿给老伴和亲友们看看，心中有一种说不出的满足和幸福。对于作家来说，战胜顽症，能写是福。对于我这个人来说，虽然不能在话筒前说话了，但还能用笔写也是福。

大约五年前，我是在"中外文化书院"播送专业面授结业式上见到刘绍棠同志的。这不久，就听说他因糖尿病引起了中风偏瘫。又过了不久，我也因糖尿病导致中风偏瘫，我们同病相怜。不过，我已年近古稀，恢复到现在的情况已属不易，我很知足。而他，绍棠同志还年轻，我相信他一定能够"收复""半壁江山"。

从20世纪50年代我就是他的一个忠实读者，我和他的广大读者都盼望他早日恢复健康，福上加福，写出更多、更好的作品来！

1992年4月16日

无论在多少听众面前朗诵，必须永远在自己的音调中保持诚挚和温暖，一秒钟也不要与自己的听众停止"交流"。

　　朗诵以前这样研究材料是非常重要的，要使听众看见在他们面前的是一个政治上坚强的、可信任的人。这样的朗诵家或演说家将会永远受到听众欢迎。

翻译作品精选

# 给查达耶夫

## 【俄】普希金

爱情，希望，高傲的荣誉的欺骗

再也不能长久地安慰我们；

青春的欢乐早已经消散，

像一场梦，像清晨的雾霭，

但是在我们心底还燃烧着希冀：

在命定的权力的压抑下

用一颗不能忍耐的心

我们听从着祖国的召唤。

偕同等候所生的厌倦，我们期待

那神圣的自由的时刻来临，

就像一个年轻的恋人等候着

那可信赖的约会的时辰。

趁着内心自由的火在燃烧，

趁着心为光荣而生存，

我的朋友呵，让我们献给祖国

两颗美丽而激动的心！

同志，请相信吧：它终究要升起，

那令人向往的幸福的朝霞，

俄罗斯那时会由睡梦而惊醒，

而在专制的废墟上

人们会写上我们的名字呵！

# 狄更生的书

黄色的云飘浮在菲奥多西亚的天空，暑热弥漫着，波浪像无数铁桶撞击似的隆响着，一群顽皮的孩子坐在一棵老金合欢树上，嘴里塞满了香甜的干花，遥远的海上升起一缕透明的白烟——汽船从奥捷萨驶来了，一个忧郁的渔夫，带着一片绳索编成的渔网，吹着口哨，不时向水里吐着唾沫——他似乎很烦闷。并排和渔夫坐在岸上的，是一个小孩子，他正在埋头读一本书。

"喂，小学生，你读的什么书？给我看一看吧。"渔夫粗声粗气地问。孩子小心翼翼地把书递给他，渔夫开始读起来，他读了五分钟，十分钟，他兴奋得不住地喘着气，说道："这真令人激动呵，上帝惩罚我吧！"孩子在一旁等待着，渔夫又读了半点钟，天上的云已经变换了位置，那群调皮的孩子已经吃光了一棵金合欢又爬到另外的一棵上，渔夫一直在读着，孩子焦急地望着他，一个钟头过去了。

"伯伯，"孩子低声说，"我应该回家啦。"

"找妈妈去吗？"渔夫连看也没有看他问道。

"找妈妈去。"孩子回答。

"找妈妈急什么。"渔夫很生气地说。

孩子一声不响了。渔夫不时"哗哗"地翻动书页，吞咽着唾沫，一个半钟头过去了，孩子悄悄地哭起来，汽船已经驶近港湾，毫不经心地高声叫啸着，孩子哭泣得已经遮掩不住了，眼泪顺着他那颤动的面庞流下来，渔夫一点也没有注意到，码头上年老的守卫向他喊叫着："喂，贝迦，你干吗捉弄一个小孩子呵！有一点良心吧，把书还给他。"

渔夫莫名其妙地望着孩子，把书扔给他，吐着唾沫，怒气冲冲地说："给你，小市侩。书是你的，让这本书噎死你吧。"

孩子拥起书来，头也不回，沿着灼热的岸坡跑去了。

"那是一本什么书？"我问渔夫。

"那是狄更生的，"他怅惘地说，"真是一位了不起的作家——就像树胶一样黏人。"

（1945年11月15日《西京日报·南山副刊》）

## 谈谈普希金

【俄】果戈理

提起普希金这个名字，俄国民族诗人的念头立刻同时浮现出来。是的，实际上说，在我们所有的诗人中，无论谁也不能高过他，同时谁也不能再称作民族的诗人，这种权利显然是属于他的了。我们语言的丰富柔美和力量完全蕴藏在他底身上，犹如包容在一部百科全书里，对于我们的语言，他比一切人都更远地推广了它的境界，同时更明朗了它的范围。这是一位发展到终极的俄国人，就这种发展看来，他或者在二百年以后才该出现的。俄国的自然，俄国的精神，俄国的语言，俄国人的特性，在他身上反映得这般清晰，这般鲜明美丽，就如同自然界的风景反射在毛玻璃的表面似的。

在俄国，无论哪一个诗人，也没有像普希金这样令人称美的命运；无论谁的光荣也不能扩张得这样迅速。人们始终认为谈一谈普希金是一种义务，因此有时竟歪曲了他底长诗里闪烁着光彩的部分。

他底第一行诗就已经使他成为一个民族诗人了，因为真正的民族诗人并不在乎描写农妇的长裙，而在于民众的心灵。当我们的诗人将目光投射到全体的民众，描写着极琐碎的世事，而谈出国人内心的感觉的时候，他就已经是一个民族的诗人了。如果关于普希金与其他诗人不同的特质应该说几句话，那么它们是包含在一种异常的写作的机敏和用少数特征表现整个事物的特殊技巧里。他的形容语用得如此清晰而有远见，甚至有时候一个字就可以代替了完整的描写；他的笔法是活泼而生动的，他的小小的戏曲，常常与一篇长诗有同等的价值。哪一个诗人在他极短的戏曲里也能像普希金一样充满宏伟、纯朴和力量？

普希金在他那些些短小的文章中，在那些异常美丽的语汇里，完全是多方面的。他底小小诗集，就是一幅幅灿烂的图画。同时也就是一个光辉的世界，在那儿大自然反映得如此生动，犹如投影在一条银色的河流里；在那儿一切都是单纯的，一切都充满了不遽然暴露的内在的光彩。词句虽然不多，可它却是这样确切地表现了一切，甚至于每个字都像诗人本身一样，蕴有无限的意义。


# 罗莱亚

**【德】海涅**


我不懂，我将怎样，
我底悲哀总在加深着，
往日的传说，
早不让我安谧了。

空气凉快了，天变黑了，
但莱茵河底深处在闪耀。
高耸的悬崖，

在霞光里燃烧着。


一个少女坐在那险峻的山巅，
　　歌唱着一支曲，
　　金发在闪耀，
梳子灿烂着黄金。


　　她坐在河上唱歌，
　　　梳着头发，
　　　诱惑的歌声，
充满了奇异和烦恼的苦闷。


荡舟人，在深深的困惑里，
　　投桨激流，
　　不再和河流噪闹，
　　　只望着那山巅。


我知道，波涛激怒地
在头间沉没了孤舟，
罗莱亚用自己的歌声
　　造成了这一切。

# 问答篇
## ——爱的"启示录"

"许多正在学校受着教育的男孩子（他们无疑将是支持国家，建设国家，改造人类，担负伟大事业的未来的主人翁）在爱情前失败了。他们有的忿怒着想报仇，有的在那里向女子咒骂，有的陷入失去知觉的沉默，另外一些更可怜的，躲在没有人的地方哭泣，肠断，而逐渐毁坏了健康。这现象严重吗？"

"那是很严重的。"

"那些男孩子们表现得对不对呢？"

"他们是可怜的，值得同情的，但是，他们的行为并不正确。研究社会问题的专家应该特别注意到这可怕的现象，他们应该进行研究，并且提出自己的意见，给那些男孩子一点参考和指示。"

"那些可怜的孩子们应该怎么做呢？"

"想回答这问题必须先说明男孩子在爱情前失败的原因。"

"那么失败的原因怎样？"

"那原因是很复杂的，并且有许多不甚重要的原因不必做详细说明。比如：学校里男生比女生多；再如：战争时期，人类高贵的情绪逐渐破灭，欲望降低，或被生活所胁迫而增多的卖淫，通奸和买卖式的婚姻……"

"最主要的原因，请您说吧！"

"爱情和艺术，正义，友谊是高贵的精神文化，高贵的精神文化必须建筑在合理的基本的生活上面，正如一朵丰满的花必须生长在肥沃的土地上一样。而今天，我们基本的生活还是贫瘠的，丑陋的，畸形的，我们怎么能够希望在这样的生活上见到爱情呢？"

"什么是合理的基本的生活？"

"您问得走题了，并且您应该知道。"

"对不起。请问那些可怜的孩子们表现得为什么不正确呢？"

"与其说年轻的孩子不正确，还不如说我们给他们的指示不够！我们对于社会做得太少了！我们整天在追求自己的幸福，整天装聋卖傻，袖手旁观，把自己和人们对立起来，生活一天比一天奢侈，一天比一天堕落，一天比一天贫困，国家怎么能不弱，民族怎么会不发生危险！"

"您说他们为什么不正确呢？"

"因为他们不能解决问题。忿怒，咒骂，沉默，悲哀，都不能改善他们爱情上的命运。"

"如果不忿怒，不咒骂，不沉默，不悲哀，而用更赤热的心，更热烈的情感去爱，行不行呢？"

"那是高贵的，可钦佩的行为。但是我们应该知道任何一件东西所发展成的形式是被它的本质规定着，同时，从本质所发展成的可能的形式又被存在的条件规定着……"

"您说得太学术性了。"

"譬如一棵树的种子，可能发展成一棵枝叶扶疏的大树，但是如果它掉在沙漠里，就只能长成一棵矮小而枯萎的树。爱情也是这样，在贫瘠的不合理的生活里，爱情就失去了它的色彩和光辉。如果我们不注意到这一点，就会有很多的失望，不信你把一瓶精制的肥料倒在沙漠里的一棵树下，它不但不茂盛，反而被烧死；爱情也是这样，你用赤热的心和挚烈的热情也会把现在的爱情烧毁。存在的条件没有改善。事物是永久不能发展到它理想的形式的。"

"但是沙漠里也有青草，现在的不合理也有光辉的爱情，虽然它还很少。"

"是呐，很少并且太少！因为它是偶然因素的产物，它固然不算坏但不是我们的需要。我们要的是丰盛而碧绿的大草原，是属于普通男女关系的光辉的爱情。"

"您对于男女单纯地解决性欲，有什么意见？"

"没有什么意见，它是生活上必需的。"

"您很赞成？"

"不见得。性欲的解决固然是必需的，但它还应该发展，发展成光辉的爱情。只有最高贵的，发展向前了的东西才值得我们追求和拥护。"

"那么究竟怎么办呢？忿怒不成，咒骂不成，沉默不成，悲哀不成，更挚烈地去爱不成，单独地解决性欲也不成？"

"我们应该改善生活。"

"改善生活？"

"嗯，只有改善生活才能解决问题，才是正确的，才是我们应该做的。"

"我了解啦！感谢您的启示。"

"改善生活才是那些可怜的孩子目前的志向，努力的目标和实际的工作，但是，请问您，现在存在着的真正的爱情对不对呢？"

"我看您是在爱情旋涡里了吧！"

"您这样回答是错误的。这不是我个人的问题，实在是几千几万苦恼着的孩子们心灵里共同的问题。"

"对不起。但是这问题又是很广泛的，这里面包括许多问题，我先总起来回答您一句话：如果他们是真正的爱情，他们就不会是不对的。"

"真正的爱情，怎样解释？"

"那是建筑在性欲之上，建筑在合理的生活之上，两性间一种高贵的情感，那种高贵的情感能使人们自然牺牲，相互影响，而共同向上、向前、向人生的目标前进，能使他们变成一个更好的人，变成一个为人类所需要、所爱护、所尊敬的人。真正的爱情的对象是美，但是现在一般所谓"恋爱"的对象只是富或是致富的手段，如财产、身世、地位、老练、圆滑等，"富"可能满足我们基础的生活欲望，只有"美"才是真正的爱情的对象，才是我们高贵的企求。"

"美，怎样才算美？"

"在爱情前，健康、活泼、生命力强、丰满而和谐是身体的美。热情而具有历史的智慧是灵魂的美。"

"嗯，历史的智慧是最重要的。它的含义很不简单，例如，对于生活的态度，对于人生的解释，对于宇宙的看法等都是，从这里，一个人或是自私的个人主义，或是可喜的集体主义，或是勤苦地工作或是一味慵懒地享受，或乐观或悲观，或谦虚或自傲，或勇敢或怯懦……都可以清楚地显现出来。"

"……"

"所以，"美"才是决定爱情的因素。"

"这样才是真正的爱情么？那么我还没有见过。"

"我坚信爱情永久是这样高贵而光辉的，并且我坚信未来的生活能变好，能变合理，所以这样的爱情必然产生，并且变成普通男女关系的灵魂。"

"那么现在存在着的爱情呢？"

"身体的美和灵魂的美有一半是被环境决定的，而我们的大环境就没有光辉，因此我们也不能苛责每一个人灵魂的阴暗；"美"应该是决定爱情的唯一因素，但是在我们这样的生活条件下不可能，因此，现在决定爱情的因素是可以改变的。"

"变成什么样呢？"

"您想一想。"

"现在存在着的爱情（不是一般的所谓恋爱）应该得到怎样的评价？"

"值得疯狂地祝贺。"

"值得疯狂地祝贺？"

"嗯，但是在现在爱情还不是我们终极的目的。"

"……"

"我们要爱情服务于我们对生活改善的努力！我们不是斤斤地寻找爱情，而是在生活过程中很偶然地制造了爱情的时候，我们祝贺它给了我们生活的力量！生长在今天，所有人的眼睛应该集中在"怎样改善生活"，一切的个人的生活都必须在这个前提之下存在；在今天，文学是为了改善生活，道德是为了改善生活，劳动是为了改善生活，战斗是为了改善生活，友谊是为了改善生活，学习是为了改善生活，同样爱情也是为了改善生活。"

　　"感谢您……"

　　"不，不。没有苦恼，没有冰冷，没有黑暗；这样我们生活下去，有的是浪花，是趣味，是力量的增进！再见。"

　　"再见。祝福您……"

# 包里斯的妈妈

### 罗卡柴夫斯基

　　包里斯·卡列夫抑制着自己，告诉了我这个消息，他由头上摘下大沿帽子，疲惫地又一次重复着说："你晓得，我没有职业了！"

　　"请问，您不是演员吗？"

　　"不是，"卡列夫叹了一口气回答说，"已经不是演员了。"

　　"为什么呢？"

　　"说来话长。"

　　的确说来话长，并且是很有教育意义的故事。

　　不幸的发生是由于自己的母亲。还是在儿子非常幼小的时候，妈妈就热心地着手布置自己儿子的幸福。

　　有一天，工程师尼古拉·叶夫根耶维支·卡列夫，在妻子的眼中看到了狂热的光彩，听她说出这有意义的话："我坚决相信，我的孩子将来会成为著名的人物。"

"不过，"尼古拉·叶夫根耶维支眨着善良的眼睛反驳说："我们的宝良才十一个月。"（宝良是包里斯的乳名——译注）

"那有什么呀！等他长到十一岁上，就已经晚了。"

"那么你打算怎么办呢？"父亲颇感兴趣地问。

"很简单，"克拉甫基雅·瓦西利耶夫娜兴致勃勃地回答，"电影是一条最好的路子。刚刚在昨天，副舞台监督的姐姐克榴耶娃，还说宝良有一张很适合拍电影的面孔。"

尼古拉·叶夫根耶维支注意着妻子，而她已经开始行动起来。克拉甫基雅·瓦西利耶夫娜通过自己所有的关系进行活动，她设法求见了电影演员训练学校的导演，固执地提出自己的要求。于是在新片中宝良出现在银幕上了，他是女主角用手推车推着的一岁小娃娃。克拉甫基雅·瓦西利耶夫娜感到无上的光荣，逢人便讲着这样的话："你们看我的儿子怎么样呢？他很有气魄的不是吗？"

当宝良四岁的时候，克拉甫基雅·瓦西利耶夫娜决定使他成为大提琴家。

"我听说过许多神童小提琴家，"她说，"可是关于大提琴家我没有听说过什么，让宝良将来成为第一个吧。"

克拉甫基雅·瓦西利耶夫娜给儿子买了大提琴。她几乎是含着眼泪，恳求一位名演员来教授她的儿子，乐器比宝良要大两倍。他被放在椅子上，吞着眼泪，每天要被折磨三个钟头。

在音乐战线上失败之后，克拉甫基雅·瓦西利耶夫娜又决定让他的儿子成为诗人。

"我觉得他有诗人的天才。"精神旺盛的妈妈这样说。

宝良屈服于母亲的执拗愿望，写了一行小诗：

> 小马奔跑在街上，
>
> 巧克力糖摆在桌上。

宝良应该进学校的时候来到了。克拉甫基雅·瓦西利耶夫娜犹豫不决地说："也许活动一下，可以进舞蹈学校吧？"

这时包里斯的爸爸用力地拍着桌子说："胡说八道。宝良跟所有别的孩子们一样，要进普通学校学习。"

奇迹般的时刻在包里斯的生活中出现了。他学习很好，尤其是数学。同时他喜欢物理学，俄文也呱呱叫。让宝良顺利地读完十年，说来似乎是不可能的，但是他终究读完了。

本来包里斯·卡列夫是可能进专门学校的，但是这时克甫基夫雅·瓦西利拉耶娜又出场了。

"舞台是他的真正天赋。"妈妈带着以前那种狂热情感坚定地说。

工程师卡列夫没有表示应有的坚定，也没有干涉妻子。同时由于包里斯迷惑于一时的演剧风头，他觉得自己在学校演剧中演得还不坏，于是他就同意了母亲。

克拉甫基雅·瓦西利耶夫娜又在熟人中间活动起来了。她的努力这一次得到成功——她的儿子以剧院助理员的名义被录用了。

包里斯·卡列夫两年当中仅仅演了一个角色。

有一天剧院的导演把包里斯叫到跟前，招呼这个青年人坐下，以他素有的果断宣布说：

"包里斯·尼古拉耶维支，亲爱的，您是没有演剧才能的，请相信我的话吧。您还年轻，您不过才二十岁。您可以找到另外一个职业的……我说这话，是为你好……"

这就是在我遇到包里斯的时候，他为什么那样愁闷和没有职业的原因。

过了几个星期以后，我又见到了包里斯·卡列夫。他变得愉快起来，看来生活得很满意。在相互问候以后我说："我敢打赌，克拉甫基雅·瓦西利耶夫娜一定叫你入了男高音训练学校了。"

"哪里的话，"包里斯笑了笑，"我跟这方面已经绝缘了。妈妈的一切进攻，永远被打退了。"

"那么你近来干什么呢？做什么工作？"

"五天以后我就进汽车工厂，每天晚间我准备去专门学校学习。的确，我损失了许多宝贵的时间。噢，没关系，我现在要努力补偿……"

（译自1948年5月《少共真理报》）

# 朗诵文艺作品的基本方法

【苏联】尤里·列维丹等

朗诵不能像和尚念经一样，要有感情，有条理，有抑扬顿挫。

——阿·斯·格里包耶多夫

演员和职业朗诵家在当众朗诵前，要用很多功夫研究文艺作品。语言的大师卡查洛夫、亚洪托夫、什瓦尔茨等人，就像作家一样，在创造过程中多次修改事物的"艺术构图"，用必要的真实的音调来代替不正确的音调，这样才能达到完善的地步，甚至使听众感到惊奇。

当然，并非每个人都具有演员和朗诵家的才能，并非每个人都有时间长久地细心地研究材料，可是我们每个人只要能通晓朗诵艺术的基本规则，就可以清楚地很好地朗诵文艺作品。

要把作品的内容和作者的思想传达给听众，演员和朗诵家应当掌握哪些规则，应当怎样研究文艺作品呢？

有表情的朗诵可以从观察人们的生动谈话中得到些规则和启发。那些生动的谈话都是我们在家里、在工作中、在街头、在会议上天天听到的。我们可以把那些谈话的方法运用到文艺作品的朗诵中来。

在当众朗诵短篇小说或小说的断片以前，首先应当很好地熟悉它，考虑它的一般性质，明了作者创作这篇作品时在自己面前提出的任务。因此，选定的材料，自己必须高声朗诵几次。

如果选择文艺作品中的断片来朗诵，就必须很好地熟悉通篇作品——熟悉所有的人物，故事的开端和结局。只有在这个前提下才可以朗诵所选的断片。有时选出的断片还需要压缩，去掉冗长的部分，删节一些听众不能领会的词句。但是，这种减缩必须小心，不可歪曲故事的主要思想内容和情节的发展，不可破坏艺术作品的完美和特性。

这是朗诵者的第一步工作。

明了作品的一般性质和任务以后，就必须注意最能表现作者的主要思想的地方。

确定了把整篇作品或断片作为朗诵材料，接着就把它分成单独的几部分，找出每一部分的主要思想，并且标出来。这为的是使听众一下子就能明白作者在这儿想要说什么。

同时应当深思每一句话，并标出那些主要的词，即通常所说的中心词。这可以从日常的生动的谈话中举个例子。比如一个人想要使你们知道"他整夜跟同志一起拟定计划"。他要着重对你们说，他整夜工作，那他就会把"整夜"这两个词重读，并在它们后面稍为停顿，这样把它们强调出来；也可以把这两个词说得慢些，这样使你们的注意力集中在这两个词上。其余的一些词（次要的词）就说得快些。在另一种情况下，这个人想要说"他整夜拟定计划"。他就用同样的办法强调"拟定计划"这些词，而所有其余的词就似乎仅仅是为了引出这些主要的词，这些主要的词就构成他说话的思想。找出这些主要的词叫作标出逻辑重音，标出来的词叫作重读的中心词。朗诵文艺作品，要预先用铅笔把所有的中心词画出来。

在准备朗诵的时候，分析这篇作品，分为几部分，并找出每句话的逻辑重音——这是朗诵者最初的必要的工作步骤。

朗诵者的任务——不仅是让听众明白，而且要让他们感到兴趣，使他们积极参加到所讲述的那些事件中。为了这，朗诵者要在听众面前展开一幅他所描绘的图画，让听众的感情随着他讲出的人物的感情变化，一同激动，或一同发笑。

怎样才能做到这一点呢？

我们又回到如何生动地谈话这方面来了。我们在日常生活里听一个人讲他看见的或经历的事情，总会是发生兴趣的。但也有些人善于很有趣或很生动地转述自己没看见过、没经历过的事情。人们常说："他所讲的，就好像他自己亲历的。"演员和朗诵者应当具有想象力，善于感受和体会别人的心情。但这些特点并不仅仅是演员和朗诵者所具有的，每个人也都具有，只是程度不同。

可以用哪些方法使朗诵像你所希望的那样，像作者的思想所要求的那样，为听众所接受呢？这就必须熟悉材料，清楚地想象故事发生的环境，想象故事中的那些人物。比如说，准备朗诵关于卓娅的文章，谈到她的英勇不屈的死，就要回忆早先读过的关于卓娅的一切，回忆那些亲眼看见德寇兽行的人讲述的故事，回忆过去的电影、剧院或日常生活里看见的类似的一些事情。在这些回忆里，你会产生对德国侵略者的憎恨和愤怒的情感，你会对被德寇害死的苏联人深感同情。

努力保留住这些记忆所唤起的思想和感情，来细心阅读关于卓娅的文章，还要努力想象她的外貌。这一切会帮助你找到与内容吻合的音调。如果你们描述德寇在拷问室里的兽行和这些刽子手的嘴脸，在你们的声音里就绝不会有柔和与温暖的音调，绝不会有平静的慢条斯理的叙述语气，而一定会表现出憎恶和激怒。比如说，你们往下描述苏联人的形象和性格，描述他们英勇不屈地忍受一切苦难，为祖国牺牲的情景，你们的声音就立刻会表现出柔和与温暖，而你们也想用朗诵者所有的方法——停顿，加强语气，放慢和加快朗诵速度——来使某些地方朗诵得更富有表情。

朗诵一篇历史故事，那就要回忆你们所知道的这个时代的一切，以及人物和发生的事件。

选许多各种各样的文艺作品，经过几次这样的练习，就会一次比一次容易地使自己音调的旋律和故事中主人公的心情一致，并想象出他们的形象和故事发展的画面。

这样你们就会慢慢培养和训练出自己的想象能力，以及用想象的画面和形象吸引听众的能力。

请结合实际试试这种创造性的工作。让我们从高尔基的长篇小说《母亲》中选出一个断片（在车站上的一场）做例子。

这个断片可以分成六部分，每部分都有自己的单独的任务，而这个任务是和这个断片的总的线索（总的思想）联系起来的。我们这里只分析一下第一部分。

第一部分——母亲来到车站，在那儿有人要带给他一个装有传单的箱子。她知道随时随刻她都可能被逮捕。

母亲很早就来到了车站，列车还没有准备好，而在肮脏的三等候车室里已经聚集了许多人。母亲坐在门口显眼的地方等候着。

有一个年轻人走进来，双手提着一只黄色箱子，很快地朝周围看了一遍，一直走到母亲面前。

"到莫斯科去吗？"他轻轻地问。

"是的。到丹娘那儿去。"

"对！"

他把箱子放在母亲身边的凳子上，很快地取出一支烟卷，点着了吸起来，就朝另一个门走去。

这一段使人有一种警戒的感觉。听众期待着就要慢慢展开的那种事件。他们明白，母亲是来执行危险的任务的。让我们分析一下哪儿是逻辑的和艺术的重音，哪儿可以有逻辑的和艺术的停顿。着重的词我们画上曲线标出来。

"母亲很早就来到了车站，列车还没有准备好，而在肮脏的三等候车室里已经聚集了许多人。"在"母亲"这个词后面要有停顿，以便一开始就给听众指明故事中的主要人物。在"很早"这两个词后面也要有停顿，并且用力重读"很早"这两个词，把它们强调出来，让听众注意到母亲有某种重要的原因才来得这样早。"列车还没有准备好"这些词不必强调，因为它们仅仅是补充和说明"很早"的。往下我们要强调出"三等"这两个词，使得听众记住事情发生在什么地方。

"母亲坐在门口显眼的地方等候着"这些词可用同样的力量发出来，因为它们具有同样重要的意义。"母亲"后面停顿，"地方"后面也要停顿。我们用停顿来加重这句话的意义，并且集中听众的注意力。

"有一个年轻人走进来，双手提着一只黄色箱子，很快地朝周围看了一遍，一直走到母亲面前。"我们在"年轻人"后面停顿一下，以便把听众的注意力转到新出场的人物。"双手提着黄色箱子"这些词要加重，因为箱子里面的东西在故事里将要发生重要的作用。"朝周围看了一遍"后面要停顿，为了造成警戒的气氛。"到莫斯科去吗""到丹娘那儿去""对"这些词要轻轻地发出来，像说暗号一样。在后面句子里的中心词是："箱子""凳子""就朝另一个门走去"。我们把逻辑重音也放在这些词上。这样，第一部分的分析就结束了。

我们可以用同样的方法来分析其余的部分，在每一部分里要找出主要的思想，在每一句里要找出中心词。强调这些词的方法，有时用声音强度，有时停顿，有时放慢速度，有时加快速度。掌握这些方法，就能做到有表情的朗诵。

无论朗诵散文或诗，所有这些规则都是适用的。不过，朗诵诗要注意它的形式，因为形式赋予诗以音乐性的韵调。

准备朗诵诗的时候，除去注意内容以外，还应注意诗的韵律、节奏和音调。如果朗诵者善于将这些特点传达给听众，他就能把一首诗朗诵好。

还有一种文学作品的形式，要求朗诵者有很高的朗诵能力和技巧，这就是寓言。寓言是具有教育意义的或讽刺性的短小作品，用来嘲笑某些恶习和缺点。在寓言中出现的人物通常是一些鸟兽和昆虫，他们被赋予人的性格和特点。

准备朗诵寓言时，应当研究它里面包含的意义是什么，每个人物具有一些什么特点。

掌握了寓言里所有的主人公的特点以后，在朗诵的过程中应当想着它们，并以不同的声调把人物的讲话清楚地区别开。自然，这绝不是说，朗诵者要像在舞台上一样扮演寓言里所有的人物。他只需这样做：就如同他自己在生活中一样，描述人的外貌，形容人的习惯和姿态。在这种场合里，朗诵者仍然在自己的地位，他可以使自己的声音和姿态具有寓言里的人物的特点，必须用声调把这一个和另一个人物清楚地区别开，让听众很好地懂得每个人物说了些什么。

拿克雷洛夫的寓言"鹅"做例子。这篇寓言里的人物有故事的作者、鹅和过路人。作者的话，你可以用跟听寓言的朋友们谈话的方式来表达。你要强调作者和你自己对夸口的鹅的态度，这些鹅什么也没有干过，却要求光荣和尊敬，只因为他们是"名门之后"（"我们的祖先救过罗马"）。

想一想你对于像这些鹅一样的人所应有的轻视态度，在朗诵寓言时要表达出你自己对他们的这种态度，贯穿着嘲笑的语气，恰当地表现出鹅的夸大。在过路人的话里你要贯穿着高尚和庄严的语气。鹅愈喋喋不休地夸口，过路人就愈平静而理智地回答他们。作者的结束语，你可以面对听众讲出来。

最后谈一谈怎样朗诵对话。剧本是以对话的形式写成的。朗诵剧本要能表达两个人、三个人或许多人的对话，让听众听清楚这时是谁在讲话。

用什么方法才能达到这一点呢？

首先把剧本通篇读几遍，弄清楚剧本的一般性质和思想，分析每个人物和他在剧本里的地位。必须想象他的外貌、讲话的神情和声音。剧情的整个发展过程是怎样的，特别是和主要人物有关的。

当然，这不是说，朗诵者应当体现出这个或那个形象，像在舞台上扮演一样。朗诵者仅仅用音色和各种讲话的神情，只要可以表现出人物性格的不同就行了。安静的上年纪的人讲话必须用低声和慢速度来表现；女孩子的讲话就要求朗诵者运用高一点的音调；表现凶恶傲慢的人讲话，声音就不会令人感到温暖。

为区别不同的人物，要很好地运用不同的口音和腔调，例如，一个人用好听的乌拉尔的口音讲话，另一个人用柔软的乌克兰的腔调讲话，等等。重要的是必须很好地熟悉剧本里的角色，必须把每段对话的思想传达给听众，而这也要借助于掌握讲话的逻辑重音，停顿，加快和放慢速度。朗诵者朗诵到剧本，即使不曾说明是哪个人说的话，也要让听众能根据声调和讲话的特点分辨出来，这就要求朗诵者善于使剧本里的人物具有不同的讲话的声调和特点。

演员有感染观众的更多的方法，因为他有化装、服饰、布景。朗诵者用来感染听众的只有他的声音和姿态（面部表情）。

朗诵者应当注意自己的动作。某些报告人和朗诵者滥用多余的手势动作只会打扰听众。请问，朗诵者不住地摆着手或者来回走动究竟有什么用处呢？多余的动作只会打扰听众，分散听众的注意力。

朗诵者的动作应当有节制，因为无谓的手脚忙乱会引起呼吸急促，妨碍从容不迫的朗诵。朗诵者或报告人频频中断下来，喘几口气，咳嗽几声或者歇一会儿，这会使听众感到很不愉快。

在朗诵的时候应当注意运用声音、手势和呼吸。

在朗诵或做报告以前要看看会场，了解有多少人参加，选定站立的地方——使听众从各处都可以清楚地看见你。

如果是在一个小房子里，只有几十个人听你朗诵，你对他们就不要像对一百人那样朗诵。听的人越少，你就越要读得轻，越要使你的朗诵像谈话一样。如果你是在广大的听众面前朗诵，你的声音就要坚实有力，朗诵的方法也要像在群众大会上演说的方法一样。

无论在多少听众面前朗诵，必须永远在自己的音调中保持诚挚和温暖，一秒钟也不要与自己的听众停止"交流"。

朗诵以前这样研究材料是非常重要的，要使听众看见在他们面前的是一个政治上坚强的、可信任的人。这样的朗诵家或演说家将会永远受到听众欢迎。

以上就是朗诵文艺作品的基本方法。

最后应当再一次提醒朗诵者注意这些最重要的规则：必须知道朗诵的是什么，从技巧上研究作品，然后确定自己对作品的态度。这样就会聚精会神地倾听你的朗诵，而你的朗诵也将会带给听众很大的好处。

（节译）

（1955年7月号《语文学习》）

诗言志
——盖棺事则已，此志常觊豁（杜甫）

一生事业无穷日，老来益当奋吾志。
清滢不腐常流水，情益于怀方写诗。

1991/3/27

# 诗言志
## ——盖棺事则已，此志常觊豁（杜甫）

一生事业无穷日，老来益当奋吾志。

清滢不腐常流水，情益于怀方写诗。

1991/3/27

## （一） 1990年前

### 我要去保卫祖国的边疆

我是中央台普通话播音员，

我熟悉我播过的

每一条新闻，

每一件通讯，

每一篇评论。

在人民解放战争时期，

我曾用满腔热情

在话筒前宣扬人民的胜利，

我曾用对敌人的无比憎恨鼓舞起人民的战斗意志。

我知道

我们祖国缔造的艰难，

我们的人民经历过多少苦难，

流出多少鲜血，才争取到了今天。

而今天啊，

美帝燃起的战争火焰，

又烧到我们祖国的门前，

为了让祖国所建立的伟大事业

永远屹立于世界，

为了让祖国所点燃的和平火炬

永远不熄灭，

为了让那些在革命斗争中

英勇献出生命的先烈，在九泉下也能看见

祖国永远活在人间；

为了让活着的人们无忧无虑

平平安安地生活下去，为了让我们的胜利果实

永远不被美国强盗霸占，

我坚决地请求组织

派我到东北去！

我要用年轻力壮的手

握紧冲锋枪，不惜自己的生命

去保卫祖国的边疆！

1950/10/25

## 贺京玲、喜双①新婚

己巳新春春满园，京玲喜双结良缘。

中外贸易添把力，广播教育助一臂。

互敬互爱干四化，工作虽累绽心花。

1989/3/1于西苑医院

---

① 喜双，即姚喜双，齐越的研究生。

### 贺结婚纪念日

#### （一）四十周年

相濡以沫四十年，沧海桑田一瞬间。

白头回首乾坤赤，求索真理志更坚。

1984/12/2

#### （二）四十五周年

江城汉水心相连，甘甘苦苦人世间。

四十五年坎坷路，风风雨雨永向前。

1989/12/2

# （二） 1990年

### 元旦抒怀

和平谈判进北京，广播军管换台名。

一夜之间天地变，真理之声贯长虹。

四十春秋话筒前，几经风雨意志坚。

与民与党同爱憎，听众心中见真情。

1990/1/1

### 悼费寄平同志

播音生涯共艰辛，话筒别后情更深。

听众皆知君健在，[1]猝然离世倍伤心。

1990/1/20

---

① 去年春天来北京市工人疗养院后，这里不少老听众向我打听费寄平同志的情况，可见她的播音深入人心。

## 生　命

兀立桌上一棵松，针枝挺拔绿盈盈。

小小蜘蛛似米粒，抽丝铺路见峥嵘。①

1990/2/6

## 贺《播音材料汇编》出版②

苦苦实践结硕果，篇篇华章汇成册。

播音部里人才出，退伍老兵笑呵呵。

1990/2/17

## 怀念高尔公同志

瓦解敌军笔锋利，③采写英模敏于思。

连续报道王崇伦，胡兰小传留后世。④

遗文堪称广播体，⑤痛惜英才早仙逝。

帮人尚需先知心，前事不忘后事师。

1990/2/21

---

① 友人尚夫由敬一丹陪同，来工疗探望，送来一棵青松盆景，为我病房添了绿色。一个小小的生命——米粒似的蜘蛛经常在小树间抽丝吊上爬下，甚是可爱。

② 《中国广播报》第7期载：中央台播音部编集的《播音材料汇编》即将出版，特表祝贺。

③ 解放战争年代，高尔公同志多编写瓦解敌军的广播稿，文笔犀利，爱憎分明。

④ 20世纪50年代，高尔公曾去鞍钢采访王崇伦，写有《王崇伦和他的表》等通讯，在中央台连续广播。后又去山西刘胡兰故乡采访，以梁星笔名出版《刘胡兰小传》，很受青年欢迎。

⑤ 高尔公同志写稿，心中有听众，很有特色，可以说是专门为广播撰写的一种文体。

## 贺郑义明同志作品获奖

### 暨《黄河纤夫》开拍[①]

#### （一）

远道探视情谊深，相见如故似亲人。

激情结出胜利果，作品获奖倍欢欣。[②]

#### （二）

水到渠成流不尽，纤夫之情早积酝。

共同怀念好总理，激情出自一颗心。[③]

#### （三）

工人世家育才华，[④]救桥保堤笔生花。

热心讴歌周总理，一心为民心无暇。

---

① 老听众郑义明同志从郑州来工疗探视，进门先向我三鞠躬，说是六年前听我广播《巍巍昆仑》后，引发了他创作的激情，以周总理生前视察黄河，指挥抗洪、亲自拉纤，与人民息息相关的血肉之情为题材，写出并发表七部作品，其中有两部获省一等奖。当年他任《郑州人民铁道报》记者，一直跟随周总理视察并参加花园口抗洪。

② 我们的激情来自怀念人民的好总理的同一颗心，并非我的激情引发了他的激情。

③ 根据郑义明同志纪实报告文学改编的电视剧《黄河纤夫》在中央电视台播出。

④ 郑义明同志出身铁路世家，他父亲和他本人均当过火车司机。

## 赠魏老魏巍同志

### ——病中承魏巍同志探视并赠书，诗以谢之

### （一）

二老探视不敢当，巨著题赠情谊长。①

未曾见面早相识，四十年前诵华章。②

### （二）

掩卷沉思不安席，革命胜利路崎岖。

饮水思源应牢记，中华后辈举红旗。

1990/3/19

1990/5/6

## 献给听众

### ——我的良师益友③

话筒伴我四十春，声音结交一代人。

未曾见面早相识，鱼水情谊比海深。

封封来信值千金，字字句句表真心。④

凭借我党高威望，祖国到处有知音。

1990/4月

---

① 二老：魏老携夫人刘老一同来工疗探视，称二老。这次探视魏老送给我他的新作：《地球的红飘带》。

② 四十年前我曾广播魏巍同志名作：《谁是最可爱的人》。

③ 答杨元其：《献给广播员》一诗（原载《中国广播报》1990年第9期第3版）。

④ 我把听众来信视为送上门来的老师，每信必复，获益匪浅。

## 赞女中三杰

下放沧州战天地，女中三杰举大旗。①

挥笔传音显功绩，余热生辉谱新曲。②

1990/4/2

## 呼唤春天

几番霜雪青山绿，无缘拜见马克思。

生命年轮又一春，万物更生奏新曲。

1990/4/10（住工疗一周年）

## 赠关山同志

### （一）

满院春色花争艳，津门远道送海鲜。③

战友情深重如山，老马离槽心犹酣。

### （二）

初冬时节寒风吹，工疗满院落叶飞。

津门专程来探视，同堑战友共朝晖。

---

① 1990 年 4 月 2 日冯敬希、邹德真、张逸卿三位同志来工疗探视。当年她们和我同下放沧州农村，战天斗地，是女同志中的姣姣者，堪称"女中三杰"。

② 她们几十年如一日，笔耕编采，为人民广播的发展立下功劳，如今退下来，仍精神抖擞地从事力所能及的工作。

③ 关山同志常由天津来工疗探视，几乎每次均送来海鲜或海蟹，有时亲自为我剥了蟹肉让我品尝。并带来天津广播局、台领导及同志们的慰问信，他们的深情厚谊令人难忘。

## 赠陈醇同志

### (一)

左肢瘫痪右肢灵，尚有大脑能表情。
站立行走谈何易，轮椅伴我度余生。[①]

### (二)

天津开会专来京，工疗探视叙深情。
四十春秋沪上友，事业共同心相通。[②]

## 贺陈醇、关山同志播音四十周年[③]

### (一)

共同事业话筒前，声音耕耘四十年。
南陈北关享盛誉，[④]一瞬即逝见奉献。

### (二)

同堑战友心连心，祝君播音四秩春。
反璞归真犹奋进，德艺双馨遍知音。

1990/4/19

---

① 1990 年春，由于王冈同志在上海召开的全国广播电视会议上提到我需要轮椅而广播学院当时又无力资助的困难，开完会后，即有一企业界人士提出资助我一轮椅，此事令我一直铭记在心，不胜感激，却未能得知这位企业家的姓名。后此事委托上海台陈醇同志负责，从在上海轮椅厂看样订购到托运到北京，均由陈醇同志操办，深表感谢。

② 1991 年 6 月陈醇同志到天津开会，又专程来京到工疗探视。

③ 关山同志开始播音时间是 1955 年，这里应是贺关山同志播音三十五周年。

④ 广播界和听众间盛传"南有陈醇北有关山"；"一瞬即逝"指播音的声音。

## 《献给祖国的声音》一书脱稿

一息尚存不松劲，偏瘫编书不求人。

三十三篇十万字，五十周年表我心。[①]

1990/4/22

## 赠基层播音员曹建民同志

矢志广播感情深，十万工人尽知音。

"空中课堂"谁能比，教书不过百八人。[②]

1990/4/27

## 为石雨同志专著《播音·朗诵·演讲》写序

朗诵演播连枝花，改变播音单一化。

以"我"为主广交流，中华之"最"普通话。

1990/5/15完稿后

## 党员重新登记《个人总结》写成后

革命航船遇逆风，破浪绕礁仍前冲。

相信我党领导正，理想实现再奋争。

1990/6/14

## 超越生死四十年
### ——得知《谁是最可爱的人》中李玉安"烈士"至今仍活着有感

### （一）

误为"烈士"不懊悔，鏖战疆场几人回？

不图名来不贪功，超越生死壮国威。

---

① 此书一月内编成，献给中央人民广播电台建台五十周年。

② 曹建民同志来信说，她是师范毕业，有点留恋课堂教学，以诗勉之。

## （二）

谁是最可爱的人？思念战友夜难寐。

四十年后会魏巍，祖国山河尽朝晖。

1990/6/21

## 《十老诗选》读后

捧读华章如见人，十老光彩照我心。

革命精神传不尽，离槽老马望后尘。

## 《黄�诗选》读后
### ——赠鲁兮同志

"老退投闲学作诗"，<sup>①</sup>诗词格律早深知。

黄榍花小意境深，陶冶情操昭为师。

1990/6/28追记

## 童怀周《革命诗抄》读后

深深感谢童怀周，血泪诗词留宇宙。

群众怒斥"四人帮"，人民总理永不朽。

1990/6/28追记

## 致新华社解放军分社
### ——新华社解放军分社记者赵苏同志偕同
### 解放军南京新闻专科学校即将毕业学员来访有感

朵朵葵花向阳开，军中熔炉炼人才。

新闻精英辈辈出，后来居上胜吾侪。

1990/6/29

---

① 选自《黄榍诗选》（鲁兮著）诗集后记中的诗句。

### 《陈毅诗选》读后感
#### ——纪念党的生日六十九周年

豪情盖世诉衷肠，古为今用不寻常。

诗如其人传后代，革命品德永发扬。

1990/7/1

### 喜闻中央台播音员与听众会面①

面对话筒未见人，心中无人不动心。

良师益友广结识，见面交谈定要勤。

### 纪念建军节
#### （一）

新型军队起南昌，所向披靡原属党。

人民支援人民爱，中华大地换新天。

#### （二）

祖国地覆又天翻，人民军队保江山。

军民团结如一人，试看天下谁敢犯。

1990/8/1

### 学雷锋无国界
#### ——和赵成同志诗《学雷锋有感》

东风劲吹败西风，伦敦学子学雷锋。②

雷锋精神无国界，人际关系贵真诚。

1990/8/15

---

① 阅《中国广播报》第 26 期，得悉中央台播音员与听众见面交谈，甚喜。

② 听《午间半小时》节目，得悉伦敦大学学生学习雷锋，精神面貌焕然一新。

## 真理之声
### ——纪念人民广播创建五十周年

**（一）**

隔山隔水不隔音，弃暗投明指南针。

我党威力何其大，人民声音抵千军。

**（二）**

茫茫黑夜寻灯塔，①延安窑洞播"新华"。

马列真理无不胜，祖国遍开自由花。

**（三）**

身居大厦不忘本，总理教导育后人。②

延安精神代代传，队伍面目日日新。

**（四）**

短促一生话筒前，二十世纪尚未完。

思想感情和语言，献给祖国情声酣。

1990/8/16

（开始从事播音纪念日）

---

① 当年国统区人民把延安台称作"茫茫黑夜中的灯塔"。

② 1959年9月，周总理来中央台视察。当时我和潘捷正在播晚间《新闻联播》，总理一直在播音室窗外观看，直到我们播完走出播音室，总理亲切地对我和潘捷说："广播大楼建成了，比起延安窑洞来条件好多了，你们一定要用延安精神做好工作。"此后，我一直以总理的叮嘱为座右铭。

## 亚运火炬

天安门前火炬燃，历史时刻非梦幻。

老朽有幸见今天，瞑目而去无遗憾。

1990/8/22

## 贺亚运会开幕

金秋时节北京城，亚运盛会聚群星。

团结友谊和进步，亚洲巨龙要飞腾。

1990/9/22

## 赠寒冰

### （一）

秋高气爽星期日，工休不休来探视。

背景素描顷刻毕，[①]桃李不言自成蹊。

### （二）

新春暖流化寒冰，驱散黑暗送光明。[②]

看书写作真惬意，师生情意却我病。

1991/2/16

---

① 寒冰（即我的研究生娄玉舟）顷刻之间为我素描一幅写作时的背影并题词："吾师病中凛然奋争指示后学者自当勤功。"（1990/9/23 午后）

② 农历正月初二，娄玉舟来，见我台灯无法用，特地花费许多精力修理好，我甚喜！

## 忆往昔[①]

——人的一生是短的。但如果卑劣地度过一生，就太长了。

（莎士比亚语）

### （一）

熔炉锤炼未成钢，跳梁小丑善伪装。

泾渭分明为时晚，每念及此慨而慷。

### （二）

一般风物两般情，早年昏昏晚年清。

峥嵘岁月东流去，跳梁小丑已无踪。

## 起义海员与中国保尔

四十年前十月一日，

海辽轮上五星红旗

在大连升起。

船长方枕流[②]振臂高呼：

"中华人民共和国万岁！"

起义船员全体肃立，

欢呼声像大海波涛，

地动山摇！

这欢呼声和收音机中传出的，

天安门前的欢呼声相汇合，

一浪高过一浪，

---

① 卧病数年，常常回忆往事，"幽灵小丑"扰我半生，早年昏昏晚年清，思之甚悔。

② 方枕流（1916—1991）生前曾任大连远洋运输公司总经理。他是 1949 年 9 月在中共香港地下党领导下旧招商局第一艘起义的海辽轮的船长。

这是共和国诞生的奏鸣曲，

为共和国奠定了一块基石。

四十年后5月28日仲夏，

方枕流老船长和两名老船员来到

北京市工人疗养院探视

中国的保尔吴运铎吴老。

他们从大海上来，

带来海洋空气的清新；

带来与风浪搏斗的大无畏精神；

他们有海一样的胸怀，

火一样的热情。

他们四十年前大义凛然的爱国行动，

像中国的保尔一样，

将永远受人们尊敬。

祝愿

老船长像中国的保尔一样，

战胜病魔，

顽强生活！

1990/11/30

## （三） 1991年

### 新春赠老伴阿真

#### （一）

老来相依如齿唇，生命年轮又一春。

万物更新奏新曲，隔岸飘来一小舻。

## （二）

满身病痛能抗争，全赖老伴两担承。

家来院去路变短，无论春夏与秋冬。

1991/1/25

## 赠林如

### ——读《锦上添花的事业》一文后

话筒春秋近四秩，反璞归真壮年时。

以情代声声更美，锦上添花花更宜。

1991/2/11

## 赠丁然

春节休假年初四，父子双双来探视。

二十年前游地宫，[①]劳改归来住同室。

1991/2/18

## 勉当年中央台播音部青年队全体队员

### （一）

三十年前一封信，完全出自我内心。

新鲜血液流不尽，事业兴旺靠他们。

### （二）

九十年代第一春，播音队伍面目新。

更新观念走出去，联欢工农加倍亲。

---

① 二十年前，丁然初恋，为促其成功，特约他与女友和我同游十三陵；"文革"后期，我由房山农场劳改回京，家中居室被占去一间，使我无处存身，只好住集体宿舍，与丁然同住一室。

## （三）

长江后浪推前浪，一代更比一代强。

青年队长铁主任，领导有方得人心。

## （四）

发愤图强莫蹉跎，沧海一粟苦乐多。

历览古今天下事，成由谦逊败由奢。①

1991/2/27

## 我的心愿

声音耕耘四十年，弹指一挥转瞬间。

能为祖国再奉献，还作人民播音员。

1991/3/16

## 读歌德名言有感
### ——生活是没有旁观者的（歌德语）

生活没有旁观者，并非道听或途说。

至理名言话筒前，态度感情缺不得。

1991/3/20

## 老虫露峥嵘

犹如冬蛰一老虫，今日户外露峥嵘。

阳光温馨春意浓，心旷神怡坦襟胸。

1991/4/1

---

① 引自陈毅同志诗句。

## 赠于是之①

师大附中同窗友，青代会上重聚首。

党代会上共切磋，多才多艺逍悠悠。

1991/4/2

## 活到老，学到老

### ——老而好学，如炳烛之明（刘向语）

盆栽不修难开花，脑子不用要老化。

活到老来学到老，生活充实脑无暇。

1991/4/8

## 五一节赠煤矿工人

长年累月在地下，劳动创造却无价。

人间送暖光和热，情爱洒遍千万家。

1991/4/12

## 焦裕禄靠什么留住人

### ——读报有感

心甘情愿献青春，靠的什么留住人？

留人先要留住心，一片赤诚感情真。

1991/4/25

---

① 看晚报得知于是之近况，他原名于淼，和我是师范大学附中校友。20 世纪 50 年代初，我们在第一届青代会上会面；80 年代我们在党的十三大上又在同一小组，住隔壁。

## 赞路遥

陕北农村沉三边，呕心沥血谱长篇。

同吃同住同劳动，平凡世界不平凡。

1991/4/26

## 赞辽宁省青年突击队

急难险重抢头功，两月任务九天成。

中华儿女多壮志，建设祖国争先锋。

1991年五四青年节

## 赞邓亚萍

女子单打她夺冠，唤起国人众口赞。

瞬间拼搏宏图展，平日流汗千锤炼。

1991/5/6

## 记忆的火花

几番沧桑如梦醒，过眼云烟未留影。

太行山村故乡人，滚滚思潮波涛涌。

1991/5/8

## 赞中国书店
### ——读报有感

踏破铁鞋觅珍宝，外文书刊集成套。①

古旧版本诚可贵，觅真精神实在好！

1991/5/12

---

① 俄文版《布尔什维克》1924—1951 年二十七年间共 50 册合订本，由中国书店到全国各地配齐 5 套，功不可没。

# 感　怀

## （一）

面对话筒孺子牛，与民与党共甘忧。

激情不尽似流水，热血奔涌洒春秋。

## （二）

天生我材必有用，人到暮年论输赢。

跳梁小丑今何在？试看谁家更峥嵘！

1991/5/14

# 盼儿归

炎炎万里往家赶，双双停门望儿还。

域外处处有明月，可比故乡月更圆。

1991/5/18

# 李雪健赞

一剧之本很重要，演员素质也得高。

扮演书记学书记，党的形象心创造。

金钱诱惑眼不花，新闻"轰炸"全不怕。

振聋发聩一席话，[1]演员榜样学习他。

1991/6/23

# 普通一兵的话

### ——生活最大的危险就是一个空虚的心灵[2]

于民憎爱分浊清，没有虚度这一生。

---

[1]　指李雪健在领奖大会上的讲话。

[2]　葛劳德诗句。

如若生命得延长，仍要作个普通兵。

1991/6/26

## 记沙林贺建党七十周年朗诵《黄山松》

庆贺七一激情燃，登台朗诵古稀年。

党的形象黄山松，巍然屹立天地间。

1991/6/27

## 听广播《党员风采》

县委书记焦裕禄，咱村支书郭裕禄。

同名异姓一条心，要走脱贫致富路。

1991/6/28

## 勉今航、今涛

### （一）

小航小涛切莫忘，学名今涛与今航。

珍惜今天有未来，① 丧失今天路茫茫。

### （二）

四十春秋话筒前，人生长河一瞬间。

灯塔指向不迷航，路标前导后争先。②

1991年夏季

---

①　我为外孙女、外孙取名均有"今"字，源于李大钊名言："世间最可宝贵的就是'今'，最容易丧失的也是'今'。"

②　邓颖超同志在团中央为青年推荐必读书十本题词："人生的路标"。这十本书我都读过，有的还广播过。我以稿酬购赠航、涛。希望他们认真阅读，并作为人生的路标去实践。

## 奋斗桥
### ——勉今航、今涛①

人生征途遍险阻，莫道无桥渡深谷。

奋斗奋斗再奋斗！天堑也能变通途。

1991/7/10

## 共产党员的话
### ——纪念党成立七十周年

### （一）

活着做个党的人，悉心服务工农群。

今日为党祝大寿，全靠医护"保护神"。

### （二）

火种燎原燎京城，②旭日东升东方红。

开花结果根基牢，马列真理无不胜。

### （三）

工人有党变了天，艰苦历程七十年。

社会主义系国情，中华振兴任在肩。

### （四）

庆祝大会震寰宇，电视机旁我参与。

全体肃立我肃立，国际歌声永铭记。

1991/7/1

---

① 茅以升名言："人生一征途耳，其长万年，我已走过十之七八，回首前尘，历历在目。崎岖多于平坦，忽深谷，忽洪涛，幸赖桥梁以渡，桥何名屿？曰奋斗。"借茅以升名言勉今航、今涛。

② 京城指南京城。

## 赠小温①并贺《革命烈士传》出版

### （一）

"XNCR"一心扑，咳血高烧全不顾。②

优良传统领导树，艰苦创业展宏图。

### （二）

先烈丰碑树心中，③犹如火把照一生。

子孙后代念温老，辛勤播下革命种。

1991/7/9

## 穆青《难忘的城》读后感

伏尔加河万年长，英雄城市永难忘。④

名字改掉没关系，⑤人民心中无河殇。⑥

1991/7/14

---

① 四十几年前，温济泽同志是我们的直接领导，比我们年长，参加革命早，但我们都亲切地称他"小温"。

② "XNCR"是延安（陕北）台的呼号，当年温老患肺病咯血，高烧40度，仍坚持工作，一心扑在办好人民广播上。

③ 温济泽同志是《革命烈士传》（十卷）主编。十一届三中全会后，温老的上级、老一辈无产阶级革命家李维汉同志病重期间，把出版《革命烈士传》的心愿托付给温老。温老为组织编写这部书几乎花去暮年全部心血，历时十二年，为一千多位烈士立了传。今年七一前夕《革命烈士传》十卷全部出齐，可喜可贺。

④ 指斯大林格勒。

⑤ 指斯大林格勒改名为伏尔加格勒。

⑥ "无河殇"指人民没有失去信念和理想、生命和鲜血创下的业绩不朽。

## 孺子牛

面对话筒孺子牛，与民与党共乐忧。

激情不尽似流水，热血奔涌洒春秋。

1991/7/18

## 赞鞠萍

八月挂历迎鞠萍，祖国花朵享盛名。

"七巧板"中蕴爱心，千家万户洒满情。

1991/8/1

## 赞敬一丹

百折不挠敬一丹，奋发图强志冲天。[①]

主持节目素质好，心有观众情无边。

1991/8/30

## 教师节感怀

### （一）

倥偬岁月近古稀，白头回首无憾事。

芸芸众生一小卒，赧报为民无功绩。

### （二）

年年贺卡致敬信，岁岁祝福情谊深。

多谢河南黄玉萍，不忘征途指路人。

1991/9/10

---

① 小敬原是黑龙江台播音员，自学考我的研究生，连考三年终于考取，百折不挠、奋发进取的精神可贵。

读着出版社编辑发来的"齐越年谱"，父亲生前为党的事业忘我奋斗的一幕幕又浮现在眼前。

"齐越年谱"原是我母亲杨沙林在撰写回忆录时，为便于查证而汇集的《齐越生平和播音业务活动简编》（以下简称《简编》），并非完整意义的年谱。编写时，母亲已年届八旬，但她在父亲高尚精神品格的激励下，拖着病体查阅大量资料，悉心核对年月，用心用情完成了繁杂的梳理定稿工作。正如她写的一首诗中所说："沧桑变化忆往昔，皓首丹心志愈坚。"母亲的坚忍和执着至今让我感动和怀念。作为女儿，我为有这样的好父母而感到自豪。

**年 谱**

**年谱按语**

（附：关于《齐越生平和播音业务活动简编》的说明）

1922—1993 年

# 年谱按语

（附：关于《齐越生平和播音业务活动简编》的说明）

读着出版社编辑发来的"齐越年谱"，父亲生前为党的事业忘我奋斗的一幕幕又浮现在眼前。

"齐越年谱"原是我母亲杨沙林在撰写回忆录时，为便于查证而汇集的《齐越生平和播音业务活动简编》（以下简称《简编》），并非完整意义的年谱。编写时，母亲已年届八旬，但她在父亲高尚精神品格的激励下，拖着病体查阅大量资料，悉心核对年月，用心用情完成了繁杂的梳理定稿工作。正如她写的一首诗中所说："沧桑变化忆往昔，皓首丹心志愈坚。"母亲的坚忍和执着至今让我感动和怀念。作为女儿，我为有这样的好父母而感到自豪。

父亲的研究生姚喜双当初为策划、整理文稿做了大量工作，这次又是在他的动议和努力下，启动了年谱的出版工作。中国广播电视出版社（现中国广播影视出版社——编者注）的林曦同志，当年为《简编》打印本的出版提供了大力支持和帮助，在此致以衷心的感谢。

"齐越年谱"被编入《把声音献给祖国》一书并付之出版，是出版社编辑和齐越研究中心的老师们做的一件大好事。希望该书能为读者，包括我自己，了解研究我的父亲和学习"齐越精神"有所帮助。

出版社编辑为求符合年谱简明扼要的特点，在《简编》的基础上对年谱做了少量删减，基本上保留了资料的原貌，对此我深表谢意。

沧州师范学院齐越教育研究中心自成立以来为传承齐越精神、研究齐越的播音艺术和教育思想做了大量工作，包括这次为年谱的出版和图书的编辑整理所做的辛勤付出，都使我深受感动。谨此一并深表谢意。

希望本书的面世能为学者们的研究工作提供帮助，对年轻一代继承和弘扬党的优良传统有所裨益。

齐虹

2019年10月12日

附:

## 关于《齐越生平和播音业务活动简编》的说明 *

《齐越生平和播音业务活动简编》（以下简称《简编》）于1998年冬开始编写，期间由于掺杂了许多临时任务，不得不边写边停，直到2000年8月完成这份初稿。当时之所以想编辑这本《简编》，主要是在编辑画册和撰写回忆录以及平时接待有关媒体采访的过程中，为便于查证核实具体日期，感到迫切需要一份年表；此外，在编辑画册的过程中，发现齐越有一个习惯，就是在相片背后注明拍照地点、日期，甚至合影的人名，这给我们编辑画册、撰写照片说明提供了很多方便，也使我们感到应当把一些重要活动的日期记录下来，以便日后查找方便。于是开始策划编写这本《简编》。

齐越有写日记的习惯，这为我们编写《简编》提供了丰富的素材。除了大学时代、进城初期和"文革"期间没留下日记外，迄今为止发现的最早的日记，是写于1947年11月7日苏联革命节的解放区日记。此后，无论是1952年赴朝慰问、1954年赴苏联访问、1958年到河北沧州姜庄子村劳动锻炼、1964年赴山西大建安参加"四清"，以及1980年重返太行，参加"延安（陕北）台历史调查组"进行电台旧址考察；还有在北京广播学院带青年教师和学生到河南、山东、吉林、黑龙江等地实习讲学学院办播音员培训班等都有详细日记记载，可供摘编。然而，要细读二十多本写得密密麻麻、近百万字的日记和笔记，谈何容易！何况，由于时隔久远，日记的字迹模糊不清，难以辨认，摘录起来十分吃力，加之有些背景情况不明，有的只好漏编。尤其令我们在编写过程中感到遗憾的是，许多重要文件、通讯节目的播出没有具体日期可查，如《谁是最可爱的人》《工人阶级的先锋战士——铁人王进喜》等的具体播出时间均无案可查；《县委书记的榜样——焦裕禄》的播出时间是在一本笔记本的边角上偶然发现的。由于时间紧迫，要对二十多本日记、笔记详细阅读摘抄，非短期内可以成完。而由于平时工作需要查核，大家都希望这本《简编》早日问世，因此，为配合中央人民广播电台建台六十周年，和北京广播学院举办播音研讨会的机会，先把"征求意见稿"作为内部打印本发给大家。由于我们缺乏编写年表类书籍的经验，手头可供参考的材料不多，水平、精力有限，定有不当之处，敬请批评指正。

姚喜双同志为策划、抄写文稿做了大量的工作，中国广播电视出版社（现中国广播影视出版社——编者注）的林曦同志为《简编》打印本提供了大力支持和具体帮助，在此致以衷心的谢意。

杨沙林

2000年8月27日

*注：此文为齐越先生的夫人杨沙林2000年为《齐越生平和播音业务活动简编（征求意见稿）》所撰写。

# 1922—1993 年

1922年2月23日（农历正月二十七日）出生于黑龙江省满洲里。

原籍：河北省高阳县庞家佐村。

乳名：宝锷；学名：齐斌濡。

笔名：遥拉。1946年到解放区后改名：齐越。

父亲：齐肇豫，字叔谦。毕业于北平俄文专修班专修馆。历任中东铁路黑龙江外交署翻译，胪膑县县长。

生母侯氏，在生妹书瑾后去世。时年3岁，被送回高阳县河西村大姑母处寄养。

## 1930 年（8 岁）

重返满洲里，与父亲及继母吉佩华共同生活，开始上小学。

九一八事变，日寇曾让齐父任省长，他不干，遂携家逃到北平。齐父在东北十五年（21—36岁）。

到北平后，齐父任平绥铁路局副局长段子君秘书。并从乡下把祖父等二十口人接到北平，在西直门南草厂买房一所，组成一个大家庭。

七七事变后，齐父一直在家赋闲。1947年逝世，享年50岁。

齐到北平后，在南草场小学继续上学。

## 1935 年（13 岁）

9月，考入北平师范大学附中。

## 1941 年（19 岁）

6月，北平师范大学附属高中毕业。

8月3日，与寿孝鹤三中同学吉荫桐赴大后方。

8月19日，抵洛阳。在流亡的河北省教育厅报到。

8月23日，因大学统考已过，转洛阳半个店"失学失业学生招待所"，开始过流亡生活。

## 1942年（20岁）

1月2日，与吉荫桐等离开招待所到西安战干团。八日抵达。

3月16日，冒生命危险开小差逃离战干团。共停留两个月零八天。

4月—6月，入陕西城固西北大学先修班，相当于预科学习，准备考大学。

4月19日，到汉中再次报考空军，因左眼视力不及格未被录取。

8月30日，入西北大学外国语文学系俄文组。在西北大学学习期间，参加地下党员组织的秘密读书会"北方学社"和"流火"社及进步文艺团体"星社"。

秘密读书会定期讨论，所读马列主义图书是上一班已毕业的俄文组同学许崇信留给地下党员李振林的。李与齐商议的这批书串联进步同学、好友组成秘密读书会"北方学社"。成立之日，面向北方宣誓、努力学习马列主义书籍，将来都要参加中国共产党。

"北方学社"成员后来均成为"星社"的核心，在1946年学运中都是骨干力量，学运后或被开除，或被逮捕。齐被校方列为黑名单前五名。在西大数学系教授魏庚人及夫人和同学薛子福鼎力帮助下逃脱追捕。

## 1943年（21岁）

与同班英语组同学杨淑真（杨沙林）相识，相爱。

## 1944年（22岁）

12月2日，与杨沙林结婚。

## 1945年（23岁）

10月19日，为纪念鲁迅逝世九周年，在西北大学"星社"出版专号壁报，因校方扣稿，与特务头子杨明理大吵一顿。

## 1946 年（24 岁）

3月，西北大学进步同学因反对校方片面举行反苏游行，要求成立自治会，校方阻挠，学生罢课、学运开始。齐越积极参加学运。

4月19日，西北大学学运掀起高潮，进步同学到校长刘季洪家被拒，不得不整队跑步去冲校本部，抵校本部门口时，有个校警端起了步枪，准备向学生队伍射击。

在这危急关头，齐斌濡（齐越）冲出同学队伍，打了举枪校警一巴掌，夺过了枪，游行队伍立即冲进了校门。

为便于在进步同学中开展工作，由当时西北大学地下党员杨远乾（杨丹）、刘健介绍参加民主同盟。同年春，因参加学运，被校方开除并通缉。化装逃往西安，由寿孝鹤介绍隐蔽在鄠县（今作户县）武成中学代课。

6月，杨沙林由同班同学屈峻岭（屈洪）护送抵西安与齐越会合后返北平。

7月—9月，在家赋闲，设法找工作；联系寻找区解放区的关系。

9月下旬，任《益世报》校对。期间经北平朝华书店地下进步工作者谭允平介绍到解放区。

9月25日，赴北戴河接杨共赴解放区。但杨已应聘中学教师。家中贫困，无法谋生，只好忍痛告别娇妻幼女。

9月28日，与五弟握别，离北平家赴解放区。

9月29日，经石家庄，到达高邑。这是来到解放区的第一天。

9月30日，到达邢台解放区，至北方大学，晤屈洪。

9月30日—10月17日，停于北大，候报社信。

10月18日，离北大赴人民日报社，当天到达邯郸，晤振林。

10月20日，至武安，住民货栈。

10月21日，与萧航、唐苈、陈堃、陈岫华同路赴南文章。

10月22日，离南文章步行60里山地到达报社新址河西村。

10月25日，被分配在资料室开始工作，并搬到资料室住。

11月7日，开始写日记，这是和杨在北戴河分别时讲好的：离别后每人要坚持写日记。

11月8日，下午与编辑部、通讯部组成的时事研究组开会讨论时事研究与业务学习问题。晚上，全社开十月革命纪念晚会，会上首先听盘石同志对时局的分析报告。

11月9日，下午左漠野同志召开临时会议，报告一个特殊事件：今天延安方面的电报没有收到，原因未详，目前稿件要另外找来源补救，研究室也要担任部分任务，齐与施绛负责收集后方报纸上蒋管区材料。晚6时已收到延安方面电报。晚饭后打完排球，遇胡志涛，她希望齐参加音乐队和大家一起唱歌。

11月10日，清早尚未起床，歌咏队的人就都来了，大家上了房顶开起会来，并商定每星期一、星期四晚饭后在胡志涛家练习唱歌。早餐后译伊萨科夫斯基的诗，深感诗太难译。这里没有用俄文的工作，担心这样一来把所学俄文忘完了，目前只有利用业余时间翻一翻，这成为内心的一种矛盾。

11月11日，抄写过去译稿《米哈伊罗的丛林》。底稿还是从星社壁报上揭下来的。是杨抄写的笔迹，联想起过去在城固西北大学时共同翻译、写作的生活，令人无限思念和留恋……

11月12日，给杨写信，希望最近能有机会托人寄出。

11月13日，参加秦锁云同志追悼会。秦锁云是一名通讯员，15岁参加革命，于11月4日由报社送信到邑城途中，坠马身亡。年仅20岁。

这几天晚上，与军大政治指导员王海涛畅谈，从其个人过去参加太行山反扫荡的艰苦经历，谈到小资产阶级意识改造的长期性，需要在实践中学习和锻炼。经过谈话，获益匪浅。但不久他即离开太行去前线了。临别时送与杨合影，将给杨的信捎出设法投递。相处时间虽不长，但留下的记忆却是永久的。

11月14日，左漠野同志分配新任务：编辑作参考用的电讯资料。感到工作起来较吃力，译电稿有许多遗漏及错误，难以辨认，工作效率不高。

晚饭后练唱歌，今天练的是一首苏联歌曲，大家唱得很痛快，每星期能学一两首新歌就如同身上注入了新的血液。每学一首歌，都工工整整地抄下来，作为将来送给杨的礼物。

练完歌，安岗和陈堃决定从明天开始和齐学习俄文。今晚开始备课。这样每天晚上要抽出一个小时教俄语，还要向他们学习理论与业务。解放区的生活是紧张的，也是愉快的。

11月15日，左漠野约齐到田野谈话，询问对工作有什么意见。齐说：对工作没有任何选择和要求，惟一的希望是每天有点时间搞俄文，否则日久天长就会因所学非所用而丢掉，尤其需要加强思想意识的改造，学习毛泽东思想。左漠野同志鼓励他从实际出发，相信他在长期的实践中会不断进步的。

11月17日，利用业余时间翻译《A. 托尔斯泰之死》，效率甚低。总感到时间不够用。

11月19日，晚上，和同屋同志谈话，谈得太晚，难以入睡，思念亲人——挂念困境中的杨及女儿，思念患肺病的父亲和五弟以及昔日的同窗好友，辗转反侧，夜不能寐。

11月22日，今天报载中共代表团发表重要声明：国共两党召开的政协决议被破坏，和平之门已被国民党关闭，我代表团已飞返延安。同时，胡宗南已开始进攻陕甘宁边区。

中午，忽然钟声不断响起，是防空警报。

晚饭时，领导同志报告前方告捷的消息，并号召大家紧急轻装备战。

11月23日，昨夜梦中回到家里，见到亲人，近来尽量摆脱的思想包袱，又重新压在心头，半夜醒来，直到天明未再入睡。

11月28日，下了几天雪，已开始上冻，夜间被薄，难以御寒，白天天冷，手难握笔。

11月30日，参加时事研究会后，领导安排一项新工作：每天晚间收听口语广播，考虑不会速写，写字速度慢，婉言推辞。

12月1日，时事研究组开会研讨半月工作，安排齐研究"民社党"，搜集材料后，写一篇千字文的介绍，供给报纸，以便读者对"民社党"有所认识。这项工作花费很多时间，关键是搜集不到材料，每天要看大量国民党中央社电讯稿。

12月2日，今天是和杨结婚两周年纪念日。今夜，月光一如两年前一样明亮，然而，却与杨及当年友人天涯海角各奔一方。日记中写道："爱的真正精神是牺牲自我，在这方面我们做到了吗？我的回答是肯定的。阿真给予我的太多了……""今天，让记忆给我前进的力量，让我为人民与革命工作付出一切，这样来纪念我们的日子。"

12月3日，吴敏同志让搞壁报，并要求在本周内赶出。这样一来，业余时间一点也没有了，只好用早餐前一个小时教授俄语。12月4日，搜集"民社党"材料，收效甚微，尤其近况不明，难以处理。

12月5日，天明即起，冒风寒渡河取电讯稿。

12月6日，由于近来电讯稿量较多，而且当天必须看完编出，今天连续工作7个小时，中午也未休息。喜欢这样紧张的生活。

晚饭后，听总社特派员鲁明同志报告，他刚由南京撤退回来，对最后一次谈判情形进行了分析，同时介绍了后方人民生活的贫困状况。

12月7日，开始根据电讯稿整理"孙科宪草内容报告"。

12月8日，开会，总结上个月工作，并准备月底做全年工作总结。

12月9日，完成"孙科宪草内容报告"整理任务。

12月10日，天冷，温度下降约10℃，惦记杨和女儿，同志们总会责问齐：为什么不和爱人一同来？每当这时，就更加黯然神伤，懊悔不已。听说有人可能最近赴北平，要给杨捎信让她来。

12月14日，以"社务与工作"为内容的壁报又将刊出。领导同志对齐踏实积极的工作作风很满意，和他谈话时希望以自己的作风影响并推动别人的工作。写了齐的表扬稿，准备刊登在墙报上，被齐扣发。

12月15日，晚上，俱乐部开会，商讨新年娱乐节目。准备排秧歌形式的节目。

12月18日，今天看电讯稿，一篇有关飞机失事、机毁人亡的消息令齐惊呆了。名单中副驾驶张树东是齐的挚友。他先于齐抵达大后方，并考取了空军部队。齐看到这一消息，难以置信，也难以接受这一残酷现实。意外的噩耗，令齐痛哭失声，几天来心神不安。

12月22日，连日来每天晚上开会谈个人总结。

齐主要总结来报社一个多月的回顾，认为自己有献身革命的决心，有从事新闻工作的兴趣和志愿，愿意今后加强学习毛主席思想，改造思想意识；精通业务、虚心向老同志学习，对所学俄文未能与工作需要结合，开始时思想不安，现已克服。

漠野和其他同志一致认为齐对工作认真负责、积极努力，相信将来定能成为研究室的中坚干部；确定了革命人生观，尚需巩固发扬；细心是长处，但有时又过于拘谨。与别人交换意见少、接触群众不够广泛。

12月23日，收到杨11月17日发的信，无比欣慰。这是到解放区后收到杨的第一封也是唯一的一封信。同志们把信拿去传看。

12月25日，下午，刚下班，领导召集全体干部大会，宣布各干部等级重新评定，草案交各部门讨论决定，这是对干部的考验。齐被评为三等二级。

12月27日，"宪法"编好付印。晚饭后，教俄语；初选模范工作者。

12月28日，报社又新来李洋、赵仲强等五位同志，被分配到研究室，担任英文塔斯稿翻译工作。报纸改三天出一次，四版。

12月29日，准备新年演出陈白尘的话剧：《禁止小便》。晚上，俱乐部开会检查新年娱乐活动筹备情形，确定晚会节目。

12月30日，今天停止工作，大扫除、糊顶棚、粉墙壁，边唱边干，兴致勃勃，好不热闹。晚上，开模范工作者颁奖大会。

12月31日，今天开始放三天年假。早晨吃过饺子，赛排球，研究室得了冠军。晚上，看电讯稿，练唱歌。大家一起唱歌是世界上最痛快的事情。

### 1947年（25岁）

1月1日，新的一年开始了。将用新的努力、新的生命来迎接新的一年。

清晨，钟声响彻云霄。全报社同志聚集一堂举行团拜，袁勃同志朗读毛主席新年献词。

1月2日，三天假即将过去。异常思念杨和女儿。

1月6日，这两天忙于清理年假积压的电讯稿。一点空闲时间也没有，学习也只停留在口头上，如此下去，将来如何面对亲人好友。

1月10日，最近捷报频传，接连不断的胜利无形中影响并支持了后方宏伟的群众运动。

吴敏同志要求积极改进电讯编辑工作，及时刊印。而漠野同志却忽然跟齐谈起领导准备调他到通讯部工作，因为那里搞口语广播的人力不够。齐表示没有意见，只要他能够胜任。

晚上，把编电讯的工作交代给程宜同志。尚需帮他熟悉一下业务，并将改进的设想概略谈过，和有关领导设计了新的报头，并改名为《参考资料》。

1月11日，与程宜去印厂，和负责同志谈好，一天排印一期，发稿字数限定在3000字以内。

1月12日—15日，这两天从早忙到晚，与程宜编电讯，换过报头，每天一期。

1月17日，今天开始到通讯部工作。安岗同志安排与宋铮（女，西北大学同学）、丁丁共同搞口语广播稿编辑工作，负责国际、国内新闻。从今天开始了新的工作。

1月18日，上午，教俄语约两个小时；柯岗同志来商谈共同译诗。决定由齐先直译，再由柯润饰，用通俗的民谣形式表达。

下午，与安岗、宋、丁谈口语广播工作的分配与改进。计划下星期起就当天所收电报编稿，这样可以提早一天，但需夜晚起来工作。

1月20日—26日，给杨写信，托人带北平寄发。

1月27日，开始读少奇同志《论党》；译《A.托尔斯泰之死》。深感一条消息要完全口语化是相当不容易编写的，也是相当费时间的，需要创造一套技巧，在工作中钻研，并多听广播，向别人学习。

冀鲁豫在积极反攻中，从今天起伙食上开始节约，一切为了前线战争。

2月4日，调地方组工作，与其说工作不如说是学习。对土地改革和群众运动等基本知识和政策不了解，只有向老同志虚心学习。

2月6日，和林苇学习处理稿件，把通讯改写成新闻，深感困难重重，着急苦恼。只有脚踏实地、一点一滴地攀登才能前进。

中午，传达报社今年机构编制，被确定任通讯社地方组助理编辑。

2月7日，为了迎接胜利，必须保证自卫战争供给，办法是开展大生产运动，节衣缩食。这几天都在号召动员生产节约运动。报社改成两天一顿面食；干群人员一律每月津贴6斤小米；取消首长中灶，一律吃大灶。胜利来自艰苦奋斗。

2月10日，早晨开生产会议，决定每人每天用两小时进行生产。中央局规定：每人每年交公200斤米，自给用50斤米，必须完成任务。参加了织麻绳和印刷生产，并计划挤时间翻译。

2月11日，找出苏联《新世界》杂志上的"乌拉尔的人们"，是写苏联方面的后方生产，刚好结合实际，拟保证每天工作之外，三个月内完成翻译任务。

2月13日，编稿过程深感遇到复杂内容难以掌握重点，不能发现问题。需要长时期经验的积累，一篇有关改进群众关系的稿件昨天刊登在报纸头版，此后每天几乎都有编写的稿件刊登在头版、二版或四版。

2月14日，结合实际与本村干部座谈，调查了解本村运动情况。

2月27日，介绍齐到解放区的谭允平同志的爱人牛畏予来报社政治部工作。

2月28日，总结上月工作，除一周背粮食外，21天编稿40篇，21000字，包括通讯、综合新闻、特写新闻、一般新闻等。分别刊登在头版、二版或四版上。平均每天千字。学习、生产方面没有显著成绩。翻译不足千字。下月计划每天编稿2000字；译稿200字至500字。读土地改革参考材料。

3月10日，工作与生产几乎占去全部时间。天暖夜短，可以睡得晚些，但灯油又成为大问题。拟卖掉皮鞋与衬衣，自备灯油。

3月12日，工作压力沉重。去年此时正是西北大学开始罢课闹学潮之日，今年此时已到解放区的自由天地。

3月13日，与河北文工团举行联欢晚会，并提出响应保卫延安的号召，用做慰劳袋、写慰问信等方式支援前线。

3月17日，开始写自传，过去许多事情都回忆起来。

3月18日，晚上开夜车赶写完约2500字的自传。

3月24日，学习会讨论研究党章的目的与方法，学习毛泽东思想与实际结合，是首先要把握的；方法上采取精读、细读，并配合参考书。安岗由中央局回来宣布：总社由于战争关系将中英文广播全部任务移交过来。由老安负责领导，明天就走，预备月底即开始广播。由李庄暂代老安的工作。

3月30日，晋冀鲁豫总分社负责人安岗同志回来，传达党中央局决定，所有通讯部、电务科及部分编辑人员前往西戍，接替陕北新华总社对国内外的文字和口语广播。即刻出发。4月1日必须开始对国内、国外的文字与口语广播，组织上派齐越与记者张更生、翻译李洋打前站。2点出发，6点到达40里外的西戍。老张是有经验的记者，善于做群众工作，在他的张罗下，在村干部和老乡的帮助下，很快准备好住房，烧好开水，天黑后，月光朦胧，大队人马到来了。电务人员立即动手架设电台，不久就喊通了晋察冀总分社和山东总分社。编辑人员一边打扫房屋，一边编写收复阳武（现并入河南原阳县）等县城的胜利消息，总务人员安置大家吃住，一直忙到深夜。

4月1日，开始在西戍接替总社工作。以"陕北新华通讯社"和"陕北新华广播电台"的呼号，向全国、全世界继续发出中、英文稿件和口语广播，在宣传战线上又一次战胜了敌人。人民的声音，真理的电讯，一天也没有中止。

午后，临时总社负责同志召集全体干部会，传达了副政委指示：总社人员已随党中央安全转移，一个多月后即可抵达。今后将在此小山沟里面对全国、全世界，代表党中央发言。工作中要尽量克服困难，小心谨慎，不能出任何差错。4月、5月、6月三个月要展开全面反攻，国内形势将有急剧变化，捷报会不断传来。要求必须做好宣传工作。

初步确定组织机构。分解放区组、蒋管区组、国际组、翻译组。齐被分配到蒋管区组。

4月2日，晚饭后，和《人民日报》编辑罗林去口语广播电台编发要闻稿。风大，顶风赶到5里外的沙河村。这里是非常隐蔽的山沟，在傍山的土窑洞内设置了机器和播音室，邯郸新华广播电台设在这里。由他们分出人力和机器接替陕北台的播音，由《人民日报》临时同去担任陕北台播音的胡迦陵同志，已经练习了两天。她说："这玩意儿可不好搞啦，紧张得很！"大家一面鼓励她，一面和她一起准备稿件。在同志们和邯郸电台播音员帮助和关照下，规定的时间到了，她异常镇静地走进了窑洞——播音室5分钟后，收音机里传出坚定而响亮的声音："陕北新华广播电台，XNCR！波长40公尺，7500千周，现在开始播音……"中国人民的声音是任何反动势力阻挡不住的，它飞越太行群山，响彻祖国天空，鼓舞着人民投入战斗。

4月5日，一个叫李起旺的小孩要找齐学习识字，好学上进精神令人感动。约好每天晚饭后和他的弟弟一起来学习。

4月8日，一直考虑如何能使杨尽快过来，她在那里消息闭塞，不能求得进步，深感忧虑。

4月14日，领导安排王匡同志带领齐明天去宣传部城工部交际处、冀南银行、新华书店等地搜集材料，取得联系。今天准备行装，整理内务。

4月15日，与王匡同志沿正在修筑的铁路出发。抵达冶陶中央局宣传部。

4月18日，学习有关毛泽东同志青年时代书，要学习他认真抓重点的学习方法；继续翻译托尔斯泰文艺论文，深感吃力。

4月19日，这一天是个难忘的日子。去年的今天正在特务的枪弹下坚持斗争，当年艰险犹在眼前。

4月21日，计划今后用俄文写日记、读会话、复习语法，决心把俄语捡起来。

## 开始了话筒前的战斗生活

8月16日，总社同志来到这里快两个月了。领导和干部力量逐渐加强，工作不断有新的进展。梅益同志领导口语广播部，他一直在物色男播音员，没有满意的。前些天，他叫编辑部四名能说北平话的男同志去试试音，结果，齐越被选中了。

8月16日早晨，齐搬到沙河，参加了播音员队伍。临行前，梅益同志握着齐的手嘱咐说："这是一个重要而光荣的岗位，你将成为中国共产党的第一个男播音员，我们的广播代表党中央发言，你一定要做好这个工作！"

晚间，播音组长孟启予同志交给齐两篇记录新闻，并讲了记录新闻的播法和要求，帮助练习了两遍。然后被带进播音室，等前面的女同志播完，齐坐在话筒前开始播音。播完出来，满头大汗，手脚冰凉，看看表，才不过十来分钟，但觉得好像过了几个钟头似的。组长说："按照内容和字数要求，播得快了，不要紧，慢慢就会熟练的。"

这时，编辑部也打来电话说："口音挺清楚，就是有点发颤，可能是有点紧张吧？"齐心里说：可不是紧张嘛，岂止"有点"！

新的战斗从今天开始了。这个工作看起来简单，做起来并不容易，做好了更难。要努力向有经验的战友们学习，尽快地熟悉这门陌生的业务。

9月25日，今天是和杨别离一周年的日子。

开始播音已一个月，基本上可以胜任工作，今后当注意进一步提高。

9月26日，孟启予、钱家楣等四人来学习俄语。学俄语的人不断增加，时间显得更加紧了。

今天播对蒋军广播与评论。

9月27日，和孟、钱去西戌听情况传达。

据温济泽同志透露：电台将加大10倍电力；播出时间增加到6小时，并增加广东、上海话等广播。

齐常关心自己的声音能否让蒋管区的朋友听到，如他们能听到该多么振奋！如能告诉杨又多么令人欣慰！这一夜把过去的朋友们以及在一起生活的情形都一一涌现在心头，彻夜难眠。

播出评论：《美国对日本两年来的管制政策》。

9月29日，播出《中秋夜谈战局》。

播音结束，梅益同志托通讯员送来自制的月饼和水果，大家互相推让，最后决定留给病号和孩子们。梅益同志还带来一封信，信中对当前广播宣传做了重要指示。村干部和老乡又送来老玉米和柿子，还念了一封信，感谢参加秋收劳动的大力支持和帮助，大家把手摇唱机搬到院子里，请老乡们听戏，和乡亲们共同度过了一个愉快而又难忘的中秋节。

9月30日，播新闻和简明新闻仍有结巴问题重复出现，深感新闻不好播，快慢速度难以掌握。

10月1日，孟谈到调配员对播音员提出很多意见，看来两者之间存在隔阂，应各自做检讨。播新闻与简明新闻有两处错："八十里"播"八百"、"蒋区"播"蒋匪"，均立即改正。另外还有重复，每天播得总难令人满意。

10月3日，开时事座谈会，大家分别谈各自情况，决定今后每两星期开一次，轮流负责主持，拟定问题提纲，集中重要问题讨论。

业务技术上决定每周一次，下周决定讨论新闻播法，每人优缺点以及听外地电台播新闻的体会，用实际例稿研究，找出速度、语气等一致标准供大家学习，相信这样下去会收到预期效果。业务技术需要与政治时事学习相结合。

10月4日，身体不适，感冒、喉咙痛。

10月5日，今天10条新闻有9条捷报。全部由齐一人播出，没有简明新闻，共播两次，没有一个错；第一次一个结巴；第二次两次重复。据孟监听，认为速度适当，稳重有力。齐自我感觉气魄很足，甚为雄壮，播后很兴奋。

10月6日—12日，齐感冒日益加重，高烧不退，不能播音。

感冒直到12日才退烧见好。病中不仅加重了孟和钱的工作量，还要受照顾，由纪清来代洗衣服，深感同志情同手足。编辑部同志们亦来信慰问并送来棉衣。

10月13日，齐完全康复，精神焕发。拟最近集体讨论一次社论：《欧洲形势》及欧洲九国共产党成立联络局等问题。

今天开始播音，播出：《评鲁克斯来华》及季米特洛夫和铁托讲演摘要，速度过快，3000字用20分钟。据孟、纪说第一遍播得尚稳。

10月14日，蒋齐生等来谈翻译问题，他那里来了一批《真理报》，拟选有关十月革命纪念材料译出。

播出时评：《屠夫、奴才和白痴》，纪清说播得好。

10月19日，纪念鲁迅逝世十一周年，播出《毛主席论鲁迅》和鲁迅的《南腔北调集》《为了忘却的纪念》中的片断。想起前年19日，为纪念鲁迅逝世九周年，在西大刊登纪念专号的壁报时，经过校方层层阻挠，为了与扣发稿件者斗争，和特务杨明理大吵一顿。而今年10月19日，却在中国共产党的广播电台播送了《毛主席论鲁迅》等文章。

下午，蒋齐生来，商定月底前完成翻译任务的有关材料的工作。分到两篇有关东欧国家复兴的资料。

10月21日，召开业务技术座谈会。对新闻的播法，大家认为速度、音调、语气应按稿件内容决定；应充分准备，注意力集中可减少结巴的问题出现。最主要的是多研究稿件，掌握每天的新闻中心，播起来运用自如，听起来印象深刻。

今天播蒋军新闻，柏立、纪清认为《蒋军某军官情书》播得有感情；新闻播得不太流利。

9月—10月，写申请入党自传。

10月30日，为纪念人民音乐家冼星海逝世两周年，陕北台播出了《黄河大合唱》，齐越朗诵串联词。

11月22日，大家对播音工作重新进行了分工。孟启予：评论；钱家楣：新闻；夏沙：通讯；齐越：蒋管区综合节目、记录新闻。几乎每人负责一个节目。但齐感到自己播音方面无大进步，业务水平提高太慢。

11月24日，据吕梁区反映：可能由于气候及电力关系，男声有时听不太清。领导上决定让齐播较慢节目。记录新闻虽然有些枯燥，但和其他节目一样重要。一切从工作出发，一切为了工作。事实上今后一个人要播两个节目，70分钟，工作任务更重了。

温济泽同志传达陕北陆定一同志意见：认为反攻战报及综合报道等播得好，很有培养前途。应该更加严格要求，努力提高政治觉悟，进一步把工作做得更好。

11月26日，陈毅司令员、滕代远副司令员由廖承志、梅益同志陪同来电台视察，廖社长介绍播音员与两位首长见面。陈毅司令员鼓励说："你们的播音有力量，听得很清楚，这个工作很重要，希望你们要努力学习政治，钻研业务。"

陈毅同志在对全体干部讲话中谈到口语广播和部队的关系时说，你们的工作给了我们部队很大帮助，他代表华东野战军全体同志表示感谢。随后，他坚定有力地说："我可以签字保证，明年将有更大的胜利，将为我们子孙后代奠定民族解放的大业，你们就等着播捷报吧！"讲话给大家极大鼓舞，连夜学习座谈。

12月2日，为纪念与杨结婚三周年，播音回来翻看了去年的日记，收到杨寄到解放区唯一的一封信和带到解放区的全部照片。深深追悔当初去北戴河时未坚持说服杨一同来解放区。但老人的安排问题也不容忽视，不能搪塞。

晚上，开夜车赶译文章。

12月9日，今天是"一二·九"纪念日，组织了特别节目。

播出《刘少奇同志讲演摘要及对蒋管区学生讲话》。因与调配员未联络好，以至播串两句，今后当格外注意！

译完《幸福之路》；开始译《今日捷克》。

12月31日，在陕北台《除夕特别音乐节目》后播出预告：明天上海时间17点10分，本台将播送中共中央毛泽东主席在12月25日中共中央会议上的报告，题目是《目前形势和我们的任务》。预告接连播了几遍。播出同时，连夜学习，做好播出准备。

## 1948年（26岁）

1月1日，从元旦起，陕北台用了6天时间，连续地、反复地播送毛主席的重要报告：《目前形势和我们的任务》。

1月1日—3日，每天用普通速度全文播送一遍。齐越播《内容题要》，孟启予播正文。

1月1日—5日，每天由齐越用记录速度分段连续播送全文。

1月4日—5日，用英语播出报告译文。

毛主席的这个报告是打倒蒋介石反动统治集团，建立新中国的纲领性文件。文件武装了思想，振奋了斗志，用文件的警句互相鼓励：

"曙光就在前面，我们应当努力。"

就这样，胜利完成了播音任务，在紧张的工作中度过了一个有意义的新年。

4月16日，参加太行总社派出先遣队运送广播机、护送病号自涉县西戌村出发前往河北平山县，筹备总社迁移事宜、参加张胡庄新台建台工作。

5月20日，太行总社的编辑业务全部移交西柏坡接替工作的筹委会，太行总社的工作正式结束。至此，太行临时总社和太行总社，经过了13个月又22天的战斗历程，胜利完成了它的历史使命。

5月23日，西柏坡筹委会在张胡庄正式接替太行总社的各种广播。

5月25日，毛主席发表《一九四八年的土地改革工作和整党工作》，全文3300字。编辑部主任温济泽同志指定齐越播，并在稿件前注明："毛主席指示：'此文不要播错一个字。'"播出前相当紧张，拿到文件后只有一小时的准备时间。面对毛主席的批示，"临阵"前战友们的万般叮嘱及关怀，齐动员了全部意志和精力进行准备，就文件的精神和具体播法和同志们交换意见。在一小时内，做了所能做的一切。进播音室前，同志们提醒说，不要怕，已经准备好了，不会播错的，要有坚决完成党的任务的信心！这"临阵"前的叮嘱太宝贵了！主席批示的教育、文件精神的鼓舞、战友的关怀给予了无穷的力量，使齐越得以顺利完成了这次播出任务。

5月31日，从太行搬到平山后，播音组离编辑部越发远了，紧急稿件靠电话传送。在此期间，播出许多重要文件和评论，在人少工作重的情况下，圆满完成播音任务。

今天，播音组召开工作总结会，就齐越前些天播出中央指示没有播错一个字进行了表扬；同时对前段时期片面追求"语气自然"而容易播错，进行了分析和批评。组长孟启予同志的发言给了极大启发。她说："播音第一位的是准确。"

她指出：理解要准确，表达要准确。因此，就要深刻理解稿件内容，掌握它的精神和实质，播起来才能自如，语气才能自然。这次总结成为齐越参加播音工作的一个转折点。从此他比较自觉地注意从稿件内容出发而非片面追求播音语言形式，平时注意加强政策和时事学习以及语言锻炼，提高播音水平。

这次总结会后，每位播音员都就5月下旬的工作写了《十天播音工作个人总结》送温济泽同志审阅。

6月5日，温济泽同志在患肺病发烧的情况下，仍在每人的总结上都写了切中要害的批评，于今天退了回来。他虽身为领导，参加革命时间早，年龄比其他同志大，可是大家都亲切地称呼他"小温同志"。

这次总结，教育深刻，可以说是政治认识和业务观点的一个转折，特抄录在解放区日记中，以备随时查看。

9月24日，人民解放军胜利向前进展，捷报频传播出。陕北台在党中央和毛主席直接领导下，日益成为对敌宣传斗争的有力武器。齐每天都以饱满的政治热情播读毛主席、周副主席和党中央其他领导同志亲手起草的文告和广播稿。

随着人民解放战争的胜利，人民广播事业也在日益发展。邯郸台和晋察冀台先后并入陕北台，编辑、机务和播音员的队伍扩大了，电力加强了，节目和播音时间增加了。晋察冀台的丁一岚同志担任了陕北台播音组副组长，除播音外，还担负收听莫斯科台和敌台广播的任务，每天收听记录送中央领导同志参考。

今夜播出了陈粟大军解放济南的捷报。

在全天播音快要结束时，编辑部从电话传来捷报。最后一个字刚刚落笔，孟大姐抓起稿件奔入播音室。喇叭里听到她那激动而有力的声音："各位听众！现在播送刚刚收到的济南前线捷报，进攻山东省会济南的人民解放军，已经完全占领商埠和外城全部，现正在内城进行最后阶段的巷战。到23日早晨为止，被歼灭和起义的守敌总共有六万多人……"

这条消息刚刚播完，电话又传来急切的声音："不要结束，还要播解放济南的消息。"可是已经晚了，喇叭里已经道了"晚安"！电话里传出："总编辑决定：不要关机器，加播'号外'！快传！"

"女声男声轮播，多播几遍！"

齐越和孟大姐拿起稿子跑到播音室。这时结束播音不过一分钟，收音机里又传出振奋人心的消息：

"陕北新华广播电台XNCR！各位听众，人民解放军今天下午5点钟全部解放济南，守敌全部歼灭，无一漏网。战果正在清查中！"

这个"号外"，接连播了7遍。

播完，全体播音员和机务员，在院子里又唱又跳，庆祝胜利，直到深夜。9月底，陕北新华广播电台的播音室和机房由平山县张胡庄迁到井隆县西北20公里的山村——窟窿峰村。播音室在村西南山坡上的土窑洞里，发射机房设在村北山坡上一处天然大石窟里，是敌人飞机找不到、炸不着的地方。这里离党中央和电台编辑部越发远了，相距40公里，还隔着滹沱河，遇有紧急情况，就通过电话传递和联系。

10月中—11月中，备战再回太行。

12月12日，播出毛泽东12月11日发表的《关于平津战役的作战方针》。

12月17日，播出毛泽东发表的《敦促杜聿明投降书》。

夜里，正在酣睡中，忽听组长孟大姐激动的声音："起来，快起来，廖承志社长来电话，派你和刘涵、吴影打前站，到北平去，参加接管电台的工作！"

于是连夜出发到党中央所在地西柏坡集合。

12月18日，晨抵西柏坡。参加由新华社副社长范长江及社务委员徐迈进带领的新闻工作者组成的北平市军事管制委员会，准备接收国民党电台。奉命去北平接管国民党各宣传机关的先遣人员，还有新华社和《人民日报》的其他同志也都赶到了。午饭后，和送行的同志们握手告别，互道："北平再见！"向北平郊区良乡进发。

在良乡，接管了华北城工部分派来的一批大学生。

12月31日，播出毛泽东30日发：《将革命进行到底》。

1948年12月—1949年1月底，继续在北平郊区良乡学习；准备进城接管国民党电台；为新补充的播音员进行培训。

## 1949年（27岁）

1月15日，天津解放。

1月31日，北平和平解放。

中午，由范长江同志率领，随解放军先头部队乘卡车从西直门开进北平城内。

下午4点，抵达设在南河沿的"联合委员会办事处"。由接管电台的军管小组组长徐迈进同国民党北平广播电台台长进行谈判，商定具体接管事宜后，进驻国民党北平广播电台，宣布接管。

晚8点左右，迈进同志据《约法八章》讲话后，写了通告，交齐越送播音室转给正在值班放唱片的国民党播音员，站在一旁看着他播出。

通告是这样写的："各位听众！从今天起北平宣告解放。本台奉中国人民解放军北平军事管制委员会命令，立即停止广播，等待接管。从后天2月2日上午起，北平新华广播电台将使用本台原来波段播音，请注意收听。"人民的声音，从此永远占领北平上空。

2月2日，上午11点40分，收音机里传出一个男播音员激昂坚定的声音。

北平新华广播电台以聂耳作曲的《大路歌》为前奏曲开始播音。暂定每天上午11点40分播送北平市军管会和北平市人民政府的布告和法令，12点40分和17点40分起播送北平市新闻。

这一天，反复播出人民解放军平津前线司令部的布告《约法八章》，并反复播出《以和平方法解决北平战事的经过》等报道和述评。

2月—4月，任北平新华广播电台播音员，播音组组长。

4月5日，播出毛泽东4日发表的《南京政府向何处去》。

4月22日，中国人民解放军解放南京。

上午9时左右，北平新华广播电台由编辑部第一部长梅益主持与南京国民党广播电台通话，齐越负责通话，互报姓名后，播出通话。通话内容如下：

　　"现在，我奉命通知你们，中国人民解放军已经解放南京，你们必须保护好电台的一切设施，不得破坏，要听候人民解放军接管。"对方回答："是的，是的。"

　　4月26日，播出毛泽东25日发表的《中国人民解放军布告》。

　　5月1日，播出4月30日毛泽东发表的《中国人民解放军总部发言人为英国军舰暴行发表的声明》。

　　1949年4月—1950年3月，任中央人民广播电台播音科副科长。

　　6月参加新政治协商会大会筹委会工作。

　　6月16日，播出毛泽东15日发表的《在新政治协商会议筹备会上的讲话》。

　　6月30日，参加北京市庆祝七一大会工作，转播庆祝大会实况，担任大会司仪并朗诵。

　　6月30日—7月1日，播出毛泽东发表的《论人民民主专政》。

　　杨沙林由唐山中学调到广播电台英语广播部工作，全家三口离别三年得以团聚。

　　7月18日，经播音科支部通过，上级党组织批准齐为中共预备党员。

　　8月14日—15日，播出毛泽东发表的《丢掉幻想，准备斗争》。

　　8月18日—19日，播出毛泽东发表的《别了，司徒雷登》。

　　8月28日—29日，播出毛泽东的《为什么要讨论白皮书》。

　　8月30日—9月1日，播出毛泽东的《友谊，还是侵略》。

　　9月16日—17日，播出毛泽东的《唯心历史观的破产》。

　　9月，开始于夜间到天安门城楼观看部分游行队伍彩排，为转播开国大典做准备。

　　10月1日，在天安门城楼转播中华人民共和国中央人民政府成立庆典游行实况。

北京新华广播电台担负开国大典实况转播的光荣任务。前一天已播出预告，全国各地人民广播电台同时联合转播。梅益同志亲临现场指挥；李伍同志负责机务；胡若木、杨兆麟同志负责写稿；丁一岚同志和齐越负责播音。

下午2点多，同志们即守候在城楼西侧的岗位上，即将进行我国人民广播史上第一次实况广播。面对宏大的历史场面，他们没有经验，没有预演，看着手上写好又很不完备的解说词，心情既激动又紧张。

下午3点整，在《东方红》乐曲声中，毛主席魁伟的身影出现了。齐按捺不住心头的激荡，立即对着话筒播出："各位听众，庆祝中华人民共和国中央人民政府成立典礼就要开始了。现在，毛主席和他的亲密战友刘少奇、朱德、周恩来同志登上天安门城楼……"

林伯渠秘书长任司仪，宣布典礼开始。奏国歌后，54门礼炮齐放28响。在震天动地的礼炮声中，毛主席亲自按动电钮，把第一面五星红旗徐徐升起在新中国首都的上空。

接着，毛主席宣读中央人民政府公告。毛主席庄严宣告："中华人民共和国中央人民政府成立了！"毛主席的声音通过电波，传遍了全中国，震撼着世界。

历史揭开了崭新的一页，灾难深重的中华民族，从此结束了受奴役、被侮辱的历史。一个伟大的勤劳勇敢的民族屹立在世界的东方，必将为人类作出应有的贡献。

齐越怀着自豪的心情，尽力控制住激荡在心中火一样的热情，进行着阅兵典礼和群众游行的实况广播。开国盛典持续了近6个半小时，一直到晚上9点25分结束。五彩缤纷的礼花腾空而起，持灯游行的群众像红光闪闪的火龙穿过全城，首都天上地下一片光明。胜利了的人民整夜都沉浸在欢乐中。


## 1950 年（28 岁）

5月1日，在天安门城楼广播庆祝五一国际劳动节游行实况。

7月18日，经中央台播音科支部讨论通过转为中共正式党员。

10月1日，在天安门城楼广播庆祝十一国庆一周年游行实况。

10月25日，中国人民志愿军赴朝参战后，播报有关报道有感。积极申请到前线，写了诗歌《我要去保卫祖国的边疆》。

## 1951 年（29 岁）

1月31日，收到沈阳市二中高一学生王辅民听众来信。这是进城后收到的第一封听众来信。当即怀着激动的心情写了复信。

来信询问有关广播技巧问题，由于当时缺乏系统总结，介绍了洪深写的《戏的念词与诗的朗诵》供参考。附寄评述苏联广播的译文《真理的声音》供参阅。

4月11日，播出魏巍名篇：《谁是最可爱的人》。

5月1日，在天安门城楼广播庆祝五一国际劳动节游行实况。

10月1日，在天安门城楼广播庆祝十一国庆两周年游行实况。

## 1952 年（30 岁）

5月1日，在天安门城楼广播庆祝五一国际劳动节游行实况。

10月1日，在天安门城楼广播庆祝十一国庆三周年游行实况。

10月2日—13日，在北京中南海礼堂召开的"亚洲及太平洋区域和平会议"上，任中文同声翻译。

11月17日，出席第一次全国广播工作会议。

12月15日，收到中国人民解放军某部战士崔鲜疆11月15日来信后，在中央人民广播电台12月15日《新闻和报纸摘要》中播出复信。

## 1953 年（31 岁）

3月9日，参加首都各界人民追悼斯大林同志大会筹委会工作；播出斯大林同志逝世讣告。

5月1日，在天安门城楼广播庆祝五一国际劳动节游行实况。

6月9日，当选为中华全国民主青年联合会第二次全国代表大会代表并出席大会。

10月1日，在天安门城楼广播庆祝国庆四周年游行实况。

11月1日—27日，参加以贺龙同志为团长的赴朝鲜慰问团，赴朝鲜慰问、参观、学习。

11月1日，访平壤国立艺术剧院、医科大学。

11月2日，参加朝鲜科学文化工作者座谈会。

11月3日，听取朝鲜国家计划委员长关于朝鲜解放后五年来获得的成就的报告。

11月4日，在朝鲜民主中央同盟中央委员会和朝鲜青年座谈。座谈会后，朝鲜青年盛宴款待，载歌载舞，尽欢而散。

11月5日，在平壤医院建设工地访韩哲副院长。

访朝鲜中央放送委员会放送部长金尚民；放送部长、委员长、副委员长、音乐部合唱团成员、平壤劳动者护团社成员、朝鲜劳动党中央委员会宣传部同志、平壤《民主朝鲜》记者、平壤中央放送局同志、朝鲜中央通讯社记者、报道部长、文艺部长、幹卫部长、报道部记者等均留下热情洋溢的祝词并签名留念。

11月6日—7日，访南甫炼钢厂，座谈。

11月8日，访降仙炼钢所，座谈。

11月10日，访平壤副委员长。

11月11日，放送委员会委员长介绍情况。

11月12日，访国立艺术剧场。

11月13日，访医科大学病院。

11月14日—19日，抵开城，慰问志愿军，播录慰问大会录音；访开城国营纺织工厂；访朝鲜工作代表团。

11月20日，抵坂门店。

11月21日，抵大德山我军前沿阵地。

11月22日，听杜平将军关于谈判的总结报告。

11月23日，抄写整理材料、听录音。

11月24日，离开城。

11月25日，经安东抵沈阳，回京。

1953年11月28日—1954年3月，听传达，学习文件、抄写学习笔记。

12月13日，在《人民日报》的《抗美援朝专刊》发表访平壤医科大学医院建筑工地：《在废墟上重建起来》的通讯及照片。


## 1954 年（32 岁）

3月12日—27日，列席全国文教工作会议。

4月8日，参加华北军区政治部文化部播音员座谈会。

5月1日，在天安门城楼广播庆祝五一国际劳动节游行实况。

5月8日，出席中共第二次宣传工作会议。

7月5日—9月5日，和孟启予、丁一岚等同志参加以温济泽同志为团长的中国广播工作者代表团访苏联，向苏联广播工作者学习。

8月10日，访苏联著名播音员列维坦，并合影留念。

9月10日，参加全国人民代表大会第一次会议工作。

10月1日，在天安门城楼广播庆祝国庆五周年游行实况。

11月7日，出席第二次全国广播工作会议。


## 1955 年（33 岁）

3月，出席全国播音业务学习会并讲课。

5月1日，在天安门城楼广播庆祝五一国际劳动节游行实况。

10月1日，在天安门城楼广播庆祝十一国庆六周年游行实况。

12月，受聘中国科学院普通话审音委员会委员。

1954—1955年，访苏回来后，由苏联带回列维坦等苏联广播电台有关播音及朗诵材料，利用业余时间摘译，如《朗读政治性材料的方法》《朗读文艺作品的主要方法》等，刊登在《广播工作参考材料》上。

## 1956年（34岁）

3月，出席中华全国民主青年联合会第二届全国委员会第三次全体会议。

5月1日，在天安门城楼广播庆祝五一国际劳动节游行实况。

10月1日，在天安门城楼广播庆祝十一国庆七周年游行实况。

## 1957年（35岁）

1月，为北大新闻系新闻专业讲课：《播音员和播音工作》。

3月22日，出席中华全国青年民主联合会第二届全国委员会第四次代表大会。

4月，参加高级干部自修哲学第六期学习。

5月1日，在天安门城楼广播庆祝五一国际劳动节实况。

10月1日，在天安门城楼广播庆祝十一国庆八周年游行实况。

11月，在北京郊区良乡发射台开办的"广播事业局播音员训练班"上主讲播音业务课。

## 1958年（36岁）

1月27日—9月，下放河北沧州姚官屯乡姜庄子村劳动锻炼。

3月29日，中央台播音组同志到沧州慰问。

8月21日—9月18日，下放劳动锻炼（当社员）期间，集中整风学习；开展批评自我批评；个人思想总结。被评为劳动先进工作者。

10月1日，在天安门城楼广播庆祝十一国庆节九周年游行实况。

12月23日，访天津广播电台，与播音组同志座谈关于播音员走出播音室，深入实际、联系群众的问题。

## 1959 年（37 岁）

5月1日，在天安门城楼广播庆祝五一国际劳动节游行实况。

5月5日，被广播事业局干部处正式书面任命为："播出部播音组播音指导"。

6月26日—7月8日，带队到河北沧县姚官屯人民公社、天津工厂学习，深入实际。

9月，周总理视察新建成的广播大厦，在广播局局长梅益同志陪同下，来到播音室，齐越正和潘捷广播《全国各地人民广播电台联播节目》，总理一直站在玻璃窗外静静地看着，直到这个节目结束。当齐越和潘捷走出播音室时，总理热情地同他们握手，并谆谆嘱咐他们："广播大楼建成了，比起延安窑洞来条件好多了，你们一定要用延安精神做好工作。"

"用延安精神做好工作"这句话，从此成为齐越的座右铭，写成条幅，挂在室内牢记在心。既严格要求自己，身体力行，也用它来教育青年一代播音员。

10月1日，在天安门城楼广播庆祝十一国庆十周年游行实况。

## 1960 年（38 岁）

5月—11月，学习。主要学习毛主席在晋绥干部和编辑人员会议上的讲话。

12月25日，访陕西台，和陕西台播音员座谈、讲话。

## 1961 年（39 岁）

5月18日，在河北台和天津台学习播音经验。

1961年5月24日—1962年3月3日，患肺结核，在亚非学生疗养院治疗休养。

## 1963 年（41 岁）

2月5日—3月29日，因患肺结核期间，大量用药，导致肝负担过重，患肝炎、脂肪肝，住人民医院治疗。

## 1964 年（42 岁）

10月22日—1965年6月12日，参加由广播局党委书记丁莱夫为团长的"四清"工作团赴山西大建安参加"四清"。"四清"期间，改名：李见。

12月16日—17日，因当选中国人民第三届人大代表，离村动身返京。17日抵太原，与山西台播音组座谈，听录音。

12月18日，向中央台播音部领导简要汇报。

12月19日，参加人大党组党员大会。

12月20日，参加彭真同志主持召开的人大会预备会。

12月21日，下午3点30分，参加第三届人代会开幕式。

12月28日—12月30日，大会发言。

第三届人代会于1965年1月3日闭幕。

## 1965 年（43 岁）

1月9日，返回山西大建安继续参加"四清"。

4月20日—22日，采访贫农梁东清老人，并整理她和她儿子的家史：《奶猫老人自述》，于1965年7月27日中央台《回忆和对比》节目广播。

10月1日，在天安门城楼广播庆祝十一国庆十六周年游行实况。

## 1966 年（44 岁）

2月6日，下午4点录音：《县委书记的榜样焦裕禄》，当天在联播节目中发了预告，7日上午10点全文播出，晚上9点重播。为此，撤消了7日晚上9点以后的文艺节目、援越抗美专题节目和新闻节目。8日、9日又重播。这种做法，在我国广播史上是罕见的，除非为一些重大事件、盛大节日所组织的特别节目，才变更、打乱原有的安排。

3月，与耿绍光为邢台地震各捐款100元，被部政办室退回后，又亲自送国务院信访办。

## 1971年（49岁）

1971年8月22日—1972年，"文革"审查结束。恢复播音。

## 1972年（50岁）

5月底—6月初，正式恢复播音。在此期间，播出：《工人阶级的先锋战士——铁人王进喜》。

6月中旬，恢复参加联播，为备用人员。

9月19日，抵辽宁本溪，研究录音通讯：《歪头山矿炮声隆》。由本溪报道组负责人徐振明介绍稿件背景。

## 1973年（51岁）

2月2日，在人民大会堂举行的首都人民庆祝"关于在越南结束战争，恢复和平的协定"大会上播读译稿。

6月—8月，参加播音部对播新闻节目的学习，并就播音的基本原则和方法、新闻、评论、通讯、新老互助等选题做了分工准备发言小结。

10月15日—12月，在北京广播学院参加"在职播音员学习班"，授课并辅导。

11月7日，听通讯、故事、小说录音，小组讨论。

11月18日，在学习班研究播通讯，各组小结发言后，在大会上发言。播通讯的点滴体会：（一）播先进学先进；（二）感情真实有分寸。

11月27日，沅华同志在大会做报告《播音员和政策》，从政策的角度来看稿件的针对性，提高对宣传政策的认识。董林、王寿仁副局长传达毛主席批示和中央对广播工作批示。

12月12日，在职播音员基本功汇报，基本上参加学习班的都做了朗诵表演。汇报前几乎逐一听取朗诵并认真进行辅导，汇报演出后座谈提意见。

## 1974年（52岁）

4月19日，在塔院大队听录音、座谈。

6月13日，在北京人民机器厂听录音、座谈。

8月10日，广播学院播音班汇报吉林台办播音员学习班情况；讨论为西藏台培养新播音员事宜。

12月17日—24日，为迎接四届人大宣传报道做准备，以班为单位办学习班，立足于年前播出，担任播音的同志脱产备稿录音。

## 1975年（53岁）

6月20日，由中央台播音部调北京广播学院新闻系播音专业任教师。

12月26日，参加铁岭地区播音员学习班，并讲学。

## 1976年（54岁）

1月4日—9日，参加本溪电台播音员训练班；抚顺电台第六期播音员训练班。

1月12日—27日，参加沈阳市农村有线广播播音员学习班；为锦州台讲课，为辽宁大学中文系教师进修班讲《语文朗诵》课。

4月10日—5月，参加安徽合肥市广播员学习班。

5月，赴武汉，与武汉湖北电台播音员座谈。

5月11日，赴南京，参加南京电视台及有线广播站学习班并讲课。

10月15日，抵山西太原，与山西电台播音员座谈。

11月1日—20日，参加在临汾举办的山西省播音员工作经验交流会；晋中地区播音员培训班。

11月4日，参观东张寨大队和西张寨大队，听取农民对广播意见。

11月5日，参观曲沃县广播站；为曲沃农民现场即兴朗诵。

11月27日，讨论在山西省晋中地区办学习班，向农民学习总结。

12月29日，广播局召开怀念周总理座谈会，白谦诚在座谈会上发言说，总理早在1969年10月19日夜，研究战备工作时，就向广播局领导询问进城以前的播音员干什么，并说："延安时期那几位播音员的声音，现在想起来还很亲切，不知他们都到哪里去了？孟启予、齐越现在哪里？"周总理还深情地说："我们不能忘记他们。"一想起周总理的关怀，齐越总是泪湿枕巾，彻夜难眠。

## 1977 年（55 岁）

1月7日，"诗刊社"在首都体育馆、工人体育场为纪念周总理逝世一周年，举办"周总理永远活在我们心中"诗朗诵音乐会。齐朗诵郭沫若词：《念奴娇·怀念周总理》；与广播学院教师赵凤祥朗诵《周总理门前的一张大字报》。

7日夜，怀着对人民的好总理的深切怀念，给邓大姐写了信，向邓大姐致以崇敬的慰问。后来，邓大姐曾让广电部随同去缅甸访问的翻译给齐越捎回口信致意。这是齐越参加革命以来第一次也是最后一次给中央领导同志写信。全文如下：

敬爱的邓颖超同志：

在我们敬爱的周总理逝世一周年的日子里，我怀着对人民好总理的深切怀念向您致以最崇敬的慰问。

这一年里，每当我想起总理对广播事业的关怀，想起总理对播音员的爱护，我就禁不住热泪盈眶，心情激动，久久不能平静……

我是在陕北新华广播电台开始参加播音工作的。在战火纷飞的年代，毛主席和周总理都十分关心广播电台的工作，总理曾亲临离前线二十几里的瓦窑堡的电台所在地，了解情况，布置工作。他亲自指挥我们战胜种种艰难险阻，行程四千里，经过四次转移，从延安到达北京，保证广播没有一天中断，胜利地完成了党中央交给的任务。

作为一个播音员，我能够经常把毛主席的光辉著作和周总理的重要讲话，向全中国和全世界广播，自己又一边工作，一边学习，这是我最大的幸福！

我永远不会忘记，1959年的一天晚上，敬爱的周总理到中央人民广播电台视察。他亲切地微笑着站在播音室的玻璃窗外面，一直看着潘捷同志和我播完《新闻联播》。我们走出播音室的时候，激动地走近总理跟前，总理握着我的手说："你们坐在新建的大楼里播音，比起延安窑洞来，条件好多了，一定要用延安精神做好工作。"总理的谆谆教诲，时刻铭记在我们心中，鼓舞着我们努力工作。

我永远不会忘记，1963年3月，当总理得知我有病住院时，他让我们的领导去医院探望我，转达他老人家的亲切关怀，嘱咐我安心养病，病好后努力为党工作。总理为党为人民日理万机，从来不顾自己的健康，可是对我这样一个普通播音员，却是如此爱护。这使我受到了深刻的教育，给了我战胜疾病的巨大力量，使我很快重返工作岗位。

我永远不会忘记，在"文化大革命"期间，敬爱的周总理曾经询问进城前参加工作的播音员的情况，在他老人家的关怀下，1971年8月，我恢复了工作，为宣传马列主义、毛泽东思想继续播音。

我永远不会忘记，开国大典、国庆节、五一节和重要集会实况广播的时候，在毛主席、周总理身边播音的那些幸福的日子。1973年2月2日，首都举行庆祝越南停战协定签订大会，我参加了大会的播音工作。当时，我因为有病，又多年没见过这样的场面，很紧张，担心不能保证播音的质量。可是，当我看到敬爱的周总理出席了这次大会的时候，一股暖流涌上心头，浑身充满了力量。我想：决不辜负总理的关怀和教育，一定要为他老人家争气，克服困难，坚决完成任务！就这样，我顺利地完成了这次播音任务。可是，我万万没有想到，这竟是我最后一次幸福地在总理身边工作啊……

遵照总理即将和我们永别时勉励一个共产党员的宝贵遗言："你是共产党员，要团结其他同志一起，对中国革命和世界革命努力作出自己的贡献！"我一定要牢记周总理的教导："活到老，学到老，改造到老。"

1975年6月，我被调到北京广播学院当教员，离开了我从事多年的播音工作。

最近，《诗刊》编辑部和北京电视台分别举办怀念周总理的诗歌朗诵会。我怀着无限崇敬和衷心爱戴的心情参加了这次纪念活动。我和另一位同志分别朗读在总理身边工作的同志们要求总理注意休息的一张大字报和您写的那五点补充建议。我要尽最大努力去完成这项重要任务，以此寄托对总理的深切怀念。

敬爱的周总理永远活在亿万人民心中，他永远是我们全国人民学习的光辉榜样。

敬爱的邓颖超同志，当前，您肩负的责任更重了，工作更忙了，殷切期望您为革命保重身体，衷心祝愿您永远健康。

谨致
崇高的敬礼！

齐越<br>1977年1月7日夜

3月14日，为北京市教育局教材编写组中小学教师讲《语文朗诵的几个问题》。

3月21日，为广播学院播音系76级学生讲大课。

4月—6月，在湖北、安徽、江苏、上海、山东等地电台讲学。

## 1978年（56岁）

1月10日，赴湖南讲学、招生。

1月13日，与湖南省台、长沙市台、衡阳市台等播音同志座谈。

1月14日，赴韶山参观毛主席故居，与湘潭播音员听录音、座谈。

1月23日—28日，赴广州招生，与广东台播音员座谈。

4月—5月5日，赴上海，在上海电台鼎立帮助和支持下，重录过去在中央人民广播电台播过的、"文革"期间被销毁的有代表性的文稿、回忆录等。录的内容有在进城前窑洞里播的；有刚进城不久在西长安街播音室播的；有在广播大楼播的。

5月5日，录音后，与上海台播音组座谈，谈此次来上海录音的体会，听取意见。座谈会上表示：来录音前，时时刻刻把周总理的叮嘱"一定要用延安精神做好工作"作为这次录音的指导思想。

5月5日，听上海台播音员录音，座谈、提意见。

6月9日，录《燕山雏鹰》。

6月16日，与学习班学员一起录《把第二次生命献给党》。

6月30日，为北京师范学院中文系讲《语文朗读》课。

7月，为广播学院播音系青年教师办学习班讲课、辅导。

7月13日，青年教师学习班听录音，座谈。

9月，为安徽省语言学会、安徽省教育学会、合肥市教育局联合举办报告会，做报告《关于语文朗读教学问题》。

12月，为云南台播音员培训班讲学。

12月25日，为云南大学中文系讲学。

12月28日，实习期间，发表了陶斯亮的文章《一封终于发出的信——给我的爸爸陶铸》，经试播后，云南台决定由马桂芬播录，齐越和云南台文艺部编辑导播。由于齐越忙于讲课，导播前给小马写了留言信嘱咐她学习陶铸同志生前写的《松树的风格》，用这种风格去完成这项主要任务。

## 1979 年（57 岁）

1月，经北京市委一号文件批准，齐为北京广播学院新闻系教授。

由云南赴贵州，为贵州广播电台讲学。返京。回校后，继续办青年教师学习班（学习班从1978年5月19日开办至1979年7月）。

3月1日，为青年教师上课。

4月11日—5月20日，为哈尔滨台录《把一切献给党》。

6月5日，参观吉林电视台并试播；为吉林电视台录像播出郭沫若词《念奴娇·怀念周总理》。

12月18日—28日，在北京人民广播电台播出长篇回忆录《在彭总身边》。

1979—1983年，任政协北京市第五届委员会委员。

## 1980 年（58 岁）

2月4日—15日，为满足听众要求，北京人民广播电台重播《在彭总身边》。

3月3日—13日，中央人民广播电台重播《在彭总身边》。

3月21日，《在彭总身边》播出后，在北京电视台作录像讲话。内容提要：

1. 许多听众比我体会感受深刻得多，这是我应向听众学习的；2. 朗诵回忆录的过程，首先是我受教育的过程，向彭总学习的过程；3. 反复阅读分析，访景希珍和彭总夫人，同编辑探讨，仿佛自己和彭总一起生活了十七年；4. 录前食不知味，睡不安眠。全身心投入在稿件中；5. 把准确理解表达思想感情放在第一位。

3月24日，出席广院教代会。

4月24日，为77级播音专业学生"会诊"，对每个学生的主要问题都作了记录，从用气、发声、语言表达、话筒前状态、与平时的配合等方面分别指出了各自存在的主要问题。

5月27日，有关1969年10月19日夜，周总理过问齐越等老播音员具体情况，中央台记者白谦诚向当时有关方面进行了调查，抄录戴远征及董林来信。

8月26日—9月25日，重返太行。参加"延安（陕北）台历史调查组"，任组长，进行为期30天的电台旧址调研。

11月29日，参加纪念人民广播四十周年座谈会。

11月30日，为参加首都青年学生纪念"一二·九"运动四十五周年、"一二·一"运动三十五周年大会朗诵。

12月9日前后，在人民大会堂、首都体育馆等地，为首都青年学生纪念"一二·九"运动四十五周年、"一二·一"运动三十五周年大会朗诵闻一多的《最后的一次演讲》。


## 1981年（59岁）

1月，给毕业班讲课《论激情》。上半年给研究生上课80课时。

1月19日，为招收研究生出题、评卷。

1月25日，旁听中华人民共和国最高人民法院公审林、江反革命集团主犯审判大会。

3月6日，为朗诵艾青诗访艾青。艾青为其题词："让诗插上翅膀在高空中飞翔"。

3月14日，在北京图书馆在甘家口物资局礼堂举办的艾青诗歌报告会上，朗诵艾青长诗《古罗马的大斗技场》。

3月31日，带77级播音专业毕业班同学播音。指出每人每条在语言表达上的不足和今后努力的方向，及时肯定取得的进步。一起听中央台《报摘》的录音，分析存在的问题。

出席北京市五届政协四次会议；列席七届人代会五次会议。

编辑出版《播音创作漫谈》第二期。

4月3日，为77级播音毕业班题词："正确认识时代，正确认识岗位，正确认识自己；勇于实践，善于总结，勤学苦练，精益求精，开创播音新风，七七级毕业同学共勉。"

5月14日，为山西省临汾地区播音员学习班所用例稿录音，以备学员学习用。内容：新闻《活着的黄继光——杨朝芬》、通讯《刘胡兰慷慨就义》。

5月16日，刘洪庆写《感情的激发——记齐越同志的一次播音》，该文详细记录并介绍了齐越录《刘胡兰慷慨就义》通讯的情况。

周正来访。

5月25日，应邀到师大附中做报告。赠书及在母校获得的奖章两枚；当年在母校留影照片一张。

6月10日，在东城文化厅讲课：《谈播音与朗诵的体会》。

6月10日，李士昌来信，感谢为其录音，并向学院党委写了感谢信。

为77级播音专业毕业班同学毕业论文写评语。就当前写文章存在的两大通病指出：一是演绎化，一是概念堆砌，建议应学习归纳的方法。同时指出当前考试答卷中存在的三个问题：人云亦云，理论脱离实践，看风向答题。

写稿、审稿，抽听录音，录鲁迅作品《一件小事》，受聘四川少儿出版社《中小学课普通话示范朗读教材》顾问。

为中央台备录《巍巍昆仑》。

6月28日，在庆祝中国共产党成立六十周年朗诵·相声·音乐晚会上朗诵毛泽东同志词：《沁园春·雪》《满江红·和郭沫若同志》。

7月3日—21日，中央台播出《巍巍昆仑》。

7月12日—21日，在哈尔滨友谊宫参加全国高等院校文字改革学会成立大会。

7月25日—26日，团市委、北京朗诵艺术团联合主办：庆祝中国人民解放军建军五十周年八一朗诵·相声·音乐晚会，在首都体育馆、工人体育场朗诵陈毅诗《梅岭三章》。

8月16日—28日，参加全国省市区电台普通话播音经验交流会筹备和领导工作；期间18日—27日任中学生口头表演赛评委。

9月5日，参加全系会。

9月6日，参加解放军"八〇二"华北军事演习，担任解说。

9月14日，晨3点半醒来，4点起床做好准备。6点半进入场地。9点10分演习正式开始。解说没说错一个字，配合也准确。

10月—12月，带研究生和助教赴河南台实习三个月，讲课10场，朗诵5场，下厂、下乡9次，参加广播电台、电视台播音若干次。

10月7日，与河南台播音组组长胡起华商谈日程安排。提出以下要求：1.把辅导研究生放在第一位；2.一切内外活动围绕提高播音质量这个中心进行；3.日程最后安排去开封市站实习一周；4.自己不参加播出，或录好文艺节目后，待回京后再播出。这最后一条，胡起华不同意，他表示还准备发消息，担心这样一来将应接不暇，如何能保证实习和共同研究播音？此事未定，尚待再议。

10月8日，给家中发信。准备给编辑、记者学习班讲话内容。继续辅导娄玉舟录音练习。下午，播音组开会。会后，胡起华提出让给辅导全省联播节目。

10月12日，下午张培、东方播全省联播，试播、导播。播录第一次录音。

10月15日，给全省编辑、记者训练班讲课。谈编播合作问题。最后朗诵《巍巍昆仑》片断："中央紧急会议"。下午，胡斌、陶捷录联播进行导播。

11月7日，西安电影厂要拍反映延安时期广播电影，编导刘荣、余清泉来访，接待并商谈有关改写电影剧本《延安之声》事。

11月9日，跟西影厂编导谈了一天。

12月1日，为杨洪池片子配诵陈毅诗《梅岭三章》，试录蒋子龙小说。

12月11日，在测绘学院礼堂为全市一千余中小学语文教师讲课两小时。

12月14日，和张培录《政府工作报告》。

12月15日，深入河南新密矿务局裴沟煤矿，座谈、朗诵、放录音、现场播音。将小说演播费全部捐献。

12月19日，访问兰考县，向焦裕禄墓献花圈，拜访焦裕禄妻子及家人。

12月21日，在开封市大众影院为播音员、语文教师、师大学生和广播朗诵爱好者千余人讲《播音和朗诵》课。


## 1982年（60岁）

1月为77级毕业班赠言祝愿，赠照片留念。

1月9日—15日，确诊冠心病。

2月11日—12日，开学；备课。

2月20日，参加系总支会。在会上提出三点建议：1.以身作则，严格执行党内生活准则，从自己做起，带头抵制、纠正各种不正之风；2.身体力行，认真坚持党的民主集中制原则，与一切违背民主集中制的言行作斗争；3.经常开展批评与自我批评，严守党内机密和党的纪律，坚决反对自由主义，向一切不利于团结的言行作斗争。

3月12日—21日，出席北京市政协会议。

4月5日，朝阳、首都医院看病。

4月22日—25日，应邀在人民大会堂小礼堂参加北京市语言学会首届年会。

4月28日，阅回忆录稿。

6月7日，和徐恒继续研究研究生学士学位条例。晚上，写出有关改进教学及招生意见。

6月12日，为80级播音班学员讲大课。

6月16日，指导毕业生论文；参加论文评审。为评职称教师写鉴定。

6月—7月，为中央台重录《把一切献给党》作准备。录前与中央台文艺部编辑康之行同志访作者吴运铎同志。

7月12日，康之行来访，商谈有关录《把一切献给党》事项。

9月1日，十二大开幕，吴运铎为其在中共十二大"纪念邮戳卡"上题词"把一切献给党"。

9月9日，中央台开始播出《把一切献给党》。播出后，许多听众来信称赞，谈感受。接送吴老到电台录音，拍照。

开始写关于重录《把一切献给党》播出前后稿：《朗诵者的心愿》。

9月18日，应邀参加中国国际广播电台创办三十五周年茶话会。

9月20日，朗诵演播费捐献工农学校。

9月21日，政协传达十二大精神。

9月30日，去学院学习十二大文件。

10月14日，参加学院学术委员会。

10月15日，访中央台播音部支部书记刘庆珍同志。

10月31日，下午，屈洪来访。晚上，陈醇来访；娄玉舟来访。

11月5日，上午，康之行来邀录音讲话，谢绝。后播出：《朗诵者的心愿》。下午，娄玉舟来访。晚上，陈醇、吴新、徐恒等来访。

11月13日，为79届播音系讲大课："想象与联想""怎样写毕业论文"。

12月13日20点30分和14日10点45分，中央台播出《〈把一切献给党〉播出前后》。

12月17日，参加母校北京师范大学附中建校八十周年。

12月18、20、25、28、29日，去学院，为研究生考试命题。

12月24日，去学院。《把一切献给党》播出后，请作者吴运铎来校做报告。


## 1983年（61岁）

1月18日—31日，每天上午或看病，或到医院理疗。20日，与姚喜双同听基层播音员录音；分析研究其问题。21、28日下午，到友谊医院探望患肺癌的《云南日报》总编、好友李孟北。

2月14日，探望病中的左荧同志。

2月22日，参加全国政协礼堂纪念《汉语拼音方案》二十五周年座谈会。

3月12日—21日，出席政协北京市六届会议。

3月11、30日，去学院参加系总支会；职称评定委员会议。

3月31日，出席第十一次全国广播电视工作会议。

4月1日—6日、19日，备课。常至深夜。

4月1日，天津台关山来访。

4月2日，夏青、林如来访。

4月7日—14日，出席全国记协第三次理事会7天。9日，听邓力群报告。

4月18日，上午，参加关于政协章程报告会。下午，中央台开会。

4月21日，宋乙来访，辅导播音。

5月2日，接待沈力。

5月4日，吉林客车厂钳工刘丕新为报考电视导演来访。为李孟北同志逝世发唁电。

5月8日，姚喜双来访。王大顺来访。

5月9日—10日，为李孟北写缅怀悼念文章。

5月11日—14、16、23、25、28日，去学院参加学位委员开会、辅导论文听传达。参加总支会等。25日，参加歌咏赛预演，朗诵歌词。28日，为申请入党同学及老师上党课。

5月19日，参加中央台第二次收听研究会。

6月2日，广电部听传达。对台工作座淡会。

6月12日—27日，吉林行。在吉林人民广播电台和吉林台晁惠同志录制：《大地的儿子——周恩来的故事》。

7月7日，上午，在市党校礼堂参加北京市社会科学学会联合会成立大会。下午，写提纲。晚上谢如光来访。

7月20日，写译后记，编目录，小航协助抄写目录。下午，小姚来访。

7月22日，马尔芳来访。

7月23日—30日，赴安徽为播音培训班讲课。

7月—8月，利用暑假完成译著：《朗诵艺术》（与崔玉陵合译）并发稿。

8月15日，到八宝山参加董行佶追悼会。

8月16日，姚琪、铁城等来访。

8月17日，中午，王以忻夫妇带孙女欢欢来，共进午餐。19日，又同去动物园后，在北京餐厅午餐。晚上，姚喜双来访，共进晚餐。

8月20日，吴郁来访；审阅论文。

8月21日，参加少儿广播剧团成立三十周年纪念会。

8月29日，看李越讲稿。

8月，《大地的儿子——周恩来的故事》在吉林台播出。

9月3日—4日，上午，学习《邓小平文选》。下午，于月蓉来访；平山老党员温喜祥来访。

9月7日—10日，去学院，开学典礼讲话。

9月9日，审阅论文。下午，常振铮院长和李振水来访。

9月13日，去医院探望费寄平。

9月14日—15日，审选论文。14日晚，屈洪、姚喜双来访。

9月20日，为实验二小大队活动进行爱国主义教育，参加天安门升旗仪式并讲话：《我爱你，五星红旗》。早5点部北门上车。下午，到八宝山参加丁莱夫同志追悼会。

9月21日—1984年1月11日，为83级播音研究生拟讲课提纲；讲课、辅导1—17讲。为播音系新生讲课。

9月25日，接待长春听众陈颖捷。她听了《大地的儿子——周恩来的故事》后，立志要当播音员，经面试、听录音后，告知她不具备专业条件，希望她安心从事教师工作。

10月5日，研究生课。评论播音、报告文学、备稿等方面教学。录《我爱你，五星红旗》。

10月8、15日，去学院。晚上，沈阳二姐夫妇、上海台陈醇、钱乃立来访。

10月10日，到音乐堂看电影：《廖仲恺》。

10月13日，听陈醇录音。10月22日，阅娄玉舟论文初稿。晚上，陈醇带上海电视台记者来家拍照。

11月3、4日，听陈醇录《雷电颂》。

11月13日，晚上，小姚来送材料，改稿至零点。

11月15日—16日，参加中宣部教育局、北京市委教育工作部在中南海召开的抵制和消除精神污染问题座谈会。

11月19日，研究生课。讲课记录中写到有关研究播音创作道路问题："播音创作道路如何表述"，意见不一致，齐、敬、姚各写一纸，带到系里讨论，交张颂参考。给毕业班讲课："怎样写毕业论文"。

11月27日，上午，蒋伟由上海来访。写稿：《评朗诵学》，至深夜1点。

11月30日，带敬一丹一起为市政协委员录屈原、陆游的诗。

12月7日，给研究生及在京举办的新疆播音员培训班讲课。因病甚感劳累。

12月11日，林如、王欢、刘伟为纪念从事音工作三十周年到家聚会。

12月14日，带敬一丹一起在中央台播录通讯：《当代愚公——张侯拉》。中央台《对农村广播》翌日播出。

12月20日—1984年1月7日，为中央台录《人民日报》驻上海分社记者东生著长篇电影小说：《巍巍昆仑》(重播)。

12月26日，应国际政治学院邀请，为纪念毛泽东诞辰九十周年，对学生进行毛泽东关怀广播事业传统教育讲课。

12月28日，研究生课，录《挥手之间》。带播、导播。晚上关山、赵玉明来访。

1983—1987年，任政协北京市第六届委员会委员。


## 1984年（62岁）

1月6日，在中央台第四次听研会上发言：《思想·感情·语言》。

1月8日，去医院探望马映泉。

1月21日，李华来访，借开国大典资料。娄玉舟来，告知准备论文答辩。

1月28日，上午，探望左荧、费寄平。晚上，探望刘庆珍。下午，参加部播音员职称评委会会议。

《中国广播报》第4期刊登《党的声音响彻北平上空——北平新华广播电台开播记事》。

2月，为北京台开播三十五周年撰稿：《党的声音响彻北平上空》。《忆李孟北同志》一稿发表在《人民日报》副刊上。应北京市党刊《支部生活》之约写稿：《从西柏坡到北平》。《我的业务观点》在《播音创作漫谈》第三辑发表。指导娄玉舟论文答辩，答辩顺利完成。接待西柏坡张胡庄、温喜祥来访。

2月11日，在新侨饭店参加北京台建台三十五周年茶话会。

2月13日，上午，西北大学同窗好友在樊亢家聚会。下午，在中宣部参加《中国新闻年鉴》编委会会议。

2月14日，在市党校礼堂听报告。

2月15、18、24、29日，去学院开会、给研究生上课、论文答辩会。

2月16日，《中国新闻年鉴》编辑部安徽台张平等来访。

2月19日，接待平山温喜祥来访，共进午餐，畅谈甚欢。

2月22日，在中山公园参加北京朗诵艺术团诗歌朗诵会。即兴成诗赠北京朗诵艺术团：《支持新生事物》。

2月24日，检查敬一丹寒假作业，摘记。指导敬一丹作业。

3月18日，谭力、刘伟、关山来访。

3月29日—4月8日，出席北京市政协会。会上朗诵了诗及小品。

4月14日，为敬一丹去中央台实习提出要求："不卑不傲，不吹不俏。破除迷信，独立思考。点面结合，逐步深入。"

4月19日—28日，赴南京出席华东地区六省一市第三次播音工作交流会。

4月29日—5月3日，在上海，探亲访友、看望恩师李毓珍、庆五一欢聚一堂、参观上海台等。

5月4、5日，熟悉、查对教育系统先进工作者名单。接待刘伟。

5月7日，参加北京市教育系统1983年度先进集体、先进工作者表彰大会，并担任宣读名单。

5月11日，检查、辅导敬一丹专业学习、上课，处理群众来信20封。

5月12日，上午，参加北京新闻学会理事会议。下午，云南亲属由述、由熹父女来访。林如来访。

5月16、19、26、28日，去学院，过组织生活。

5月17日，上午，马尔芳来访。下午，看完中央台大事记，提出书面意见。

6月2、4、6、13、15、23、25、26、27、29、30日，去学院，组织生活、评阅审议论文、与李越谈话、与申请入党者谈话、为毕业班送书签名等。

6月10日，附中同学在北师大聚会。

6月11日，《经济日报》记者余良均来访。

6月18日，上午，去看望李道堪。晚上，看望黄瑛。

6月19日，李道堪父女来访，共进晚餐。

6月22日，参加第六次收听研究会。

7月4日，去学院，参加毕业典礼。

7月7日，在播音系支部大会上介绍张颂入党。

7月11日—8月3日，带研究生和青年教师敬一丹、姚喜双、吴郁赴烟台广播电视局实习、讲学。

7月14日—24日，在荣城为烟台市播音员训练班讲课。

7月25日—26日，为烟台广播电视局播音员辅导。

8月1日，赴烟台鸡鸣岛慰问解放军战士并赠书。

8月6日，《支部生活》编辑来约稿。

8月15日，参加对台广播三十周年纪念活动。

9月1日，去北方交大探望王以炽。

9月8、12、13、15、26日，去学院，过组织生活、参加建院三十五周年校庆活动、迎新生、上课。

9月11日，云南由述父女来访。

9月20日，上午，杨时光父子来采访。下午，市政协过国庆招待会。晚，赵京华来拍照。

9月22日，应新华社团委举办的"与共和国同龄人"座谈会邀请，作为开国大典工作人员之一，与文字记者、摄影记者共同参加活动。下午，阳泉人民广播电台总编室主任沈祖玉来访。

9月25日，出席文字改革委员会成立语言文字研究所大会。

9月26日，给姚喜双、付程上研究生课。

23日，上午，到政协礼堂参加吴晗诞辰七十五周年、逝世十五周年纪念大会。晚，段美珍、姚琪来访。

11月12日，康荫来访。

11月18日—20日，在市委党校参加北京市语言学会第二届年会。

11月23日，和杨沙林去看离休干部专场电影。

11月25日—12月1日，参加全国优秀新闻工作者表彰大会，被授予一级荣誉证书。

12月3、4、5、10、11、12、13、14、18、19、23、25、27、28、30、31日写稿、改稿、备课、审阅论文、收听河北台吴新录制对农村节目等。

12月4日，广院院长左荧同志不幸逝世，写怀念文章。

12月5日，胡曙来访。

12月8、15、22、29日，去学院，过组织生活、研究生课、为论文写评语、复信。

12月15日，去八宝山向左荧同志遗体告别。

12月16日，上午，为《小喇叭》录音："寻找五彩路的人"。小付陪同，11点30分录完。约王成玉、小付两人来家共进午餐。晚10点吴新来访，听录音。

　　12月17日，收听河北台吴新播音，并记录意见。

　　12月24日，收听河北台吴新播音，记录意见。晚上，翁斯英来访。

　　12月26日，中央台开会研究写播音部史。阅读中央台大事记，写书面意见。《朗诵艺术》出版。写稿18篇。

## 1985 年（63 岁）

　　1月10日，带病主持陈京生硕士论文答辩会。

　　1月12日，娄玉舟论文答辩会。研究生课。

　　1月22日，《和青年朋友谈播音》12篇脱稿，发出。

　　1月31日，参加全系会。

　　2月7日，接待法国客人贝蒂女士。

　　3月8日，在京西宾馆参加北京市政协会10天（因病未全部参加完）。

　　3月31日—6月22日，给姚喜双上研究生课。

　　4月12日，约12万字的译稿《面对话筒的人》完成并发稿。

　　4月18日，参加周诚葆（杨沙林外甥，因车祸不幸去世）追悼会，送挽联："对同志襟怀坦荡相见以诚　为工作呕心沥血青春永葆"。

　　4月21日，为施旗著《播音和语法》写序。

　　5月12日，甘肃92岁老听众赵子明前些天来访未遇，十分不安，特回访。

　　5月14日，关心青少年工作协会成立，应邀当选为理事。

　　5月23日，母校西北大学张校长来访，发名誉教授聘书。

　　6月5日，上午接待美国之音客人，座谈。下午给申请入党积极分子做报告。

　　6月22日，研究生课。受聘语言学会学术顾问。

　　8月，为黑龙江人民广播电台建台四十周年题词："向艰苦创业的开拓者致敬，向继往开来的创新者学习。"暑假期间编写《寄语青年播音员》一书。

9月25日，参加系朗诵会，朗诵《巍巍昆仑》片断。给85级播音班讲课。

10月3、12、19日，张颂赴日本访问期间，替张颂为其研究生上课并拟讲课提纲。

10月8日，出席首届电视播音经验交流会。

10月14日，招待西北大学外语系俄文组老师李毓珍教授。为怀念敬爱的周总理，写稿《永恒的思念》，发表于《新闻广播研究》。

11月，为吉林人民广播电台建台四十周年题词："继承和发扬创业精神，为开拓新局面而努力。"

11月2日，递交离休报告申请。

11月12日，与工人郑民交朋友。

12月，整党结束。给内蒙林区播音员培训班讲课两次。

12月20日，参加中央台播音部朗诵会。

## 1986 年（64 岁）

1月—5月，指导敬一丹论文，写评语。

1月3、5、7、9、11日、13日—17日、20日—23日、31日阅读、准备材料、复信、写稿、评审论文、写意见、构思有关形象思维问题、开始准备艾青诗朗诵。

1月4、10日，去学院，过组织生活、给研究生上课、复信等。

1月25日，参加北京朗诵研究会成立大会。

2月5日，上午，探望马尔芳、黄芍。晚杨玲来访。

2月12日，探望安岗、樊亢夫妇。

2月14日，探望老屈、樊以楠等。

2月21日，参加陈刚追悼会。接待赵凯。

2月22日，探望徐恒。

3月19日—22日，去学院开会。

3月26日，关山来访。

3月27日，广播出版社丁恒中来访。

4月1日—5日，应河北教育学院邀请赴石家庄讲学。

4月3日，上午，烈士陵园团员活动。下午，讲课。晚上，省市电视台座谈会。

4月10日，陈醇、吴新来访。

4月16日，上午，研究生来访、座谈。下午，部及中央台团委来访，约参加座谈会。烟台吴凡林来访。晚上，孙国栋等两人来访，共进晚餐。

4月28日，下午，国务院张心来访。晚上，景绪来访。

4月21日，到广播大楼参加青年座谈会。

4月25、26日，去学院，以优秀党员身份列席参加学院党代会。

4月27日，老屈、施旗来访。

5月28日，林青、何伟来访。

5月9、23日，市政协党员会。

5月10日—20日，市政协开会。列席市人代会。

5月23日，为张颂《朗读学》一书写推荐稿。该稿后刊登在《光明日报》上。

5月27日，写致中央台播音部的一封信。

6月19日，王克瑞和党委小高来访，交宁夏回族自治区开会发言稿审批。

6月21日，于月蓉来访。

6月12、13日，病休。参加广播老同志座谈会。

7月1日，应北京教育行政学院邀请做报告。

7月8日，访经贸部部长李强同志。

7月13日，上午，与刘淮同去看望穆青同志。下午，延边龙井县广播站历磊来访，复制录音磁带。

7月14日，关山来访。

7月15日，万里（万书玲）为聘任理事事来访。

7月17日，去前门饭店会见日本友人吉田屿和。

7月24日上午，上海台总编室主任汪蕾来访。下午，参加天然气开工典礼并代表学院讲话。

7月30日，吴郁、人事处刘同志来访。

8月4日，大学同学在樊亢家聚会。6日晚，去为春云送行。

8月17日，陈醇等四人来访。

8月21日晨，广播出版社丁恒中来访，谈译书标题问题。中午，锦州出版社李相如来访，谈封面问题。下午，凤桐来访，谈日本关西放送问题。吴郁来谈去宁夏回族自治区会议发言问题。

8月23日，中午，北京市交通管理局局长为提案事来访。晚上，凤桐来访。

9月14日，去医院看望温济泽同志。

9月9日，去广院，与新生见面。晚上，郑民来访。

9月18日—28日，去上海。由于年迈体弱，上海方面特意邀请杨同去，以便照顾。但齐一再坚持杨车票费自付。住最一般的住处，陈醇一一答应。9月21日上午，瑞金剧场做报告。

此后分别参加上海市业余播音员普通话准决赛、决赛，上海台座谈会等。并分别到植物园、城隍庙参观，到堂弟家、陈醇家探访。

10月7日—13日，病休，到女儿家调理、休息。

10月14日，参加中国广播电视学会成立大会。

11月1日，看病。晚上，卫佐臣与中国科学院兰州分院王维琪为参加革命时间来访，说明情况，表示慰问。

11月25日，首都新闻学会理事会会议。

11月3、8、12、24、26日，杨咳嗽不止、痰中带血。陪同杨去北医看病、做气管镜（前后共3次）。

11月12日，师大附中座谈会。

11月15、22日，去广院过组织生活。22日晚，黄山市广播局局长周珂长来访。

12月4日，下午，吴郁、吴运香来访。晚上，方明来访。

12月6、20、27、29日，去广院过组织生活；和小姚谈话、辅导论文、系评委会、院评委会开会。

12月10日，陈醇由沪来京。

12月11日，上午，斌濂来京。晚上，陈醇、方明来访。

12月12日，上午，与濂弟去厂甸大楼。晚上，和陈醇、方明探望梅益同志。

12月16日，魏琳来访。

12月28日，师大附中校友聚会。

12月，为《中国新闻年鉴》写自我介绍。


## 1987 年（65 岁）

1月3、10、12、15、17、23、27、28日，去广院。过组织生活、与申请入党者谈话、评委会开会。

1月7日、19日，看病，陪同杨到北医看病、做气管镜。

2月1日，去探望齐入党介绍人丁一岚和杨入党介绍人林亭同志。下午，写作。

2月7日，《北京日报》王和、曹静来采访。

2月12、18日，吴新来访。

2月24日，康荫来访。

2月27日，和杨到计委礼堂看电影《田野又是青纱帐》，认为是近来反映农村改革、文明愚昧等方面质朴真实的影片，演员演得既真实又有一定的艺术性；既夸张又令人信服。

3月5日，去人民大会堂参加市人大代表、政协委员党员大会。

3月6日—14日，参加北京市政协会，递交书面提案。作为锻炼，每天步行到京西宾馆开会。

3月17日，看望朱波。

3月19日，突然鼻内出血，由于患有糖尿病，血流难止，用了许多云南白药方止。

3月20日，鼻流血刚止，今晨又患水泄，且发烧37.8°只好卧床休息。

3月28日，去广院过组织生活。

4月4日，到广院讲党课。为刘淮撰写有关穆青书致刘淮信，谈穆青作品。

4月14日，1945年在大学上学时，为便于在进步学生中开展活动，经介绍即参加了民盟组织。应在农科院工作的北师大附中41届同学也是民盟盟员的朱凤绥同学邀请，到农科院与民盟支部参加座谈会，讲话题名："我走过的道路"。农科院民盟支部不过30多人，但慕名来参加座谈会者竟达300人之多。

4月15、22、26、29日，去广院过组织生活、听传达，参加广播电视分会成立大会、为广院教师进修班讲课等。

5月5日，夏青来谈成立学会事。

5月26日，去西苑饭店回访日本友人吉田，赠书及磁带。

5月6、13、17、19日，去广院过组织生活、为青年教师进修班讲课、和研究生谈话、为干专班讲课等。

5月7日，中央台开会筹备成立专业学会。

5月11日—14、23、27、29、30日，做心电图、心电监测，住院检查心脏。

5月23日，西大"流火社"老友聚会。

6月29日，人民大会堂开会。

6月12、18、19日，去广院。研究生论文答辩会，听万里讲课。

6月18日，上午，到复兴医院查体。晚上，广院曹老师来电话通知，已被正式选为中共十三大代表。

6月20日，上午到广院过组织生活；王以忻由开封来访。

7月4、11日，去广院参加组织生活。

7月10日，北京市委原《前线》编辑来采访，将在《学习与研究》杂志上发表。

8月16日，下午1点30分在广院召开"祝贺齐越从事播音工作四十周年大会"，常院长参加大会并作了发言。齐本人作了题为"人生在世，事业为重"的讲话。与广院共同为出版《齐越作品特辑》录音磁带的安徽出版社总经理也在会上发了言。

中央台铁城怀着深情回忆自己在齐越教导下成长的过程，语言简练，感情真挚。刘洪庆代表广院播音系对齐越从播音业务到人品做了全面介绍。丁一岚等的自由发言及献词均真挚精彩。潘捷送上她在裱好的画布上画的画，画面清新淡雅，她的这幅画和关山的祝词在家里悬挂了很长时间。

8月21日，播音学研究会闭幕。

8月24日—25日，到市委大都饭店讨论十三大报告。

9月1日—10日，开学、备课。

9月12日，为青年教师进修班准备讲课提纲。

10月23日，搬入十三大安排的住地雅宝路空军招待所，每日中午及晚饭后均给家打电话报平安。杨等家人也常利用晚饭后的时间去探望。

10月25日，今天是中共党的十三大召开的日期。经过数日风寒之后，天气晴好，气温略有回升。9点开始在电视看到庄严肃穆的开幕式，全家人为齐经过短暂治疗得以参加这个庄严的大会，内心深感激动。

10月25日—11月3日，出席中共十三大代表大会。因病初愈，为保证白天参加会议时精神饱满，一律未参加晚间为代表举办的任何文艺娱乐及晚会活动。

11月4日，到广院，宣讲十三大精神。

11月6日—12月29日，十三大会议结束后，因病未痊愈。又住复兴医院检查，确诊为脑血栓，因症状较轻，经治疗出院。

病中写学习笔记。给烟台广播电视局局长范汇杰、中央台台长杨正泉、播音部主任铁城、西北大学老同学、中共十三大代表盛绳武、听众黄玉衡等写信。

12月3日，姚喜双在医院协助照顾并陪同散步。

接吉林台孙国栋来信，他准备编辑出版名播音员录音磁带，因《古罗马的大斗技场》会场录音效果欠佳，决定改用《疤公》的录音。托姚写了说明寄出。

12月25日，给现在上海的西北大学恩师李珍教授发贺年卡。

12月29日，出院。

## 1988 年（66 岁）

1月，为《中国大百科全书》人物条目写个人简介稿。

3月—6月，评阅温飚等研究生硕士论文稿。写《我评方明》。

3月12日，给江西听众游容威复信。

9月10日，脑血栓复发，住进复兴医院。

## 1989 年（67 岁）

春节前转院到西苑中医医院。

4月10日，由西苑转院到西山下北京市工人疗养院（以下简称工疗）。

住院期间，在头脑清醒时，考虑过去写的自传受极"左"思潮影响，多有不够实事求是之处，开始重新写《我的自传》并注明"以此为准"。《人民日报》举办"共和国与我——国庆抒怀"征文，积极提供素材，由该报朱竟若同志代笔书写《献给祖国的声音》一文。

5月—6月，中央台举办"我爱广播，我爱中央台"征文，写了《终身难忘二三事》寄出。

1989年12月30日，是中央人民广播电台建台五十周年纪念日，齐越魂萦梦牵，寝食难安，决心为此做些力所能及的奉献。他在失去"半壁江山"（左偏瘫），又不慎于10月摔断四根肋骨以后，忍着肋骨初愈后的隐痛，用仅能活动的一只右手，在已出的《寄语青年播音员》一书的基础上，又补充了将近20篇新写的文章，以《献给祖国的声音》为书名，编辑了13万字的书，由中国广播电视出版社出版，在出版社社长张品兴的鼎立协助下，于建台五十周年前完成。

由齐执笔，与潘捷以两人名义书写的《我们出自内心的共同祝愿》，由潘捷在播音员纪念建台五十周年座谈会上宣读，并刊登在1990年第12期《新闻业务》上。

1989年年底、1990年阳历年前，敬一丹、董尚夫来医院探望，送来一松树盆景，一小米粒大的小蜘蛛在松树枝头上下徘徊，煞是可爱。

## 1990年（68岁）

开始用"打油诗"的方式记日记，抒发看报、听广播、看电视等对时事、政治形势、接待来访者、与听众书信往来等的感想，以诗言志抒情。每天至少一首，多则三五首。用自己《抒怀记事》的打油诗的话是：

> 到老春蚕尚有丝，卧床西山乱作诗。
>
> 不三不四无规律，一字一句动情思。

1月，《献给祖国的声音》一文，获《人民日报》"1989年国庆四十周年征文"一等奖。

1月18日，接待刘淮，商讨撰写齐播音生涯事。

1月22日，热心听众、工疗疗友汤冲慈手捧鲜花来工疗探望。

1月23日，播音系领导来访。

2月6日，中央台由方明在报摘中播出《献给祖国的声音》一文。

2月22日，河南老听众郑义明来访，与齐共度68岁生日。

2月23日—24日，为中央台征文改稿，脱稿后寄出。

3月5日，《中国广播报》1990年第9期刊登听众杨元其《献给广播员》一诗，为答谢他，回赠《献给听众——我的良师益友》一诗，刊登在1990年第14期《中国广播报》上。

3月7日，接待《中国广播报》采访。

3月19日，魏巍和夫人刘秋华来工疗探望，并赠送新著《地球的红飘带》。

3月24日，广播报记者在电话中告诉齐，题目定为"他，曾代表中国"，齐坚决不同意，认为一个播音员代表不了中国，建议改为"历史"或"听众不会忘记他"突出与群众的联系。

3月30日，为外孙女、外孙用稿酬购买共青团中央向青年推荐的十本必读书，勉励他们向先辈学习，成为国家栋梁之材。

4月12日，关山来工疗送螃蟹。

4月18日，辽宁听众李久戈寄来小米，回信致谢。

4月30日，广院播音系来工疗送锦旗。

5月，为表彰在我国播音事业作出重大贡献的播音工作者，获"彩虹杯"播音荣誉奖。

5月12日—15日，看孙国栋（石羽）著《播音与朗读》书稿，并应邀为书写序。

6月，受聘北京市语言学会第三届理事会顾问。

6月15日，为党员登记写总结。

6月22日，收到上海轮椅。8月，刘淮开始写《齐越和他的播音生涯》一书，接待采访，并提供书面参考资料。

8月14日，刘淮来访。周年写的征文《终生难忘二三事》获二等奖。

9月14日—15日，应《北京日报》记者刘金铎之邀采访并写征文稿。

9月19日，为当年西大学运期间掩护齐越，免遭特务通缉的西北大学数学系魏庚人教授九十寿辰写贺信:《贺恩师九十大寿》。该文收入陕西师范大学编辑出版的《魏庚人数学教育文集——九十寿辰纪念》一书中。

9月21日,广院领导来工疗探望。

9月22日,亚运会隆重开幕,齐在电视机前肃立,激动得泪流满面。

10月3日,齐到解放区后的第一任领导安岗和大学同学樊亢夫妇到工疗探望。

10月19日,刘淮完成书稿第一章、第二章,送齐审阅。

10月19日—30日,审阅书稿。

11月21日,接待刘淮,第一章定稿,由杨代抄写。第二章核实材料,第三章提供素材、咨询。

11月28日,刘淮送来第二章,看稿。

12月2日,陈醇来访。齐和杨结婚四十六周年纪念日。

12月17日,接待刘淮,修改第二章,谈第三章。

## 1991 年（69 岁）

1月1日,上午,小姚来访。下午,杨在沈阳的大哥和方明、杨玲一家来工疗探望。

1月6日,接待刘淮,谈第三章修改意见,第四章提供素材等。

1月20日,由《北京日报》记者刘金铎执笔采写的征文《延安精神指引我》,获《北京日报》"晚霞奉献"征文二等奖。

2月3日,万里(万书玲)、李越、李景祥来访。

2月5日,常院长来访。

2月15日(农历正月初一),在京亲友到工疗欢聚。

3月8日,接待刘淮。

3月22日、29日,接待刘淮,谈第四章。

4月3日、16日、19日接待刘淮,谈第五和第六章。杨抄完第一至第三章。

5月2日，吴运铎同志逝世，杨并代齐慰问家属并向遗体告别。

老听众阚树珍携一获市朗诵奖男孩来访。

因吴老逝世，深感悲痛，精神欠佳。

5月4日，看《经济日报》刊登锦州炼油厂青年突击队9天完成62天任务，被授予"突击标兵"，深感欣慰，赋诗表示祝贺，并寄出。

台湾四姑来京，到工疗探访。

6月20日，同窗挚友孝鹤、牛汀、振林来访。

7月3日，开始语言不清，讲话困难，打吊针。

7月12日，病情渐平稳。小姚来谈离休、调资事项。女婿任振强回国休假。

7月18日，开始编选诗集《自选诗集》。

8月7、9、15日，接待刘淮。

9月19日，回家过节，接待杨与香港分社有业务联系多年的刘耀东同志。

9月22日，中秋节家庭大团聚，情绪甚高。

9月25日，接待刘淮。

9月27日，着西装到广电部门前拍照。广院常院长、人事处张丽云处长来访。

10月16日，听众郑义明、郑敏来访。

10月31日，接待刘淮，谈书稿第七、八章。

老干部局电话通知：让杨务必参加全社演出。朗诵《黄山松》。杨强调困难，在齐大力支持下，只好由即将返回日内瓦的女儿和女婿轮流顶替，保证了杨于11月6日—7日到新华社礼堂演出。离开工疗前，齐一再叮嘱杨：要认真对待，答应了的事就要做好。

11月26日，刘淮、上海林栋甫来访。

12月3日，为表彰齐对我国高等教育事业作出突出贡献，自1991年7月1日起发给政府特殊津贴。杨代替到广电部参加会议并代领国务院颁发的特殊津贴证书。

1990年5月—1991年5月，在日记本中陆续撰写：《他们给予我力量》，把病中常来医院探望及经常来信的听众生平主要事迹——记录在案。在前言中写道："我战胜疾病，靠的是社会主义国家医生护士的精心医疗和组织、同志们的热情关怀、鼓励；靠的是老伴杨沙林家来院去的细心照顾。给予我战胜病痛最大的力量的就是他们——我的良师益友、听众，下面就是关于他们的忠实记录。"

## 1992年（70岁）

1月，开始阅读巴金《随想录》，不再写诗，写随感散文。策划出版《情系七彩人生》一书。

1月15日，与崔玉陵联系，由国际广播出版社出版刘淮写的《齐越和他的播音生涯》一书。

1月20日，北京电视台《五彩缤纷》节目导演李蓝携摄制组成员来工疗采访。

1月24日—2月1日，广播电影电视部艾知生部长、孙局长、中央台播音部领导、广播学院院领导、播音系领导及教师等陆续到工疗探望。艾部长说："人要活得真实、透亮、纯正、潇洒。"齐越正是这样一个人：真实、透亮，平易近人。

2月1日，崔玉陵同志同意出版刘淮书。后交方明带给她。

2月12日，刘淮来访，送第八、九章。

2月16日，北京电视台《五彩缤纷》栏目送来拍摄的有关齐的镜头的录像。

2月23日，开封电视台老听众卢源专程来京；工疗祝贺齐七十寿辰，吃生日蛋糕、寿面，好不热闹。

2月28日，下午，辽宁锦州石化公司"大修突击队"的"老虎队"二队队员石风林、李其文，为答谢1991年五一前夕见报事迹后赋诗寄突击队的深情特来工疗探望，表示感谢。他们走后，杨买了一批适合青年看的书寄给突击队。

3月4日—5日，刘淮送来《齐越和他的播音生涯》一书最后一章："永不消失的声音"，看稿。

3月24日，阅《北京晚报》刊登刘绍棠的《能写是福》后，有同感，写《也说"能写是福"》，刊登在《北京晚报》上。

4月11日，读完巴金《随想录》，写《巴金随想录读后感致巴老信》，请上海台陈醇伺机转呈巴老。直到下半年陈醇才得到机会访巴老时递上。巴老阅后十分激动。当即拿出一本精装本《随想录》NO.095（共出版150本），并亲自用那颤抖的手在封里书写：

齐越同志：

谢谢您的信。再没有比它们更使我感动的了。愿您早日恢复健康！

巴金（签名）

这本书如今成为齐家最珍贵的收藏文物。

6月17日，齐写完几篇散文，忽发奇想，对杨说："咱俩合出一本书吧，暂定书名为《夫妻合营》，上半年就脱稿。"杨听后大为吃惊，认为是不可能的事。没有出版社给出，出了也没人看。在医院杨受齐的感染，他写，杨也写。杨根本就没想到要出书，但齐要干一件事是铁了心的。上半年不行就推迟到十一国庆节，于是在齐坚持的压力下，杨此后即开始忙构思、写稿、抄稿、改稿……

7月1日，接待刘淮，为出书选用照片定稿。

7月9日，接待刘淮，为胜利完成写书任务在室内拍照合影留念。

9月9日，为《情系七彩人生》写出版前言及后记。

9月30日，播音系张颂等来访。

10月12日，长春孙国栋来长途电话，汇报联系出版《大地的儿子——周恩来的故事》录音磁带情况。

10月13日，突感不适，来势蹊跷；右手向上直到头部疼痛，担心又有新栓，打吊针。

10月19日，重庆老听众黄玉衡来工疗探望。

10月20日，李连生来访。

10月22日，西安运七老听众胡清华来访。

11月以来，每日大便困难，每天用开塞露，食欲不振；稍有不愉快即犯心脏病。

11月15日，中央台曹山来访，拍照。

12月2日，结婚四十八周年纪念日，念念不忘，几天来每日叨念。

12月3日，女婿振强来工疗探望，拍录像。6日，返日内瓦。

12月10日，清早即犯心脏病；心率过速、盗汗。

12月12日，收到《大地的儿子——周恩来的故事》作者苏叔阳回信，热情支持出版录音磁带。

12月16日，为上海台四位中青年播音员写贺词，祝贺从事播音工作三十五周年。

12月30日，排《情系七彩人生》目录。


## 1993 年（71 岁）

1月1日，刘淮来访，《齐越和他的播音生涯》在《炎黄春秋》上发表部分内容。她来送杂志。

1月2日，《情系七彩人生》基本脱稿，著者：齐越、杨沙林。约12万字。

1月10日，中午，突感不适，厌食。

1月11日，仍感不适，乏力、厌食。改用流食。

杨与娄玉舟联系，请设法联系出版社。后由娄的岳母联系了经济管理出版社负责人协助，《情系七彩人生》才得以出版。

1月18日—20日，广院赵玉明，中央台铁城、方明、雷阳，刘淮等来访。

1月23日（农历正月初一），和老伴在工疗度春节。

1月24日（农历正月初二），在京亲友来工疗大聚会。

2月7日，心神不安，对杨说是为她而活，力争伴她多活几年。令人心碎。

2月13日—25日，孙国栋来长途电话，录音磁带只收回20份订单。寄录音磁带。齐对孙说明不要稿酬。孙国栋为此付出得太多。难得！

2月14日，接待刘淮，书即将出版。再次选定照片。齐叮嘱：如只能用一张彩色照片，选与广院青年教师合影；如能用两张，则另一张用与研究生的合影。

3月8日，"三八"妇女节，齐与杨被新华社评为好夫妻。

5月，多次提示杨在家代找有关语文朗诵材料，准备重新整理有关语文朗读教学文章，杨未找到。直到10月回家时才亲自在书架上找到，可惜已无法完成，成为终生未完成心愿的遗憾。

5月1日，安排小张休息，姚喜双来协助护理。方明、杨玲、小航来工疗探望。

5月12日，刘淮来访。

6月8日，辽宁教育台青年听众张庆杰来工疗探望。这是一位没有过通信来往的听众，能来京探望实属难能可贵。

6月10日，突感头晕，打吊针。近来情况日益不好，消瘦了10公斤。

8月23日—27日，杨到出版社取书大样、封面设计。看稿、校大样。

9月25日，回家过节。

9月27日，接待刘淮，研究《齐越的播音生涯》及《情系七彩人生》简介。

10月1日，娄玉舟及家人用轮椅推着齐上街看市容，在立交桥、广播电影电视部门前摄影留念。在广电部门前拍照时，脸上稍有笑容。这是每次回家最大的心愿。

10月2日—6日，林亭、张毓琳夫妇，小姚，杨玲，刘伟夫妇，雅坤夫妇，屈洪，赵玉明，马尔芳，刘竟夫妇，王成玉，林如等来访。

10月11日，返工疗。北京人民广播电台北京新闻节目播出《齐越的播音生涯》一书简介。

10月19日，上午不慎摔倒，胯股骨裂，卧床不起，杨下午到工疗得知后深感不安。

关山来访。

10月25日，小姚来访，他27日去日本。想不到这竟是最后一次诀别！

11月1日—2日，昏迷不醒，呼叫不应，水米不能下咽，杨买了粉碎机将食物粉碎，齐勉强吃下，每天最多吃一个蛋羹。

11月3日，呼吸困难，肺部有罗音，说明肺部已受感染。通知亲属等。

11月4日，病情进一步恶化，通知广院领导、朋友、亲属等。院领导刘院长亲自来医院，和郑亚洲副院长领导的抢救小组交代：不惜一切代价，用最有效的药，竭尽全力进行抢救。

11月5日—6日，请来专家会诊。专家对杨说他们将竭尽全力，但是也要做两手准备。杨却一直抱着幻想，希望能出现奇迹，能使齐起死回生。

11月6日，播音系、中央人民广播电台、方明、杨玲等来工疗。见到亲人，杨痛哭失声。

经护士长批准：由张颂、铁城、方明等代表进病房探望。

昏迷了近一周的齐，此时却出乎意料地睁大眼睛并与他们一一紧握双手，似有许多话要说，却说不出来，又似握手诀别……

夜，静悄悄，齐似在熟睡。但半夜时大批医护人员携带心电图仪器来病房，态度严峻。大忙一阵后才对杨说：刚才是休克了，现在已抢救过来了。

护士长嘱咐杨准备衣服。此时此刻，杨才恍然大悟。午夜急打电话给在京的八妹，一家人凌晨一点赶到医院，杨拿出几件干净衣服和八妹商量。

清早，八妹外出请专家，可是已经晚了。连小航、小涛拿中山装来工疗也没赶上见外公一面！在病房放声痛哭。女儿齐虹由日内瓦回京也未能赶上，得知见不到父亲最后一面，在汽车上一路哭得死去活来。

11月7日，这是一个永远镌刻在心碑的一天。上午9点56分，齐越的心脏停止了跳动。怀着对亲人们无限的眷恋，走了！

安息吧！齐越！我们永远怀念你！你永远活在我们心中！

# 年谱后记 *

在我的人生记忆中，1993年11月7日，是永远镌刻在心碑的一天。那个令我惧怕而又无法阻止的时刻终于来到了。9点56分，我至亲至爱的老伴齐越，他走了。他走了，走了整整七年了。我无时无刻不在思念他……

他走后的几天，接连下了入冬以来的雨加雪。大地、树梢、屋顶，银装素裹。雪花飘落处一点点融化，化成水，化成泪……

齐越走后的第二天，女儿齐虹从日内瓦回来。她伤心至极，号啕大哭：为她身不由己未能见到心爱的爸爸最后一面而痛哭失声；为她无法弥补的遗恨而悲恸。任何述说、劝慰都是多余的了，只好由着她哭得死去活来，凄怆地呼唤着爸爸……

齐越1989年10月不慎摔断四根肋骨，伴随心肌梗塞休克不省人事，经医护人员全力抢救才转危为安。随着冠心病加剧，他预感到随时都可能发生意外，开始考虑自己的身后事。在他逝世后，我在清理他的遗物时，意外地发现了他在1989年11月21日写下的自己的心愿和遗嘱。书面遗嘱之一是：丧事从俭，不举行遗体告别，不开追悼会，骨灰撒在他劳动锻炼过的河北沧州姜庄子村和山西大建安的土地上。

我把遗嘱交给了广院组织，希望遵照齐越生前淡薄名利、清正廉洁的立身信条办理后事。然而，齐越辞世的第二天，北京人民广播电台和北京电视台就播发了消息。齐越的战友、同事、师生和广大听众都希望再看一眼他的遗容，聆听有关他的一些事迹。因此，还是在11月13日上午和下午分别在广播学院和八宝山革命公墓礼堂举办了隆重的缅怀纪念活动和送别仪式。

这天上午，来自京、津、沪各地百余名有关领导和著名播音员满含热泪表达对齐越的缅怀与哀思；或怀着沉痛的心情写下悼词，寄托对老战友的深切怀念之情。

13日下午，齐越同志的遗体在八宝山革命公墓火化。下午2点，在低回的哀乐声中，中共中央政治局委员、中宣部部长丁关根，广电部部长艾知生缓步来到齐越遗体前肃立默哀。许多亲人、老战友、老同学，以及热爱他的听众陆续来到遗体前送别。他们无不为失去至亲至爱的亲人和战友而悲痛万分。丁关根同志告别遗体后握着我的手说：齐越同志为党和国家的广播事业作出了很大的贡献，党和人民是不会忘记他的。

是的，党不会忘记，共和国不会忘记，人民不会忘记：一个在党的亲切关怀、哺育，同志们的鼓励和帮助下成长起来的，把自己的一生奉献给他所热爱的伟大的广播事业的人。

齐越同志逝世后，我收到来自全国各地电台和听众的来函和唁电，这些函电字字句句饱含着对齐越深情的怀念，他们的心意和赤诚，使我受伤的心灵得到温暖和安慰。我和亲人们怀着感激的心情一一复信。同时接受电台、电视台和报刊的采访。

1994年3月3日，八宝山革命公墓为齐越骨灰安排了比较理想的位置，我们全家到八宝山为他移灵定位。骨灰盒内留出一半地方，将来存放我的骨灰与他合葬。在京亲人八妹一家、方明一家、他的四名研究生和刘洪庆以及中央电视台摄制组等参加了移灵仪式。

根据齐越生前的遗嘱我们留下了他骨灰的2/3分别于1994年4月21日、1995年5月21日，到河北沧州、山西大建安安葬。河北沧州姜庄子的领导干部和全体村民几乎倾巢出动，安葬仪式十分隆重。事后还为齐越筑墓立碑。姜庄子小学教师表示：今后每年清明节都要带领学生来扫墓，进行革命传统教育。

1995年清明节，女儿、女婿由日内瓦回国后携外孙女来姜庄子扫墓，并为姜庄子小学购买了一批书。他们看到齐越墓前的松柏长得郁郁葱葱，象征"齐越生命之树常青"的墓碑已矗立在墓旁，并安排了专人管理，甚是欣慰。

考虑到骨灰安葬仪式如此惊动基层干部，深感不安。因此，大建安的骨灰改用飞机播撒。这项工作得到山西华北广播电视管理学校以及山西省空军部队各级领导和连队指战员的关怀和支持得以完成。

齐越同志逝世后，一些报纸杂志刊登了缅怀他的文章，经广院领导研究批准，决定出版一本缅怀文集。于是从1994年开始，我把主要精力投入到征集、撰写、编辑文集方面。这本定名为《缅怀齐越教授专辑（一）：永不消逝的声音》的书，原计划在齐越同志逝世一周年时出版，由于当时缺乏资金，直到1997年才得以出版。

齐越同志逝世后，除了上述移灵、播撒骨灰等活动外，几乎每年都有一次重大纪念性活动：为了鼓励和培养更多的广播电视人才，促进我国广播电视事业的发展，经广院领导和齐越的研究生姚喜双多方努力，由北京广播学院、中国广播电视学会播音学研究会、中国广播电视学会节目主持人研究会、全国播音员、节目主持人培训交流中心发起，并经广电总局批准建立"齐越奖励基金"，用来奖励优秀播音员、节目主持人、播音专业品学兼优的学生和教育工作者，支持齐越学术思想、播音艺术的研究以及研究成果（包括声、像、文字）的出版等。然而，没有钱事事难成。在广院领导的支持和姚喜双奔走呼吁下，终于联系到郑州市供销社财物开发公司的资助。1995年12月12日至13日，我随广院党委书记、院长刘继南等广院师生，赴郑州和郑州市供销合作社财务开发公司举行了签字仪式。

1996年9月，我应陕西广播电视台邀请，和延安时期播音老前辈赴西安参加以"回延安"为主题的"96中国播音学年会"。1997年4月，为了答谢姜庄子村为齐越筑墓立碑，我随广播学院赴沧州参加"学习齐越精神　共建精神文明"活动，并赠送村委会和村党支部29英寸电视机一台和纪念文集《永不消逝的声音》。1997年6月，齐越奖励基金组委会决定，为纪念齐越逝世五周年，迎接中华人民共和国成立五十周年，出版齐越画册。于是，我在齐越的研究生姚喜双鼎立协助下，开始策划、收集、整理、编选照片和撰写图片文字说明。经过方方面面的辛勤劳动，在中国广播电视出版社的支持下，于1998年12月25日在广电总局召开了《把声音献给祖国——齐越的播音生涯》画册首发式座谈会。

1997年岁末，当齐越画册编辑工作接近尾声时，中国广播电视出版社广播影视图书编辑室主任胡妙德同志来我家，邀我撰写齐越回忆录。这本来是我的夙愿。但我当时却忧心忡忡。一则我年事已高，力难从心；二则担心自己文字水平有限，难以胜任。经过胡主任和姚喜双同志不断鼓励和反复做我的思想工作，我想，随着年龄的增长，体力必然日益衰退，这是难以抗拒的自然规律。而文字水平又不可能短期内提高，如果再不抓紧时机，今生今世是难以完成我的心愿了。这样我才勉为其难地答应先试写两章，请出版社审阅。于是我在基本完成画册编辑任务后，在1998年春节后交送了回忆录的写作提纲和前两章的初稿，得到出版社的首肯。凡事开头难，一旦开始，一发不可收。这样，我以75岁高龄学习电脑，开始了我艰难的写作历程。当我通过电脑一字一句，一章一节，打出文稿时，我的心里别提多么欣慰和满足了。

1999年3月22日深夜，我终于完成了回忆录的最后一章。当我仰望夜空，在那群星灿烂的夜空中，有一颗我心中最亮的星，穿过茫茫黑夜，落入我的心头，那就是我至亲至爱的老伴齐越。在那永恒的宇宙中，有我对他永恒的思念，有我们永恒的爱情、永恒的幸福、永恒的归宿。

1999年下半年到2000年9月底，在北京广播学院播音主持艺术学院院长、党委书记姚喜双和他的研究生喻梅的协助下，终于在齐越逝世七周年，即将进入21世纪的世纪之交完成了《缅怀齐越教授专辑（二）：永不消逝的声音》和这本《齐越生平和播音业务活动简编》（以下简称《简编》）。在此，我向他们和支持这两本书出版的广院及出版社有关领导，和具体负责的同志们表示衷心的感谢。

在我编辑《简编》的过程中，我翻阅了齐越大量的日记、笔记及文稿。

透过那写在本上和纸上一行一行密密麻麻的字迹，我仿佛看到他步履艰难地走在坎坷人生的旅途上，一步一步是那样坚定、扎实。他有过在白色恐怖下九死一生的经历，在解放区日夜战斗的岁月；他有过在播音室里面向全世界呼喊的自豪，也有过在讲坛上春催桃李的欣慰。直到他卧倒病榻，还在用生命的重彩浓墨描绘着一个伏枥老骥的传奇。

当我捧读着他那用汗水、血泪和生命写下的日记时，一字一声是那样真切地响在我的耳畔。我分明听到他在高高的太行山上唇枪舌剑，为埋葬蒋家王朝而欢呼；我也分明听到他在宏伟的天安门城楼高歌凯旋，为祖国的解放和人民的胜利而讴歌。他那浑壮的声音，震撼人心、催人奋进，伴着蓝天白云，穿越四十年的时空，落入千家万户，至今令人难忘。我常常为他对他所酷爱并为之奋斗终生的播音艺术倾注全部精力，呕心沥血付出的艰苦劳动，和辛勤耕耘、浇灌播音新苗，无私奉献的精神而热泪盈眶。也为我年轻时对健康的重要性无知，未能对他尽心照顾而深感懊悔和内疚。如果有来生，我还要选择他做我的丈夫，那时，我一定要做他的好妻子，尽心竭力地用全部的精力、感情和爱更好地照顾他，使他为广播事业作出更多更大的贡献。实现他重新"选择做中国人民的播音员，做中国共产党的传声筒""传达中国共产党堂堂正正的真理之声"的心愿，让他在话筒前播音时倍增自豪感；实现他梦寐以求的"但愿学生胜老师"的深情的渴望；回报党和人民对他哺育之恩；回报领导、战友和听众们对他的教诲之情。

由于素材庞杂，体力老迈，我在选编、打印时常感疲惫。但当看到那记录着他忙碌、劳累、争分夺秒的、每天压在他肩上的繁重任务，除了患病极少休息的日日夜夜，我就又不断设法为自己充电，努力克服困难，虽累却不以为苦，反而为自己能整理出自己心爱的人的素材，为广播事业竭尽绵薄之力深感欣慰。由于素材原稿年代久远，纸张残损，字迹模糊，有些已难以辨认，加之眼睛老花，体力衰弱，看起来十分吃力。也限于水平，有些背景内幕不详，必然使选编内容存在许多错误和不当之处，人名、地名也难免差错，恳请知情人士批评指正，使这本《简编》试印本能不断修正错误，日趋完善。

杨沙林

2002年4月

*注：此文为齐越先生的夫人杨沙林2002年为《齐越生平的播音业务活动简编（征求意见稿）》所撰写。

**图书在版编目（ＣＩＰ）数据**

把声音献给祖国 / 齐越著；杨沙林，姚喜双编. --
北京：中国广播影视出版社，2019.11
（齐越研究文库 / 姚喜双主编）
ISBN 978-7-5043-8351-8

Ⅰ. ①把… Ⅱ. ①齐… ②杨… ③姚… Ⅲ. ①播音—
语言艺术—文集 ②散文集—中国—当代 ③诗集—中国—当
代 Ⅳ. ①G222.2-53 ②I217.2

中国版本图书馆CIP数据核字(2019)第242939号


**把声音献给祖国**

齐 越 著 杨沙林 姚喜双 编

| 责任编辑 | 王丽丹 周 玲 |
| 封面设计 | 盈丰飞雪 |

| 出版发行 | 中国广播影视出版社 |
| 电 话 | 010 - 86093580 010 - 86093583 |
| 社 址 | 北京市西城区真武庙二条9号 |
| 邮 编 | 100045 |
| 网 址 | www.crtp.com.cn |
| 电子信箱 | crtp8@sina.com |

| 经 销 | 全国各地新华书店 |
| 印 刷 | 河北鑫兆源印刷有限责任公司 |

| 开 本 | 710 毫米 × 1000 毫米 1/16 |
| 字 数 | 300(千)字 |
| 印 张 | 20.5 |
| 彩 插 | 32 面 |
| 版 次 | 2019 年 11 月第 1 版 2019 年 11 月第 1 次印刷 |

| 书 号 | ISBN 978-7-5043-8351-8 |
| 定 价 | 68.00元 |